《伴随》编辑部◎编著

万箭千刀
一夜杀

世界经典闪击战

SHIJIEJINGDIAN
SHANJIZHAN

北方文艺出版社

图书在版编目（CIP）数据

万箭千刀一夜杀：世界经典闪击战／伴随编辑部编
著．-- 哈尔滨：北方文艺出版社，2011.12（2021.3重印）
ISBN 978-7-5317-2761-3

Ⅰ．①万… Ⅱ．①伴… Ⅲ．①闪击战－战例－世界
Ⅳ．① E838

中国版本图书馆 CIP 数据核字（2011）第 234216 号

万箭千刀一夜杀：世界经典闪击战
WANJIANQIANDAO YIYESHA SHIJIE JINGDIAN SHANJIZHAN

作　　者 / 《伴随》编辑部

责任编辑 / 李玉鹏　张　喆

封面设计 / 唐风汉制 图牌设计 小戚

出版发行 / 北方文艺出版社

地　　址 / 哈尔滨市南岗区宣庆小区 1 号楼

网　　址 / http://www.bfwy.com

邮　　编 / 150008

电子信箱 / bfwy@bfwy.com

经　　销 / 新华书店

印　　刷 / 保定市铭泰达印刷有限公司

开　　本 / 720×1020　1/16

印　　张 / 17

字　　数 / 221 千

版　　次 / 2012 年 6 月第 1 版

印　　次 / 2021 年 3 月第 2 次印刷

定　　价 / 49.80 元

书　　号 / ISBN 978-7-5317-2761-3

目录

CONTENTS

波兰战役

战役简述

　　波兰战役，在波兰称作"1939 年保卫战争"，在德国称作"波兰行动"，行动代号为'白色方案'。是纳粹德国、苏联和一支小规模的斯洛伐克部队入侵波兰的行动，标志着第二次世界大战的开始。入侵开始于 1939 年 9 月 1 日，即《苏德互不侵犯条约》被签署了一个星期后，并在 1939 年 10 月 6 日因德国和苏联瓜分整个波兰而结束。

战前形势

　　1933 年，德国国家社会主义工人党在阿道夫·希特勒的领导下，在德国上台当政。德国谋求获得在欧洲的控制权，并接管苏联领土，获取"生存空间"和扩张"大德意志"，计划最终在其周围建立一系列呈环形分布的同盟国、卫星国或傀儡国，根据这一系列重新制定的外交政策。首先，希特勒奉行与波兰和解的政策，努力改善与波兰之间的关系，最终在 1934 年签订《德波互不侵犯条约》。此前，希特勒的外交政策着重致力于削弱波兰和法国之间的关系，并鼓励波兰加入《反共产国际协定》，形成一个反对苏联的联合战线。

波兰将在其东北部获得领土，但波兰人获得的好处需要付出不菲的代价，这意味着他们的国家从此将要在很大程度上依赖于德国，在功能上成为一个名副其实的附庸国。波兰人担心，他们的独立，最终将受到严重的威胁。

除了苏联的领土外，德国的飞地东普鲁士与其余的领土被"波兰走廊"从中隔开，该走廊成为波兰与德国之间长期有争议的土地，两国居民共同居住。基于以上原因，国家社会党也对在与波兰之间建立一条新的边界有浓厚的兴趣。《凡尔赛条约》签署后该走廊成为波兰的一部分。许多德国人也希望当时属于波兰的但泽市及其周围地区（统称为但泽自由市）重新并入德国。但泽是一个重要的港口城市，超过百分之九十五的人口讲德语。《凡尔赛条约》后它已被从德国分裂出去，并在名义上成为独立的但泽自由市。希特勒试图收回这些失去的领土，并多次做出鼓动德国民族主义的行动，承诺"解放"仍然在走廊的德国少数民族，以及但泽。

波兰参加了《慕尼黑协定》签署后的分割捷克斯洛伐克的行动，尽管他们没有参与签订该协议。《慕尼黑协定》发出最后通牒，强迫捷克斯洛伐克在 1938 年 9 月 30 日交出捷克捷欣市，捷克斯洛伐克于 10 月 1 日接受了最后通牒。

1937 年，德国对收回但泽的需求愈发强烈，同时建议兴建一条横穿波兰走廊的公路，以连接东普鲁士与德国本土。波兰拒绝了这一建议，担心一旦接受了这些要求后，自己会进一步受到德国的控制，最终像捷克人一样失去独立。波兰领导人对希特勒也缺乏信任。此外，德国与反波兰的乌克兰民族主义者——"乌克兰国民组织"的合作，也被看做是为了孤立和削弱波兰，这在波兰方面的印象中削弱了希特勒的信誉。与此同时，英国也意识到德国和波兰之间的形势。3 月 31 日，波兰得到英国和法国的保证，他们将支持波兰捍卫领土完整。另一方面，英国首相内维尔·张伯伦和他的外相哈利法克斯勋爵却仍然希望能与希特勒达成一项关于但泽（同时也包括波兰走廊）的协议，希特勒也抱有同样的愿望。张伯伦和他的支持者认为，战争是可以避免的，希望德国能够同意放弃波兰领土。德国在中欧的霸权开始陷入险境。

随着紧张形势的逐渐升级，德国的外交政策开始转向积极。1939 年 4 月 28 日单方面退出在 1934 年签订的《德国和波兰互不侵犯条约》和 1935 年签订的《英德海军协定》。然而，在但泽和波兰走廊的会谈破裂后的几个月内，德国和波兰之间并没有进行寻求解决办法的外交互动。在此期间，法国和英国也未能与苏联结成反对德国的联盟，同时，苏联对与德国结盟以对付波兰表现出了兴趣。希特勒已经下令准备一个可能的"解决波兰问题的军事手段"——白色行动。

然而，令人感到惊讶的是，8 月 23 日苏德两国签署了《莫洛托夫与里宾特洛甫条约》（即《苏德互不侵犯条约》），这是德国与苏联在莫斯科举行秘密会谈的结果，德国缓解了苏联反对对波兰采取军事行动的情绪。事实上，战争已经是迫在眉睫。此时苏联已与德国达成秘密协议：如果法国或英国因德国进攻波兰而加入对德国的战争时将会帮助德国；同时，两国在分裂包括波兰在内的东欧地区上达成共识，商定该国西部三分之一属于德国而东部的三分之二属于苏联。

就在该协定的前一天，即 1939 年 8 月 22 日，希特勒召集德意志国防军将领，并为即将到来的战争作出诠释："我们的优势是速度和残忍。成吉思汗曾经杀死了数百万的妇女和儿童，但是历史只把他看做一个伟大国家的创始人。现在有人说我削弱了西欧的文明，对此我并不关心的。我将对每个人发出命令，而他们只能说出一个字的评论——这不是为到达某条线的目的之战争，而是在肉体上消灭敌人。因此，我将在东部动员我的部队，命令他们高傲无情地对有波兰血统和说波兰语的男人、妇女和儿童执行死刑。这是获得生存空间唯一的方法，而生存空间正是我们所需要的……"

德军装甲纵队

　　德国原定于 8 月 26 日凌晨 4 时发起进攻。然而，在 8 月 25 日，《波兰与英国共同防御条约》作为法国和波兰结成军事同盟的附件被再次签订。在此协议中，英国向波兰承诺：支持和维护波兰的独立。同时，英国和波兰都向柏林暗示：他们愿意恢复谈判。而希特勒并不希望与所有的对立面发生正面冲突。因此，他动摇了，他把攻击推迟到了 9 月 1 日。

　　在此期间发生了意外：在 8 月 25 日夜间，德军的一支小分队，在没有听到任何有关推迟入侵的命令的情况下攻击了波兰的亚布伦科夫市和莫斯蒂火车站。在 8 月 26 日上午，这支小分队被波兰军队击退。德国方面将这一切解释为"由个人疯狂引起的事件"。

　　8 月 26 日，希特勒试图阻止英国和法国干预自己即将发动的战争，甚至承诺说，今后可以把德意志国防军提供给英国使用。谈判令希特勒坚信西方盟国短时间内不会对德国宣战，即使他们这么做，也只是因为没有兑现对波兰的"领土保证"，当他征服波兰后，他们更愿意进行谈判并最终对德国妥协。同时，德国的侦察机活动频繁，驻守德波边界的军队也进入战备状态，这些都意味着战争迫在眉睫。

　　8 月 29 日，在英国表示希望与德国做最后一次谈判，并表示"白色行动"有可能因此而重新安排。当晚，德国政府作出回应：除了维护在波兰的日耳曼民族外，其目的不仅为了收回但泽，也包括波兰走廊（之前希特勒没有表现出这方面的愿望）。德国表示，他们愿意展开谈判，但波兰方面必须派出一位代表在翌日抵达柏林以签署一项协议，而在此期间，德国会制定这项协议。英国内阁感到高兴的是谈判的建议已经被接纳，但是，规定波兰有签署权力的代表立即抵达，是波兰方面完全不可接受的。在 8 月 30 日晚，德国外长约阿希姆·冯·里宾特洛甫向英国驻德大使宣读了德国的十六点建议。大使要求把建议的复制文本转交给波兰政府，里宾特洛甫拒绝了这个要求，理由是波兰代表未能在午夜前抵达柏林。当波兰大使利普斯基在 8 月 31 日前去会见里宾特洛甫时表示，波兰也愿意进行谈判，里宾特洛甫宣布，他没有充分的权力签署协议并将他打发走。他在当时的广播里说，波兰否决了德国的提议，并宣布与波兰的谈判终止。希特勒正式发布命令：入侵将在不久后展开。

8月29日，波兰东南城市塔尔努夫的火车站发生爆炸，21名乘客被炸死，另外有35人受伤，很明显，这是德国的行为。

8月30日，波兰海军派遣驱逐舰分舰队前往英国，执行"北京行动"。同日，波兰元帅米格威·雷兹维宣布动员波兰军队。然而，因为法国方面的压力，行动最终撤销，法国显然仍希望此事通过外交手段和平解决。但法国却没有认识到，德军已经开始调动并集中在德波边境。8月31日晚上发生了"格莱维茨事件"，此为上西里西亚地区更大规模的希姆莱行动的一部分，一支德军小分队冒充波兰军队，拿着波兰国旗袭击位于边境城市格利维采附近的电台。1939年8月31日，希特勒下令在翌日早上4时45分开始对波兰的打击行动。由于事先的种种阻碍，波兰只能动员计划中百分之七十的部队，许多部队仍然在编组中或正在移动到其指定的前线阵地。

相关链接

《反共产国际协定》和《苏德互不侵犯条约》

《反共产国际协定》：

第二次世界大战前，德、意、日三个法西斯主义国家勾结的协议。1936年，德意秘密签订了《德意议定书》，商定加强在对外侵略过程中的合作，形成了"柏林—罗马轴心"。1936年11月，德日签署了《反共产国际协定》。一年后，意大利也加入这一协定，德、意、日三国轴心正式形成。此后加入该协定的还有匈牙利、西班牙、保加利亚、芬兰、罗马尼亚、丹麦以及斯洛伐克、克罗地亚傀儡政权和中国的伪满、汪伪政权。

协定包括3条正文、附属议定书和秘密附件。主要内容有：缔约国相约互通关于共产国际活动的情报，并紧密合作，协议和采取必要的防止措施；对"受共产国际威胁的第三国"采取防止措施，或共同邀请其加入本协定；设置常设委员会，协商反共事宜。秘密附件规定：当缔约国一方遭到苏联进攻或进攻威胁时，另一方不得采取任何有利于苏联的行动并立即商讨"保护共同利益"的措施；未经双方同意，不得与苏联缔结违背本协定精神的任何政治条约。该协定的签订是德、日、意法西斯为扩大对外侵略相互借重力量的产物，标志着法西斯侵略集团的初步形成。

《苏德互不侵犯条约》：

又称苏德条约、莫洛托夫—里宾特洛甫条约或希特勒—斯大林条约，是1939年8月23日苏联与纳粹德国在莫斯科签订的一份秘密协议。苏方代表为莫洛托夫，德方代表为里宾特洛甫。该条约划分了苏德双方在东欧地区的势力范围。

《苏德互不侵犯条约》主要内容有：

1. 缔约双方保证不单独或联合其他国家彼此互相使用武力、侵犯或攻击行为。

2. 缔约一方如与第三国交战，另一缔约国不得给予第三国任何支持。

3. 缔约双方决不参加任何直接、间接反对另一缔约国的任何国家集团。

4. 双方以和平方式解决缔约国间的一切争端。

5. 条约有效期为10年。

除互不侵犯条约外，苏德双方还签订了一份秘密附加协议书，其中规定：

1. 属于波罗的海国家（芬兰、爱沙尼亚、拉脱维亚、立陶宛）的地区如发生领土和政治变动时，立陶宛的北部疆界将成为德国和苏联势力范围的界限。在这方面，双方承认立陶宛在维尔诺地区的利益。

2. 如波兰发生领土和政治变动，苏德双方将大致以纳雷夫河、维斯杜拉河和桑河为势力分界。维持波兰独立是否符合双方利益，以及如何划界，只能在进一步的政治发展过程中才能确定。

3. 在东南欧方面，苏联关心在罗马尼亚的比萨拉比亚的利益，德国宣布在该地区政治上完全没有利害关系。

4. 双方将视本协议书为绝密文件。

双方兵力分析

德军

德国相对于波兰拥有数量上的庞大优势和在冲突之前已发展了强大的军事力量。"德国陆军"拥有由 2400 辆坦克编成的 6 个装甲师，实践新的军事准则。它认为，这些师团部门应该与其它的军事单位协同作战，突破敌人的防线及孤立被选定的单位，它们将被包围和消灭。而少量机械化的步兵和徒步士兵则跟随其后。"德国空军"提供战术和战略性的空中力量，特别是由俯冲轰炸机切断供应和交道路线。总之，所谓的"新"方法，被称为"闪电战"。历史学家李德·哈特声称"波兰是一个充分展示了闪电战理论的战场。"但是，其他历史学家并不同意。

飞机在战事中扮演了重要角色。轰炸机还袭击了城市，通过恐怖轰炸对大量平民造成巨大的损失。德国空军部队包括 1，180 架战斗机、290 架 Ju87 俯冲轰炸机、1100 架常规轰炸机（主要是 He111 和 Do17 轰炸机），以及550 架各式各样的运输机和 350 架侦察机。整体而言，德国拥有接近 4000 架飞机，其中大多数是现代化的。其中 2315 架飞机被分配到"白色行动"上。由于之前曾参加西班牙内战，在 1939 年，"德国空军"也许是全世界最有经验、最训练有素和装备最优良的空军。

波兰

从 1936 年至 1939 年，波兰对中部工业区进行巨额投资。虽然为了对德国进行一场防御性的战争进行了多年筹备，但大多数的计划中均假设战争在

1942 年之前不会开始。为了筹集资金用于工业发展，波兰售出大部分自己生产的现代化装备。

1936 年，一个国防基金被成立，收集必要的资金用于加强波兰军队。波兰军队拥有大约 1，000，000 名士兵，但在 9 月 1 日只有不到一半被动员。迟到的士兵者蒙受了巨大的人员伤亡，因为公共交通工具成为"德国空军"的攻击目标。波兰军方的装甲部队比德军少，而且这些部队，被分散与步兵一同作战，无法有效地对抗敌人。波苏战争的经验构成了波兰军队的组织和作战原则。不同于第一次世界大战中的堑壕战，波苏战争是一场由骑兵的机动性扮演决定性角色的军事冲突。波兰认识到机动性的优点，但不能大量地投资在许多昂贵的，当时还未经证实的发明。虽然如此，波兰骑兵旅被当做机动化骑马步兵使用，并在面对德国的步兵和骑兵时取得了一些成功。

波兰空军落后于德国空军，虽然普遍认为"不会"在战争早期被击毁在地面上。波兰空军缺乏现代化的战斗机，但它的飞行员是世界上训练最好的，这在 1 年后的不列颠空战中已证明了，在该战役中波兰人发挥了重要作用。总体而言，德国享有在飞机数量上和质量上的优势。波兰只有约 600 架现代化飞机。波兰空军有大约 185 架 PZLP.11 战斗机和 95 架 PZLP.7 战斗机、175 架 PZL.23 卡拉斯 B，35 架卡拉斯 A 轰炸机，还有超过 1，000 架过时的运输、侦察和训练机。到 9 月，超过 100 架 PZL-37 "麋鹿"轰炸机被生产出来了。不过，在 9 月的战事中，只有约百分之七十的飞机可以出动。只有 36 架 PZL-37 "麋鹿"轰炸机被部署。波兰的战斗机比德国的较为落后。波兰的 PZLP.11 战斗机，产生于 20 世纪 30 年代初，最高时速只有每小时 365 公里（大约每小时 220 英里），远远低于德国的轰炸机；为弥补该缺点，飞行员必须依靠其高机动性和下降速度。

波兰的坦克部队包括 2 个装甲旅、4 个独立坦克营和配属到步兵师和骑兵旅的共 30 个连的小型坦克。在 1939 年波兰的防卫作战中波兰军队唯一标准的坦克是 7TP 型轻型坦克。这是世界上第一种装备柴油发动机和 360 度冈拉克潜望镜的坦克。7TP 武器装备明显比其最常见的对手、德国的 1 号坦克和 2

号坦克优胜，但由 1935 年到爆发战争之间只生产了 140 辆坦克。波兰也有一些比较现代化的进口坦克，如 50 辆雷诺 R35 型坦克和 38 辆维克斯 6 吨坦克。

波兰海军是一支由驱逐舰、潜艇和较小的支援船组成的小型部队。大部分波兰水面单位参加了北京行动，在 8 月 20 日离开波兰港口和逃往北海加入英国皇家海军。潜艇部队参加了手术包行动，其目标是从事和破坏德国在波罗的海的海上航运，但他们只获得少许成功。此外，许多商业船舶加入了英国商船队及在战时参加了护航队。

战役进程

1939 年 9 月 1 日，德军正式入侵波兰。当天凌晨，德军突然出动 58 个师，2800 辆坦克，2000 架飞机和 6000 门大炮，向波兰发起战争史上第一次真正意义上的"闪电式进攻"。

在此之前的整个夏天里，德军分别以师为单位，在东部德波边境上修筑了一条贯穿整个边境的防御工事。各支部队每天做的只不过是轮番挖土。在漫长而又炎热的夏季，全副武装高度戒备的波兰士兵只能看到赤裸上身的德国士兵在掘土作业。随着炎热气候的离去，波兰士兵的警惕已消磨殆尽，希特勒的迷惑战术取得了成功。

9 月 1 日凌晨，边境大地如同整个夏天中的每一天，安静异常。但就在此时，德国境内的所有空军基地却亮如白昼。急促的哨声催促着飞行员紧急集合，指挥官向他们宣布了执行"白色方案"的命令。时间是：

正在俯冲的斯图卡机群

1939年9月1日凌晨4时45分。虽然命令是在8月31日的17时通报的，但这是一个严格保密的计划，执行任务的部队直到行动前一小时才接到命令。最先出动的空军仅仅用了10分钟便飞到了波兰上空，对波兰的军火库、部队集结点，以及桥梁、铁路线等命脉进行了第一轮轰击。第一轮空袭之后，波兰的指挥和交通系统即告瘫痪。随后，德国陆军对波兰军队的正面阵地发起了全线突击。波兰边境的阵地在炮击中震颤，士兵们被惊呆了，他们无法把这支铁骑与夏天里那些慵懒的"工人"联系在一起。

波兰就此成为了第一次"闪电战"的试验品。

虽然波兰从第一刻就受到了近乎毁灭的打击，但是他们的士兵并非许多课本中描述的那样不堪一击，反而是很快便依据事先制定好的军事防御计划有条不紊的投入了战斗，并成功地抵挡住了德国陆军士兵大部分的突击。由于波兰军队把主力平行部署于最前线，使得战斗在开始的阶段形成了胶着状态，看起来这似乎将演变成一场攻坚战。

虽然战前遇到了种种阻碍，但波军在战前还是动员了40个师和22个旅，组成7个集团军沿着波德边境一线排开，仅留下一个较弱的集团军部署在后方作为预备队。但这种搏命式的布防等于直接告诉德国人：波军根本就没有纵深防御。换言之，如果整个阵地的链条上有一环被击破出现缺口，那么也就意味着整个防御体系的崩溃。很快波军就尝到了如此配置兵力所带来的严重后果。

在起初的胶着战中，德军有一支部队与众不同，在战斗伊始，这些部队在波兰的防线上迅速撕开了一道道裂口，他们根本不与对手做过多纠缠，找到空隙便一骑绝尘向东而去，很快就消失

越过边境的德军行军纵队

在了双方士兵的视野里。

这支部队是二战时德国陆军的王牌，由古德里安将军率领的德国第 19 装甲军。这威猛的钢铁洪流突破波军防线后迅速迂回到波军身后，随即在当时最为先进的摩托化部队快速跟进，直取波军侧翼，而后加上同波军交战的一线德国步兵的兜底行动配合，随后以最快的速度将波军主力分化包围并逐个击破。这就是古德里安独创的新式战法——闪击战。

开始的时候，德军快速推进的摩托化部队和装甲部队把自己的步兵远远地抛在了后方，所以深入波兰腹地的德军步兵此时还不多，波兰的斯米格威·雷兹元帅看清了这一点，便下令前线的部队撤退到波兰中部和集结在那里的部队会合，希望可以依靠地势抵挡住德国人的进攻。但是这样一来，前线的波兰部队一撤退，德军士兵便紧紧地追逼上来。而雷兹元帅认为可以派遣骑兵来延迟深入波兰纵深的德军先头部队。从战争最后的结果来看，雷兹元帅的这种想法值得商榷。

虽然事后连古德里安自己都承认波兰的骑兵和反击对德军造成一定的心理恐慌，但是这并不能阻止战事的渐渐明朗，德军的合围已经接近尾声，波兰部队一支接着一支毫无悬念的被消灭。可以说，此时的波兰在战术上已经完全失败，但波兰人并没有因此失去战斗精神，没有人丢弃武器，他们为自己的国家流干了最后一滴血。

9 月 16 日。彻底绝望的波兰政府越过边界逃亡罗马尼亚。

几乎在同时，苏联政府对全世界宣布：由于波兰政府不复存在，因此《苏波互不侵犯条约》不再有效。"为

德军坦克驶过波兰的一个小镇

了保护乌克兰和白俄罗斯少数民族的利益"，苏联决定进驻波兰东部地区。

9月17日凌晨，苏联的白俄罗斯方面军和乌克兰方面军分别在科瓦廖夫将军和铁木辛哥将军的率领下越过波兰东部边界向西推进。苏军红军的入侵行动历时12天，向西推进将近350公里。苏军在推进的过程中几乎没有遇到像样的抵抗，最后只付出了极小的代价（死亡734人，伤1862

希特勒在波兰阅兵

人）。苏军的这次入侵为自己在后来的战争中赢得了巨大的缓冲地带。而在二战结束后，波兰向苏联索要领土的时候，苏联给予的答复是：德国是战败国，你们应该去索要他们的领土。由此，人们将两国的这次有关领土主权的对话形象的形容为：向左转，齐步走。

9月18日，德军先头部队已经抵达了华沙近郊。三天后德军击溃了在郊区的波兰守军，22日完成了对华沙的合围。此时，除了极少数俄波边界的波军仍在抵抗外，波兰其余部队已经支离破碎，陷入一片无序当中。此时雷兹元帅已失去对部队的控制，波兰大部分地区已不再做抵抗。

25日德军开始对华沙发起总攻，为了减少伤亡，陆军统帅部决定炮轰华沙城。德军中最具表演天赋的戈林元帅，也急电命令空军前来助阵——配合炮兵空袭华沙城——参与空袭的飞机全是崭新的。前一天还誓言抵抗到底的华沙守军司令于9月27日放弃抵抗。至此，华沙宣告沦陷。不久之后。希特勒以征服者的姿态在华沙市政厅前举行盛大的阅兵式。

截止到10月2日，波兰完全被征服了，全部的领土被德国和苏联占领。必须提及的是，苏联比德国多得了数百平方公里的波兰土地。

波兰战役至此落下帷幕，用时仅一个月，德国与苏联的合作也就此画上了休止符。

相关链接

"白色方案"

"白色方案"，二战初，德军为了保障自己东部战略地的安全，而对波兰进行的攻击战计划。该计划制定周密，布局细致，从陆、海、空三方面有效对波兰实施进攻。

"白色方案"指令

1939 年 4 月 3 日"白色方案"指令（进攻波兰）：

鉴于波兰目前的态度，不仅需要使修改后的东部边界有安全保障，而且还需要进行军事准备，以便在必要时永远消除来自这一方向的各种威胁。

（一）政治上的前提和目的

德国同波兰的关系仍然要遵循避免引起骚乱的原则。如果波兰改变其迄今基于同样原则的对德政策，转而采取对帝国进行威胁的态度，那么，同它进行最终清算就有可能势在必行。

那时要达到的目的是，粉碎波兰的防御力量，在东面造成一种能满足国防需要的态势。最迟在冲突开始时，宣布但泽共和国①为德意志帝国的领土。

---

① 原文为 Dcr Freistaat，德匡历史上的旧称。魏玛共和国时期多数州的正式名称。但泽共和国简称但泽自由市。

被摧毁的华沙

政治当局认为自己的任务是：在上述情况下必须尽可能地使波兰孤立，即把战争局限在波兰进行。

这种局面在不太远的将来就可能出现，因为法国的内部危机日益加剧，英国会因此而采取克制态度。

俄国的干预（它有能力这样做）很可能对波兰毫无益处，而仅仅意味着波兰被布尔什维主义吞并。

周边国家的态度如何，完全取决于德国的军事需要。

德国不能轻易地将匈牙利列为盟国。意大利的态度是由柏林——罗马轴心已经确定了的。

（二）军事上的结论

建设德国国防军的伟大目标，仍然要视西方民主国家的敌对程度而定。"白色方案"仅仅是诸项准备工作的一个预防性的补充措施，决不能将它视为同西方对手进行军事冲突的先决条件。

越能成功地以突然、猛烈的打击开始战争，并迅速取得胜利，就越容易使波兰处于孤立地位，即使在战争爆发以后也是如此。

但是，整个局势要求在任何情况下都必须采取预防措施，以确保帝国西部边界和北海沿岸及其空域的安全。

在进军波兰时，要针对周边国家特别是立陶宛采取警戒措施。

（三）国防军的任务

国防军的任务是歼灭波兰的军事力量。为达到此目的，必须做好准备，力求达成进攻的突然性。秘密的或公开的总动员，将尽可能推迟到进攻日的前一天才下令进行。

计划用于防守西部边界的兵力暂时不得另行调用。

对立陶宛须保持警惕，对其余边界只需进行监视。

（四）国防军各军科的任务

1. 陆军

在东线的作战目标是歼灭波兰陆军。为此，在南翼，可进入斯洛伐克地区。在北翼，应迅速在波莫瑞和东普鲁士之间建立联系。

必须做好开战的各项准备工作，以便以现有的部队也能发动进攻，而无需等待动员后组建的部队按计划开到后再行动。现有部队的隐蔽的进攻出发地区，可在进攻日之前予以规定。我保留对此事的决定权。

预定担负"西部边界掩护"任务的兵力是全部调往该处，还是留一部分作他用，将取决于波兰的局势。

2. 海军

在波罗的海，海军担负下述任务：

①歼灭或者打垮波兰海军。

②封锁通往波兰海军基地（特别是格丁尼亚海军基地）的海上通道。开始进入波兰时，即宣布停泊在波兰港口和但泽的中立国家船只离开港口的期限。期限一过，即由海军采取封锁措施。

必须估计到规定离港期限会给海战造成不利的影响。

③切断波兰同海外的贸易联系。

④掩护帝国——东普鲁士的海上通道。

⑤保护德国至瑞典和波罗的海沿岸诸国的海上交通线。

③尽可能以不引人注目的方式实施侦察和警戒，防止苏俄海

牵引着 FLH18 榴弹炮的中型卡车纵队

军从芬兰湾进行干涉。应预先规定适当数量的海军兵力用于保卫北海海岸和濒陆海区。

在北海南部和斯卡格拉克海峡，须采取措施防止西方列强突然对冲突进行干预。采取的措施应局限在绝对必要的限度以内，务必保证不引人注目。关键是应避免采取可能会使西方列强的政治态度变得强硬起来的一切行动。

3. 空军

空军必须对波兰实施突袭，而在西线则可只保留必不可少的兵力。

空军应在极短时间内歼灭波兰空军，此外，主要担负以下任务：

①干扰波兰的动员，阻止波兰陆军按计划开进。

②直接支援陆军，首先是支援已经越过边界的先头部队。

开战之前航空兵部队可能要向东普鲁士转场，但这不可危及达成突然性。

第一次飞越边境时，在时间上应与陆军的作战行动协调一致。

只有在给中立国家船只规定的离港期限（参见国防军各军种任务中海军的任务）过了之后，方可对格丁尼亚实施攻击。

JU87 编队

对空防御的重点是施特廷、柏林和包括梅伦地区的奥斯特劳和布吕思在内的上西里西亚工业区的空域。

战役影响

此战，波军死亡 66300 人，伤 133700 人，被德军俘虏 69.4 万人，被苏军俘虏 21.7 万人（含投降数），10 万人逃至邻国。德军死亡 10600 人，伤 30300 人，失踪 3400 余人。战争中，德军首次成功地实施"闪击战"，显示了坦克兵团在航空兵协同下实施大纵深快速突击的威力，对军事学术的发展产生了深远影响。德国在实施武装力量的动员与展开措施中，采取了先机制敌的方针。德国武装力量对波兰的军事行动说明，预先组建的陆军和空军集团出其不意的实施密集突击，有着显著的作用。在战争过程中，坦克和空军显示了巨大的力量，为了突破敌军防御，首次使用了快速重兵集团——坦克军、坦克师和摩托化师，与航空兵密切协同作战。出现了以快速重兵集团在防御纵深对敌人实施迂回和合围的机动条件。这样能扩大战役进攻纵深，提高战役速度。

关于这场基本上没有悬念的战争，后来的史学家都认为它是"闪击战"的成功范例。德国人成功地运用了这一战法，使得空地协同第一次以强大的突击力量的形式出现在战场上，为后来的一系列军事变革提供了教科书式的范例。

双方主将

冯·博克

冯·博克（1880—1945），德国元帅，参与策划了德军全面进攻苏联的"巴巴罗萨计划"。博克曾于 1941 年任德中央集团军群司令。在其指挥下，德中央集团军群在 1941 年极为出色地完成了消灭当面苏军主力的预定目标，且由于该集团军群在当

冯·博克

年立秋后发起的旨在夺取莫斯科的台风战役后期遭遇惨败，他递交辞呈并获批准。1942 年 3 月博克顶替于当年 1 月病逝的赖谢瑙元帅暂时出任南方集团军群司令。在成功地化解了苏军在该方向上的反击后，6 月转调至新组建的 B 集团军群负责消灭顿河方向苏军主力并掩护 A 集团军群进入高加索地带。但因其指挥的 B 集团军在蓝色计划第一阶段表现不佳并在事后质疑计划合理性，而在 7 月 15 日被再次解职并被勒令退出现役。其后再未受任用。1945 年在避难途中遭遇英军战斗机空袭，其座车被炮弹击中，同坐的妻女当场毙命，博克本人也于当晚在奥登堡的陆军医院因伤不治身亡。他是第二次世界大战中唯一被盟军击毙的第三帝国元帅。

斯米格威·雷兹

斯米格威·雷兹（1886—1943），波兰陆军元帅。第一次世界大战期间，在 J·毕苏茨基领导的波兰军团中任旅长，与俄国军队作战。1918 年代表"波兰军事组织"参加临时政府。波兰独立后曾任国防部长，武装部队总监、总司令。1920 年率部进攻苏俄，一度占领基辅。1926 年 5 月参与 J·毕苏茨基发动的军事政变。1935 年成为波兰事实上的独裁者。1939 年 9 月德波战争爆发时，错误估计形势，寄希望于英、法派兵

斯米格威·雷兹

参战，未及时进行战争动员，在德军闪电进攻面前措手不及，甚至指望以骑兵对付坦克，致使波军行动迟缓，指挥混乱，迅速瓦解，本人逃往罗马尼亚。1941 年潜回国内，加入地下抵抗组织。据传，1943 年被德军杀害。

战争中的故事

关于波兰骑兵与古德里安部队作战的两个版本

1939 年 9 月，古德里安的机动部队以迅雷不及掩耳之势突破德波边境，直逼华沙，波兰的雷兹元帅派出骑兵部队来抵挡，此时的波兰骑兵部队约有 10 万人。在亡国阴影的笼罩下，波兰的骑兵部队迅速集结开赴战场。关于骑兵同机动部队作战过程，流传下来的有两个版本。

第一个版本：

英勇的波兰骑士挺起长矛举起马枪，高喊"上帝保佑波兰，祖国万岁"的口号，然后向德军第 19 装甲军发起了一次又一次集团冲锋。正在休息的德国装甲兵也有些害怕，但更多的是摸不着头脑。随即他们钻入坦克中，对波兰骑士展开了疯狂屠杀，直至他们全军覆没。在进攻前夕，波兰骑兵质问自己的长官："敌人都是装甲坦克，我们的长矛恐怕打不过吧。"指挥官的回答是："这些装甲不过是些用锡板做成的伪装物，是用来吓唬人的。"不管这位长官是装糊涂还是真的无知，他的观点都断送了波兰骑士的生命。

这个版本的来源是德国请轴心国的记者访问位于波兰克罗扬蹄战斗后的战场，当时战场上横七竖八地躺着波兰骑兵及其战马的尸体，战场周围逡巡着德国的坦克。根据对当时在战场上的士兵的采访，两个意大利记者发表了一个著名的通讯，称德国士兵告诉他们波兰精锐骑兵操着马刀端着长枪一次又一次的冲击德军坦克，遭到了毁灭性的打击，显然这个报道造成了轰动的效应。

历史上经常有这样那样的传说，这些传说因为符合人们的观点或者有力地说明了某个局部真理而得到广泛的流传。而真正的历史事实却被人们所遗忘，人们也不再关心那些事实，因为那样并不带劲。波兰骑兵冲击德国坦克

德军利用飞机和坦克进行立体式作战

的事件向世人宣告了骑兵时代的结束，说明了勇气远不如装备重要。但实际上，波兰骑兵好像从来没有向德国坦克发起马刀和长枪的冲锋。

第二个版本：

根据一些历史资料，在克罗扬蹄的战斗中波兰确实派出了精锐的骑兵。当时波兰骑兵对垒德第19装甲集团左翼第20摩托化师第76步兵团。八点钟，德国步兵突破了波兰边防军的防线迫使波军后退。波军第18骑兵团奉命掩护。在机动的过程中，波军发现了一股在树林中休整的德军步兵，决定发动突然袭击，并且成功的击溃了这支部队，并在德军中造成恐慌，导致了德军攻击的停顿。在追逐过程中，驻扎在周围的德军装甲部队闻讯赶到，出其不意地在平原上攻击了没有准备的波军骑兵，机枪的猛烈扫射给没有掩护的波兰骑兵以很大的杀伤，受到损失的波兰骑兵很快的撤退了。

不论是哪个版本，我们都可以断定，不论是骑兵冲坦克，还是坦克碾压骑兵。都可以说骑兵和坦克在波兰战役中进行过一次中等规模的战斗。并且使波兰骑兵几乎全军覆灭。

必须提及的是，在波军的最后一次大规模反攻中，大批波兰士兵成了德国空军力量的牺牲品。9月9日，大约17万波军集中起来，在波兹南附近对疾行的德军发起攻击。战斗初期，波兰人似乎看到了胜利的希望——他们成功地切断了德国第10军的补给线。然而不幸的是，里希特霍芬将军的"空军特别小分队"正跟随着第10军一起进攻，没过多久，波兰士兵们就惊恐地发现从天边飞来了大批Ju87斯图卡俯冲轰炸机和Hs123双翼攻击机（Hs123双翼攻击机是二战初期德国空军的主力攻击机），斯图卡机翼上的警笛声和Hs123的发动机如机枪扫射般的轰鸣声交织在一起，来自空中的巨大噪音惊了波军的运输马队，同时也吓坏了他们的士兵。以前从未受到过大规模空袭的波兰军队崩溃了，士兵们惊恐的双眼露出绝望的神情，自然而然地，他们的反击攻势被德军完全地击溃了。

公平地说，对于德国空军来说，他们从这场战役中也学到了很多。虽然取得了压倒性胜利，但是德国空军的损失也不小。不到一个月的战斗中，德国空军的战损率超过了 18%，损失了 285 架飞机，其中有 38 架斯图卡。相形之下，在波兰战役的前两周里，波兰空军就损失了全部飞机中的 80%，以及全部飞行作战人员中的 30%。不可避免地，无可争议的胜利事实在一定程度上蒙住了德国空军的眼睛，使他们看不到"空中支援战术"理论存在的问题，但是另一方面，在实战中取得的大量经验又为这种理论的发展奠定了坚实的基础。善于完善的德国人在后来的法兰西战役中终于彻底的完胜。

在卢步林会师的苏德两军

名人论战

英国军事理论家利德尔·哈特在总结波兰战役时说："1939 年的战事结局，可以归结为两句话：在东方，一支陈旧得无法救药的军队，为一支应用新技术的小坦克部队加上占优势的空军所瓦解；在西方，一支动作迟缓的军队，却不能及早施展任何有效的压力。"

相关链接

闪击战的历史

闪击战的起源可以追溯到英国人富勒在第二次世界大战之间提出的关于机械化战争的理论。装甲车辆的出现，以及内燃机广泛运用于战争，导致陆战产生根本性变革。军队的运输能力，行军速度，防护能力，突击能力达到前所未有的水平。所以军事指挥、战略战术也必然将随之发生变化。富勒提出组建以坦克为核心的，由职业人员组成的小型精干的机械化装甲部队，集中灵活机动、防护力强、火力猛烈的特点；强调发挥装甲快速机动能力，像火灾初起时就扑灭火灾一样，在敌人尚未准备好的时候就通过迅速坚决的行动，攻占战略要地或切割敌人的防御；以瓦解敌人的士气，迫使敌人屈从于己方的意志为目的，而不是像克劳塞维茨的《战争论》那样强调从肉体上消灭敌人。富勒的机械化战争理论可视为闪电战战术的理论雏形。

20世纪30年代，纳粹德国的古德里安和苏联的图哈切夫斯基等军事家进一步发展了机械化战争理论，提出了装甲部队必须独立编队，并集中运用的原则，而不是分散配属给步兵部队。这期间，纳粹德国和苏联开始出现较大规模适应机械化作的编制，各国普遍装备了坦克和各种装甲战车，并且在作战构想中开始运用坦克、飞机、步兵和炮兵的协同，以达到快速制胜的目的。

1939年德国入侵波兰，揭开了第二次世界大战欧洲战争的序幕，德国充分运用其在航空兵、装甲兵上的优势，快速突破波兰部队的防御后纵深迂回到波兰防线的后方，分割包围了大批波兰部队。合围中的波兰军队不仅丧失了补给和通讯交通，而且由于战线后方被占领，失去了退却到国土纵深休整补充的能力，因而大批被德军俘虏。仅仅28天后，波兰首都华沙被攻克，36天后，波兰有组织的抵抗被完全粉碎。

波兰战役被视为闪电战的开山之作，其后德国入侵挪威和比利时、荷兰、法国都采用了类似的战术，即大规模集中运用坦克和机械化部队、与航空兵和伞兵高度协同、实施突然攻击、快速突破、纵深迂回包抄。从而在精神上瓦解对方的战斗意志，这种作战形式被称为"闪击战"。1941年德国入侵苏联时也采用这种战术，在初期取得很大战果。

闪击战运用包含装甲部队、机械化步兵与炮兵，以及空军优势火力，于作战层面进行高度协同攻击。扰乱敌人的部署，迫使对方改变正面武力，甚至使敌军在兵力组织与分配上自乱阵脚。以侧面迂回方式，隔开并切断敌方的兵力。威胁敌方的后路，使其与基地之间丧失联系与补给。

闪电战的基础是机械化，前提是制空权，在于空、坦、步的协同配合，战术在于一点两面。找到突破点，由炮兵打开缺口，装甲集群进入缺口并发展战果，机动步兵跟进。找到突破口的两翼，空军打开缺口5—10分钟后，装甲集群随后攻击，后面紧随机动步兵。迅速破坏掉敌指挥中心、通讯枢纽、交通枢纽。陷敌于瞎子、聋子的局面，并配合正面部队迅速合围敌主力步兵集团。飞机、坦克和机动步兵速度都很快，火力也够。但前提是要保有制空权，然而德国后期遇到了拥有空中优势的美国空军，无法使用闪击战。另外此战术对后勤依赖度非常高，一旦汽油和弹药粮食供应不上，就会被歼灭。

由于闪击战在二次世界大战中发挥无比的威力，因此在大战结束之后即受英美等军事学者热烈研究，在战术上勾勒出一个详细的面貌现已不是难事。关于战术上的细节，根据各家的说法，综合整理出一个对闪电战的全貌概述。"闪击战"大略可分以下几个阶段：

集结：意即在攻击发起前夕，将兵力彻底集中于一个狭窄的正面上。由于该战术需"形成重点"之故，真正的攻击正面还会比集结面更窄。

展开：为了突破后维持必需的冲力，机械化部队将会成梯次纵深部署。

突破：使用形成重点后所造成的压倒性优势武力，以决定性的冲击力突穿敌人战线。突破的任务一般交给战车部队担任，战车部队将以营或连级单位组成"宽锥型"（倒三角形，德军战车部队最常使用的攻击队形）或者"锥型"（正三角形）进行突破。不过若想保留装甲兵的实力以供往后作战，亦有将突破任务交由步兵担任，待步兵突穿后装甲兵才由缺口投入，接着机动向敌后挺进以扩张战果的事例。

突穿：此阶段是突破之延续。在完成突破之后，装甲部队主力以及其他机械化支援单位会穿越打开的缺口，并进入敌人战线开始向敌后深入。此时各部队指挥官会在部队先头，以其自身之观察掌握全局并随时将敌情向后回报。突进纵队中除了战车外，尚会编入战斗工兵、装甲步兵，以在任何情况下对前进中的战车单位提供支援，他们通常都乘坐在半履带装甲人员车辆上，战斗工兵则携带各种器材甚至架桥装备以克服一切天然或人工障碍物。

击虚与钻隙：突破时期结束，开始全速向敌后方做大纵深的突进。这样的做法扬弃了传统的向两翼席卷的战法，不过这算是法国人所创的较快捷的方法。

一旦通过突破口后，各纵队即成扇形展开，沿着若干向前延伸的平行道路向前分散推进，以避免交通壅塞现象发生。先头通常由侦察部队的前卫尖兵组成，他们在前方或侧翼上搜索前进，进行寻找开放道路、侦测敌情，并提供预警并抢占如制高点、桥梁等重要战术要点。突进纵队便会依照他们的情报，选择适当、无敌方顾虑的路线前进。面对敌人时，如无须战斗时则尽量避免，选择绕开，尽可能采取迂回渗透的手段，只有在没有办法的情况下才实施战斗，最后绕过的敌人则由后续部队赶上肃清之。由于持续不断的运动，战斗时将以机动炮兵或申请战术空军火力支援攻击。这支深入敌后的机械化大军并不顾虑逐渐延长的暴露侧翼，因为快速的机动将提供他们足够的保护。如非得已，突进部队将不会离开道路做越野运动，因为这会产生不必要的延误。在领先挺进的装甲部队后面则是机械化步兵部队，以填补装甲部队推进后产生的空隙，后面才是徒步运动的一般步兵师。机械化部队的补给车队也沿着同一条交通网以追赶战斗部队。为了要在少数可用的道路上动用上千辆的车辆以维持其攻势的高度动能，因此交通管制亦将格外重要，工作也极端复杂。

席卷：这是"闪击战"最后一个阶段。现在整个突进部队将以敌人的交通线为目标，进行分割并包围遭孤立的敌军主力。除了1940年的敦刻尔克包围战是利用英伦海峡进行单翼包围外，几乎二战所有的"闪电战"皆是以两翼进行包围作战。待双钳合围后，剩下的工作就是围歼包围网内的敌人。此工作通常都交由步兵部队担任，装甲部队则从前线补给整合战力后再继续往下一个目标推进。

古德里安

但是，闪击战在威风八面的同时也存在着缺陷：

留在后方的敌军部队只要没有被完全消灭，容易向后方发动反攻。

由于闪击战的快速进军，补给线一夕之间被迅速拉长，一旦补给跟不上，前方部队容易成为强弩之末，攻势停滞，就可能受到反攻。同时，补给部队也容易受到反攻力量攻击。

如果游击战、反击战和巷战使用恰当，则可能克制闪击战。

法国战役

战役简述

　　法国战役，又称法国沦陷，是指在第二次世界大战时纳粹德国从1940年5月10日开始进攻法国及低地国家。这场战役包括两大行动：第一部分的"黄色作战"（FallGelb，攻打荷比卢三国和法国北部）和第二部分的"红色作战"（FallRot，进攻法国本土）。德军历时不到三个月便攻下法国，迫使英军慌忙撤退回国，被认为是闪击战中最成功的范例，在第二次世界大战史上具有重要地位。

战前形势

　　自从德俄1939年9月入侵波兰，从而揭开第二次世界大战的序幕之后，德国与同盟国有一段相当长的时间在欧洲大陆上处于未交战的状态，这种状态被称为"假战"。希特勒曾希望在法国和英国的默许下，迅速征服波兰并随即停战，因为德国的军需物资的储备不足（需要从国外进口），此时德国的武器制造主要依靠来自苏联的原材料，由于两国在本质上的不同，希特勒对这种情形感到不安。因此，在1939年10月6日，他曾向英国和法国提出和平协议，并给予两国思考的时间，以便作出回应；10 月 9 日，考虑到同盟国对于他的建议未必予以采纳，希特勒也制定了相应的军事行动计划——《元首第 6 号特别训令》。

希特勒一直希望依靠军事力量打败其它西方国家，从而在未来避免两线作战的处境，能够专心对付东方战线。然而，这种意图并未体现在《元首第 6 号特别训令》中。因为该计划是建立于极为现实的假设上，即德国还需要相当长的时间才能拥有强大的军事力量，并只希望达到并不难以实现的目标，旨在与西方长期的持久战中改善德国的处境。

《元首第 6 号特别训令》的主要内容为尽可能迅速地征服荷兰、比利时和卢森堡等低地国家，从而阻止法国先占领它们，进而威胁德国重要的工业心脏——鲁尔区。另一方面是要尽可能多的控制机场，以便对英国进行长期的空中和海上攻击。但元首的训令中并没有提到占领整个法国的计划，只是以进占法国北部的边境地区为目标。

拟定好书面指令之后，希特勒认为最多只需数周便可实行自己的计划，但是在发出训令的当天，他的幻想便告破灭。对于德军的真实力量，希特勒的判断存在偏差。德军需要修复为数众多的在波兰战役中损坏的车辆，而军火库中的弹药也已消耗殆尽，要恢复战斗力，至少需要三个月的时间。

1939 年 10 月 10 日，英国拒绝了希特勒提出的和平建议，10 月 12 日，法国也站在了英国的一边。10 月 19 日，德国陆军最高指挥部国防军陆军总司令部参谋长弗兰兹·哈德尔，提出了"黄色行动"的第一个计划，即"黄色行动第 1 号方案"，这是入侵低地国家的行动代号。哈尔德的计划经常被与"施利芬计划"相对比，这其实是德国在 1914 年第一次世界大战中曾经实行过的计划。这两个计划的相同之处是需要在进攻时通过比利时中部，但"施利芬计划"的意图是通过实施一次对法军的大规模围攻来获得决定性的胜利，而"黄色行动"主要战术是缺乏想象力的正面进攻，目标是将盟军赶回索姆河对岸，而实现这个目标预计将会以牺牲 500，000 名德军士兵为代价。而这样做将会直接透支德军 1940 年的兵力储备，估计要到 1942 年才能考虑对法国发起进攻。

　　面对哈尔德的计划，希特勒反应冷淡。他原以为只需付出少量代价便可以在短期内征服低地国家，但哈尔德提出的计划却是漫长而艰难的。有人甚至认为这个计划是个阴谋，哈尔德反对希特勒，所以才提出了最悲观的计划以阻止希特勒发动全面进攻。对于此计划，希特勒基本持反对态度。他认为，军队无论是否已经做好准备都必须尽早进攻，寄望于盟军在准备不足仓促应战，可能会带来一个轻松的胜利，进攻的日期被确定为 1939 年 11 月 12 日。对此，指挥官们曾多次试图说服希特勒，他们认为攻击应起码再延迟数天或数周，以修正一些在筹备工作中的缺陷，或等待更有利于作战的天气。而另一方面，由于没有人对这个计划提出不同意见，希特勒试图可以对计划进行一定的改善。这主要是为了分散兵力，因为除了在比利时中部为中心主轴外，还将在南部地区发起第二次进攻。10 月 29 日，哈尔德提出第二个行动计划，即"黄色行动第 2 号方案"，其中增加的在列日－那慕尔轴线实施第二次进攻反映出了计划的改变。

　　实际上希特勒并不是唯一不喜欢哈尔德计划的人。德国 A 集团军司令格尔德·冯·伦德施泰特将军，也对计划表示不赞同。但是与希特勒不一样的是，身为职业军人的伦德施泰特的思路清晰，他知道该如何修正计划。他认为计划的基本缺陷是不符合德国自 19 世纪以来保有的军事机动作战原则。德军必须首先完成一次突破，这样就能够消灭盟军的主力。适合完成这一作战计划的地区是色当轴线，它位于冯·伦德施泰特领导的 A 集团军轴线上。10 月 21 日，冯·伦德施泰特召集他的参谋长埃里希·冯·曼施坦因陆军中将，命令其必须安排其他作战计划以反映这个基本思想，使他领导的 A 集团军在以牺牲北面的 B 集团军

德军的装甲集群长驱直入

为代价的情况下占有更多的优势。

当曼施坦因在科布伦茨制订新的计划时，德国装甲集团的精英——第19军司令海因茨·古德里安，刚好正在附近的酒店。冯曼施坦因认为，如果他让古德里安加入他的计划中，他的坦克在战斗中发挥的作用可能更大，对于后来第19军从B集团军转移到A集团军的编制之下，这可能是一个决定性的因素。这个建议让冯·伦德施泰特很高兴。这时曼施坦因的计划包括考虑由色当向北，直插盟军主力的右后方，当时这些盟军正直接从南部进入战区。当古德里安应邀参与该计划的非正式讨论时，他提出了一个激进的新观点：集中在色当的不应该仅仅是他的部队，而是整个装甲集团。这些集中的装甲部队不应该转移到北部地区，而是向西部直接快速插入，不必等候主要的步兵师。这就能够导致敌人在战略上的崩溃，从而避免了传统意义的战斗中所造成的相对较高的伤亡人数。在战略上，这样高风险独立使用装甲部队在战前已经有过广泛的讨论，但没有被广为接纳，因为绝大多数的指挥官在步兵部队服役，这无形中阻止了这一战略思想被广泛接纳。但是在这一特殊情况下，就连曼施坦因也不得不承认，这可能正是他们需要的东西。他主要的担忧在于：这种战术需要建立一个超过300公里的侧翼，这很容易为法军制造反击的机会。但古德里安认为，这可以通过使用小型装甲部队向南面施行连续破坏性的攻击来克服。不过，这将背离"元首第6号训令"的基本思想。

10月31日，曼施坦因在他的第一份作战计划中向希特勒概述了替代方案。他在计划中闭口不谈古德里安的名字，并且尽量淡化装甲部队的战略部分，以避免带来不必要的阻力。随后六个作战计划在1939年11月6日和1940年1月12日之间拟定完成，慢慢地提出越来越激进的计划轮廓。这些建议均被陆军总司令部否定，其内容并没有呈送给希特勒。

在1939年至1940年冬天，在科隆的比利时总领事已预计到曼施坦因正在制订计划进攻的方案。通过情报报告他们推断，此时的德军部队主要集中在比利时和卢森堡边界。比利时人确信，德军将通过阿登直指英吉利海峡，目的是切断在比利时和法国东北部的盟军军团。这种警告没有引起法国的注意。

1940 年 1 月 10 日，一架德军梅塞施米特 Bf108 飞机迫降在比利时马斯特里赫特北面的马斯梅赫伦。乘客中有德国空军的要员赫尔穆·赖因贝格尔，他携带了最新版本的"黄色行动第 2 号方案"。当时的环境导致赖因贝格尔无法及时销毁文件，该文件很快便落入比利时的情报机构手中。这一事件后来被认为是德军对计划进行重大修改的主要原因，但事实并非如此；实际上军事行动在 1 月 30 日被重新修订为"黄色行动第 3 号方案"，内容上基本同先前的版本如出一辙。

1 月 27 日，曼施坦因被解除 A 集团军总参谋长的职务，并调任为普鲁士什切青的军级司令，于 2 月 9 日开始他的指挥工作。这一举动是古哈尔德为了消除曼施坦因的影响而做出的决定。2 月 2 日，曼施坦因方面向希特勒提出抗议，并顺便将作战计划告知希特勒。希特勒命令曼施坦因于 2 月 17 日前往柏林向他单独解释他的作战计划。希特勒对该计划留下了深刻的印象。第二天，他下令按照曼施坦因的构想改变计划。

希特勒命令古哈尔德再次对作战计划进行修改——曼施坦因并没有进一步介入。但是，古哈尔德无意偏离既定的原则，来让 A 集团军的 7 个装甲师作一个独立的战略渗透。这让古德里安异常愤怒，因为这个原则完全脱离了新的计划。"黄色行动第 4 号方案"于 2 月 24 日发出，按照计划，步兵师应该在第八天攻占默兹河在色当的渡河点。在经过了多次激烈的辩论后，才改为让装甲师的摩托化步兵团在第四天于此建立桥头堡。但即使是这样，对于英吉利海峡的进攻也只能在第九天开始，因为五天的停留时间可以让足够数量的步兵师追上装甲部队并与之建立一条连贯的战线。

即使最终采用了许多的常规方法，新战略仍然引起了多数德军将领的反对。他们认为不负责任地集中力量在同一个位置上，将导致他们不可能得到充分的补给供应，而本来已经不多的补给路线又很容易被法军切断。而一旦盟军的反应也并不如德军的预期，该计划最终可能造成灾难性的结局。不过他们的反对意见被全盘驳回。

二战初期称霸欧洲的德军斯图卡俯冲轰炸机

古哈尔德认为，由于德军处于相对不利的战略地位，所以无论如何，即使取胜的机会微乎其微，也比完全不行动而最终战败要好得多。作战计划的修改还暗示，盟军很可能会因此逃往南部。古哈尔德认为，如果是这样，那么德军为胜利所付出的代价将更小，而且这将是对已放弃低地国家协约国（是1940年英法联盟的俗称）在声誉上的一个巨大的打击。此外，德军的战斗力将几乎保持不变，这有利于执行"红色行动"，进而全力进攻法国。然而，这个决定不得不推迟到成功地完成"黄色行动"后才作出。事实上，德军的详细实施计划只包括前九天的行动；有固定的时间表并且确定了前进的通道，按照传统的指挥方式，这需要依赖战地指挥官的判断和行动。而难以预料的不确定性对事件在实战过程将会产生巨大影响。

1940年4月，出于战略原因，德军实施威瑟堡行动，攻击中立国家丹麦和挪威。英军、法军和自由波兰军实施行动作为回应以支持挪威人。

相关链接

威瑟堡行动

自 1939 年春起，英国海军总部便将斯堪的那维亚视为将来与德国开战时的潜在战区，英国政府不愿再次在大陆上开战，认为会重蹈一战覆辙，所以开始考虑使用封锁战术间接削弱德国，德国工业非常依赖来自瑞典的铁矿，这些铁矿主要经由挪威纳尔维克港和瑞典吕勒奥运输，其中纳尔维克港冬天不会结冰，因此可全年无休供应铁矿。

1939 年 10 月，德国海军总司令埃里希·雷德尔上将，与希特勒讨论挪威若出现英国基地的危险，以及在英国之前夺取这些基地的可能，海军认为取得挪威除了可控制其附近海域，也可作为未来对英国作战的基地，不过因为当时陆空军对此不感兴趣，因此希特勒只表示作战重心将集中在低地国家。

11 月底，英国战争内阁的新成员温斯顿·丘吉尔提议在挪威海域布雷，这可迫使运矿船更深入北海，英国皇家海军就可在此拦截，不过此提案被鸽派的张伯伦和哈利法克斯否决，他们担心来自中立国家如美国的负面反应。1939 年 11 月，苏联和芬兰的冬季战争爆发，因外交环境改变，丘吉尔再次提出他的布雷计划，但再次遭到否决。

12 月，英国和法国开始计划援助芬兰，他们计划将部队登陆在挪威的纳尔维克，然后穿越瑞典进入芬兰，这也将使盟军得以占领瑞典的铁矿区，这个计划获得张伯伦和哈利法克斯的支持，他们希望获得挪威的合作，这样可以解决一些法律问题，但向此二国发出的严厉通告只得到了负面反应，远征计划仍然继续进行，但因芬兰在 3 月求和导致理由消失。

1939 年 12 月 14 日，在相信盟军可能威胁铁矿来源后，希特勒下令国防军最高统帅部草拟入侵挪威计划，此草拟计划只预计投入一个师的兵力。

在 1940 年 1 月 14—19 日，德国海军研究出草拟计划的加强版，他们决定有两项关键要素，第一是偷袭，以减少挪威的抵抗和英国的干预；第二是用军舰，而非较慢的商船运送部队，这使得同时占领所有目标成为可能，因为运输船受到航程限制。新计划将投入一个军的兵力，包括一个山地师，一个空降师，一个摩托化步兵旅，和两个步兵师，这些部队的任务目标是：

1. 挪威首都奥斯陆及周边城市；

2. 卑尔根；

3. 纳尔维克；

4. 特罗姆瑟；

5. 特隆赫姆；

6. 斯塔万格。

此计划亦要求快速捕获丹麦和挪威的国王，希望可以因此迫使对方投降。

1940 年 2 月 21 日，行动指挥权交给尼古拉斯·冯·法尔肯霍特将军，他在一战时曾在芬兰作战，因此熟悉极地作战，不过他只有地面部队的指挥权，虽然希特勒是希望统一指挥。

1940 年 1 月 27 日，最终的计划被命名为威瑟堡，由德国第 21 军团领军，其内包含德军第三山地师和另外五个步兵师，后者全部未曾上过战场，此计划的第一梯队包含三个师，剩下的留待第二波，有三个伞兵连用于占领机场，德军第二山地师后来也被加入作战。

原计划是入侵挪威和以外交手段取得丹麦机场，但希特勒在 3 月 1 日指示两者皆入侵，这是因为德国空军以防空预警为由坚决要求占领战斗机基地，为了入侵丹麦而编成的第 16 军，包含 2 个步兵师和第 11 摩托化步兵旅，整个行动将由空军第 10 军支援，由大约 1000 架各式飞机组成。

在 2 月时，英国的哥萨克号驱逐舰违反挪威中立，在挪威领海登上同样违反挪威中立的德国运输舰阿尔特马克号，并释放约 300 名英国战浮，希特勒视此为英国有意违反挪威中立的明显讯号，因此更坚定了侵略挪威和丹麦的决心。

3月12日，在冬季战争已进入尾声时，英国终于决定派遣远征军前往挪威，远征军在3月13日开始上船，但因冬季战争的结束而被叫回并且取消行动，作为替代，英国内阁决定开始在挪威海域布雷，然后再登陆部队。

第一批德国侵略船团在4月3日出发，一艘英国驱逐舰在4月8日开始在挪威海域布设第一颗水雷，4月9日德国的入侵开始。

在战略上，丹麦比较不那么重要，除了作为对挪威作战的集结区外，当然作为一个与德国接壤的国家还是必须受到一些控制。此国国土小且相对平坦，是德国陆军作战的理想地点，丹麦的弱小陆军没太多成功抵抗的可能，一些丹麦部队在清晨与德军接战，造成了一定的人员伤亡。

1000名德国陆军从哥本哈根港口登陆后，一支国王皇家卫队分遣队与他们接战，没打几发子弹，就有几个分队的He111轰炸机和Do17轰炸机呼啸过天空，面对德国空军恐吓轰炸哥本哈根平民的明显意图，年迈的国王几乎是立刻投降，换取对国内事务的自主权，结果是独特温和的丹麦在被占领时期，特别在1943年夏之前，延后了对丹麦犹太人的逮捕和驱逐直到他们几乎全部撤离至瑞典，在战前估计约有8000名丹麦犹太人中，被驱逐者少于500，失去生命者少于50。

虽然丹麦和其余斯堪的那维亚国家没什么军事实力，但他们有战略、经济和思想方面的重要性，就如第二位德国全权大使维纳·贝斯特博士所称："丹麦的农业提供了可观的经济援助，也是与瑞典的重要接口。"

1940年4月8日傍晚，挪威巡防艇PolIII号发现北上中的德国第五战斗群，在与德军短暂接火后被俘虏，它的船长是挪威在这场战争中的第一个牺牲者。

除了奥斯陆和克里斯蒂安桑，所有德国船团皆在预定时间完成登陆，在克里斯蒂安桑，他们在早上10点才成功突破岸防，比预定时间慢了6小时。

4月9日，德国第五战斗群以重巡Blücher号为首沿着奥斯陆峡湾北上，在接近位于峡湾最窄处的奥斯卡博格要塞时，Blücher号被岛上已有48年历史的德国制老旧大炮命中，之后机房又被两枚 40 年前制造的鱼雷击中，失去控制，Blücher 号翻覆沉没，其上 2202 名船员和战斗人员中有 830 名死亡，船队的其余船只因误以为 Blücher 号撞到水雷，因而让部队提早上岸，这确保了奥斯陆不致于在清晨受到攻击。

此延误使挪威皇室和国会有足够的时间带着国宝和黄金一起转移。这造成了挪威从未向德国投降的局面，而吉斯林政府也未获得合法地位。因此挪威并不属于被征服国家，能够以盟军的身份参战。

威瑟堡行动的一个重要部分是用伞兵进攻奥斯陆和斯塔万格附近的机场，这是历史上第一次空降作战，其中进攻奥斯陆福尼布机场的计划险些变成德军灾难，第一批运载 340 名伞兵的 29 架 Ju-52 因天候不良撤回，后续机队也因此被命令撤回，但因沟通不良仍然继续前进，但因福尼布机场几乎没有什么防御，因此仍然成功降落并占领，随着德军不断从机场抵达，奥斯陆在中午沦陷。

哈康国王和国会先德军一步向北转进，吉斯林成为历史上第一个用无线电宣告政变的人。

盟军援军部队 4 月 14 日开始在挪威各处抵达，但因主要港口皆控制在德军手上，重武器和后勤运送都出现困难，但盟军仍能夺回主要目标纳尔维克，并将港口完全破坏。

6 月 7 日哈康国王和国会转进英国成立流亡政府，6 月 9 日盟军最后在纳尔维克的部队完成撤离，次日挪威沦陷。此次作战耗费德国两个月的时间，是二战被德国侵略的国家中支撑第二久的国家，第一是苏联。

双方兵力分析

德军

德军统帅部进行了周密的部署。投入西线作战的总兵力为 136 个师（其中包括 10 个装甲师、4 个摩托化师）、2439 辆坦克、3700 架飞机，另有运输机 600 架。兵力配置上分为 A、B、C 三个集团军群：中路的 A 集团军群 64 个师（其中包括 7 装甲师、3 个摩托化师），由伦斯德上将指挥，担任中间突破阿登山区直冲英吉利海峡的任务；右翼的 B 集团军群 28 个师（其中包括 3 个装甲师、1 个摩托化师），由博克上将指挥，担任助攻任务，目的是进攻荷兰、比利时和卢森堡，以吸引英法联军的主力；左翼的 C 集团军群 17 个师，由勒布上将指挥，其任务是佯攻马其诺防线，以牵制法军使其不能北上增援；以另外的 27 个师作战略预备队。

联军

荷兰、比利时、卢森堡、法国和英国远征军共有 135 个师（其中法军和英军共有 103 个师，编成 3 个集团军群）、3469 辆坦克、2000 架飞机，并可利用英伦三岛 1000 多架飞机支援战斗，在兵力上与德军相当。然而，英法长期推行绥靖政策，备战不力。联军最高统帅部制定的代号为"D"的作战计划保守失算，该计划重点是防御德军向比利时实施主要突击，把比利时作为双方厮杀的主战场。根据"D 计划"，联军把主力部署在法比边界北端和法国北部各省，如果德军向比利时实施主要突击，则五国联军协同作战挡住德军进攻；其他部队的大部分部署在南部的马其诺防线上，如德军向马其诺防线实施正面进攻，则依托坚固的工事进行抵御；而在中段则持有阿登山区天险和马斯河，只留了战斗力较弱的部队驻守。

战役进程

1940 年 5 月 10 日，天刚破晓，成群的德军施图卡轰炸机突然对法国、荷兰、比利时和卢森堡的机场、铁路枢纽、重兵集结地区和城市进行猛烈的轰炸。5 时 30 分，在北海到马其诺防线之间的 300 多公里的战线上，德军地面部队向荷兰、比利时和卢森堡发起了大规模进攻，揭开了入侵法国的序幕。

担任助攻和吸引英法军队主力的德军 B 集团军群，首先以空降部队对荷兰和比利时境内的重要桥梁及要塞设施实施了袭击。这突如其来的打击立即造成了荷、比军队的慌乱，紧接着，B 集团军群的装甲部队趁乱发起了猛攻。由于伞兵部队已经占领了各要道，B 集团军群的进展颇为顺利。

德军 B 集团军群对荷兰和比利时边境的突破，致使集结在法国北部的英法主力立即越过法比边境火速增援。此刻，希特勒正在地下指挥所里焦躁不安地等着前线的消息，当他听说英法主力已经出动时，"高兴得都要哭了"。他兴奋地对

马其诺防线遗址

周围人说道："他们正好掉入我们的陷阱！我就是要他们相信，我们仍在执行原定的那个'黄色方案'，仍尊奉施里芬的主张。他们上当了，等着瞧吧，好戏还在后面。"

包克的 B 集团军群吸引了英法主力时，勒布的 C 集团军群也摆开架势。他们正在对马其诺防线进行的佯攻表演得非常成功，使得法国从南部撤回部队时犹豫不决。

5 月 10 日凌晨，德军担任中路主攻的伦斯德 A 集团军群向卢森堡和比利时的阿登山区实施主要突击。仅 30 万人口的小国卢森堡当天不战而降。给伦斯德上将打头阵的是克莱斯特将军指挥的装甲兵团，该兵团下辖古德里安的第 19 装甲军、霍特的 15 装甲军和莱因哈特的第 41 装甲军。其中以古德里安的第 19 装甲军战斗力最强，它作为克莱斯特装甲兵团的主力和先锋部队编有 3 个装甲师。而第 15 和第 41 装甲军仅各辖 2 个装甲师。

古德里安的第 19 装甲军轻易突破比军的松散抵抗，只用了两天时间便穿越阿登山脉 110 公里长的峡谷深入法国边境。5 月 12 日下午，古德里安的 3 个装甲师已经到达马斯河北岸，并攻下了法国著名要塞城市——色当。当天夜里他们便开始了紧张的渡河准备。"德国人强渡马斯河是法国之战的关键。

在以后 5 个星期中还有其它同样大胆的行动，但是没有那一次能对事态发展产生过这样惊人的影响。"为此，古德里安把他的 3 个装甲师全部投入进去了。

5 月 13 日上午 11 时，德军出动近 400 架轰炸机分批次对马斯河南岸的法军阵地和炮兵群进行了长达 5 个小时的狂轰滥炸，并使法军的精神发生了瘫痪现象。下午 4 时，德军分乘数百艘橡皮艇，开始强渡马斯河。下午 5 时 30 分，德军终于在马斯河南岸上获得了一个立足点，接着德军工兵立即开始架设浮桥。到了下午 8 时，古德里安属下的第 1 装甲师已经穿透法军阵地，突入相当纵深。第 2 装甲师和第 10 装甲师也在午夜全部渡过了马斯河。同一天，霍特的 15 装甲军属下的隆美尔第 7 装甲师也在西面 40 英里远的南特附近渡过了马斯河。

马斯河防线一失，通往巴黎和英吉利海峡的道路敞开了，在比利时境内作战的英法部队面临被包抄的危险，陈兵马其诺防线的法国大军也将腹背受敌，英法这才感到形势严重。英国迅速增派 10 个战斗机中队与驻法英空军和法国空军一起实施反击。14 日下午，马斯河上空爆发了开战以来最激烈的空战，英军"布雷汉姆"轰炸机和法军最新式的"布雷盖"轰炸机在战斗机的掩护下，直扑马斯河而来，德军约 5 个联队的战斗机升空拦截，双方投入的飞机各有 500 余架。从中午到天黑，登陆场上枪炮声连绵不绝，双方战斗机上下翻飞，相互追逐，不时有飞机中弹起火，拖着黑烟下坠，英法飞机胡乱投下的炸弹在河面上炸起一道道冲天的水柱。德军高射炮也不甘示弱，不断以猛烈火力射杀低空潜入的英法飞机。密集的地空火力网令英法飞机成了扑火飞蛾，一批批闯来，又一批批被吞噬。大混战一直持续到夜幕降临，损失惨重的英法飞机悻悻败走，德军渡河浮桥大都完好无损。此战德军击落英法飞机数百架，其中仅德第二高炮团就包办了 112 架。英军派出的飞机损失了 60%。《英国皇家空军史》称："再没有比这种自杀性的战斗造成的损失更令人痛心的了。"这一天被德国人称为"战斗机日"。在这以后，英法空军只敢在夜间升空活动，战区制空权被德国人牢牢控制住了。

德军装甲集群长驱直入，其威力与速度是战争史上闻所未闻的。法国陷

入惊慌失措之中。5 月 15 日清晨，法国总理
雷诺沮丧地给 5 天前才接替张伯伦担任英国
首相的丘吉尔打电话说："这一仗我们恐怕
要打输了。"丘吉尔惊得目瞪口呆："我简
直不明白，运用大量快速装甲部队进行袭击
会引起这样剧烈的变革。"为进一步探明战
局真情和给已经感到绝望的法国领导人打气，
5 月 16 日，丘吉尔从伦敦急飞巴黎。据丘吉
尔回忆，差不多他一见到法总理雷诺和英法
联军总司令甘末林，他就立即意识到：局势
比他想到的还要糟得多——他们每个人脸上

被炸毁的法国坦克

都是灰溜溜的。丘吉尔问甘末林："战略预
备队在哪里？"甘末林摇摇头，耸耸肩，说："没有战略预备队。"丘吉尔听后，
"简直傻了眼"。

　　古德里安的第 19 装甲军的推进速度不但令联军措手不及，而且也令德军
统帅部不安，克莱斯特曾两度下令古德里安暂停前进，但他不惜以辞职抗争。
禁令解除后，他的速度比以前还快，以至于在路上遇到一股股溃散的法军士
兵，都不愿耽搁时间下车去俘虏，仅用扩音器喊："我们没有时间俘虏你们，
你们要放下武器，离开道路，免得挡路。"5 月 16 日，古德里安督促手下的
3 个装甲师向西转进，目标是直抵英吉利海峡东岸的敦刻尔克地区。5 月 20 日，
古德里安扫过亚眠，在阿贝维尔附近抵达英吉利海峡。这时的德军统帅部也
没有料想到，在法国境内的战斗会进行得如此顺利，因此，一时不知怎样部
署兵力才好。等到次日，他们才给坦克部队下令：由阿贝维尔向北推进，以
占领海峡诸港为目标。

　　古德里安一接到命令，便立即决定：第 10 坦克师向敦刻尔克前进；第 1
坦克师向加来前进；第 2 坦克师向布洛涅前进。古德里安深知，他所在的 A
集团军群构成的从色当到法国西海岸的进攻线，已经切断了法军从北部南逃

的退路。而北面博克的 B 集团军群已攻占了荷兰及比利时东部，70 万余英法联军主力的左翼实际上已处在德军的深远包围之中。眼下对方得以逃脱的唯一希望就在包括敦刻尔克在内的法国北部的几个海港了。因此，他一定要迅速占领这几个海港，以彻底切断对方的海上退路。

5 月 23 日上午至 24 日，古德里安的装甲部队先后占领了布洛涅和加来。24 日下午，古德里安的第 19 装甲军已到达格拉夫林，离敦刻尔克还有 10 英里了，而在其右翼的莱因哈特的第 41 装甲军，

德军第 4 军进占"不设防的城市"——巴黎

也已到达艾尔—圣奥梅尔—格拉夫林运河一线。两支装甲劲旅只须再稍加努力，就可直取敦刻尔克，而后继的几十个步兵师也正源源不断地跟进。古德里安等人踌躇满志，决心率领他们的装甲部队再打一个围歼战，将英法军队的数十万人马彻底消灭在滨海地区。

然而就在这时，第 19 装甲军和第 41 装甲军同时接到了装甲兵团司令克莱斯特发来的命令，要他们停止前进，并称"敦刻尔克之敌将全部留给戈林元帅的空军去解决"。古德里安接到命令后，立即向克莱斯特提出了质问和抗议，但得到的最后答复是："这是元首亲自下达的命令，必须执行。"于是，古德里安和莱因哈特只得遵命停在运河一线按兵不动，而眼睁睁地看着英法比联军从敦刻尔克上船逃走。联军利用这一转瞬即逝的喘息机会，得以实施从海上撤退的"发电机计划"，从 5 月 26 日到 6 月 4 日，从敦刻尔克先后撤出 32.4 万人，其中法军 8.5 万人，成为日后反攻欧洲大陆的主力。对于希特勒这一让人费解的命令，至今仍然众说纷纭，成了一个难解之迷。一种说法认为，是希特勒故意放英国人一马，因为希特勒对英国人情有独钟，他曾说过：

"他们那些人是有价值的人种，是我要与之媾和的人。"他这次放走英国人，是想给英国人留些情面，为日后和谈留一条退路。另一种说法是希特勒对自己的装甲部队异常迅速地挺进感到不安，怕他心爱的装甲部队陷入敌军南北合围。但不管怎么说，希特勒在此是犯了一个致命的错误，它影响到日后对英国的入侵，并且使英国人以后在非洲和意大利能继续作战。

德军在比利时和法国北部实施的毁灭性突击，使比利时全军覆没，法军30个师，英军9个师也不复存在。法军新任司令魏刚拼凑了49个师加上英国的2个师，编成了3个集团军（第6、第7、第10集团军）在索姆河和埃纳河一线构成了东西大约300英里的"魏刚防线"，以17个师守马其诺防线。两条防线连在一起，企图阻止德军南下。

德军在占领荷兰、比利时、卢森堡和法国北部后，德军统帅部制定了代号为"红色方案"的法兰西战役第二阶段作战计划。这一方案要求德军挥师南下，彻底击败法国。现在德军兵力达137个师之多，其A、B两个集团军群迅速改组完毕。博克的B集团军群（辖6个装甲师）为右翼，向索姆河正面实施突破；伦斯德A集团军群（辖4个装甲师）为左翼，向埃纳河作正面突击。

6月3日，德国空军向法国机场和后方实施了猛烈轰击。6月5日拂晓，博克的B集团军群率先在右翼发起全线进攻，当天，隆美尔的第7装甲师抢先渡过索姆河。6月7日，隆美尔师将防守阿布维尔—亚眠一线的法国第10集团军拦腰斩断，其他德军各师得以从这个缺口向前拥入。6月8日，隆美尔师进抵塞纳河畔。6月10日，隆美尔又转身北向，一口气冲了50英里远，以海岸线为目标。当晚就到达目的地，切断了正向海岸撤退的法军第9军和英军第51师的退路。

敦刻尔克大撤退

这些部队于 6 月 12 日被迫向隆美尔投降。

在 B 集团军群发起进攻后，左翼的伦斯德 A 集团军群也于 6 月 9 日在埃纳河发起渡河攻势，当晚，古德里安装甲兵团的第 1 装甲师强渡埃纳河，6 月 10 日，古德里安兵团击败法军装甲部队，突破了法第 6 集团军的右翼，此后，古德里安挥师南下，一路长驱直入似入无人之境。成群结队的法军俘虏丧魂落魄地把枪支扔给德军，放在坦克下面压毁。魏刚后来心情沉重地写道，使他"最感触目惊心的，就是德军的坦克和飞机，已使法军士兵产生了恐惧的心理现象。这要算是德军的一个最大的成功"。6 月 17 日，古德里安装甲兵团进抵瑞士边境城镇潘塔里尔，切断了马其诺防线内法军逃往瑞士的退路。自强渡埃纳河以来，古德里安装甲兵团在 10 天中长驱 400 多公里，俘虏法军 25 万之多，创造了战争史上的奇观。

6 月 10 日，法国政府撤出巴黎，迁往图尔。同日，意大利趁火打劫，向法国宣战。13 日，巴黎被宣布为不设防城市。14 日，法国政府再迁往波尔多时，德军不费一枪一弹占领了巴黎。就在德军占领巴黎的当天，德军 A 集团军群的左翼已进至马其诺防线的侧背，"因为这条无用的防线，毕竟还存在着数十万没有投降或被消灭的法国军队"。希特勒要求伦斯德与 C 集团军群合作，彻底消灭那里的法国部队。根据希特勒下达的 15 号作战指令，一直在马其诺防线当面执行吸引法军注意力任务的 C 集团军群，立即选择马其诺防线守军的薄弱处，即阿尔萨斯和格林两筑垒地域的接合部发起进攻。A、C 两集团军群前后夹击，马其诺防线很快被突破。6 月 17 日，C 集团军进至马恩—莱茵运河上，A 集团军群占领了凡尔登，法军 50 万被包围在阿尔萨斯和格林南部，除少数逃往瑞士外其余全部被歼。18 日，法国政府宣布停止抵抗。

德军机械化部队开上了巴黎的街道

在第一次世界大战德国战败签署投降书的
贡比涅森林福熙车厢里，法国代表在
停战协议上签字

至此，希特勒灭亡法国的"挥镰行动"胜利结束了。从 5 月 10 日至 6 月 17 日，号称欧洲军事强国的法国，就这样在 5 周时间内被打败了。曼施坦因的构想经过古德里安和隆美尔等人的行动后，最终变成了一个堪称世界军事史上的杰作。6 月 22 日，为羞辱法国，报第一次世界大战中德国战败的一箭之仇，希特勒在贡比涅森林的火车车厢里，坐在 1918 年法德签署停战协定时法方代表福煦元帅坐过的那把椅子上，接受了法国的投降。7 月 1 日，贝当政府从波尔多迁至维希城。贝当这位第一次世界大战时的老英雄，从此充当起德国的傀儡。法国实际上已经灭亡了。

战役影响

6 月 14 日德军进入巴黎后，法国政府旋即垮台并且分裂，主要是继续留在法国本土由菲利普·贝当元帅所组成的和平派政府，和在英国由夏尔·戴高乐所建立的流亡政府，当时全世界除了英国几乎没有其他国家支持戴高乐。

6 月 21 日，贝当的维希法国政府向德国提出休战并且宣布投降。此役盟军共伤亡 350000 人，190000 人被俘。德意联军共伤亡 155000 人，其中阵亡 45000 人，受伤 110000 人。

双方主将

古德里安

古德里安（1888—1954），古德里安和曼施坦因、隆美尔被后人并誉为第二次世界大战期间纳粹德国的三大名将，著名陆军战术"闪击战"创始人。当然，从政治角度来说，他们绝对是助纣为虐的法西斯帮凶，对别国犯下了不可饶恕的战争罪行，是希特勒祸害天下的杀手。

而从军事角度来看，他们过人的军事素质，出色的军事指挥艺术，对世界军事历史产生了重大影响，确实值得后人研究。与那些制造屠杀的纳粹德国政客们和党卫军首脑相比，身为正规的德国国防军优秀将领的他们还算清白，他们虽在希特勒的战争中策划指挥，却反对纳粹的屠杀和灭绝政策，更没有参与屠杀暴行。也许正因为这点，加上他们令人惊叹的军事造诣，使他们赢得了敌国的尊敬和历史学家、军事学家的客观评价。

古德里安

古德里安的运用闪击战，使得装甲集群不到一个月就消灭波兰。一个月多就消灭法国，敦刻尔克大撤退要不是希特勒吃惊闪电战的速度，以为有诈，不让进攻，那33万英法联军早就让他给灭了。进攻苏联，6天俘虏200万人。最后他已经懒得动手，说："我没有时间俘虏你们。放下武器从道路上滚开，免得挡路"。

甘末林

莫里斯·居斯塔夫·甘末林（1872—1958），1940年时任英法联军总司令。1893年毕业于圣西尔军校，1899年毕业于参谋学院。参加第一次世界大战，曾任法国大本营作战处长、旅长、师长。1925—1928年任驻叙利亚法军司令官兼

甘末林

副高级专员，曾指军镇压利亚人民反抗法国殖民主义者的民族解放起义。1931 年任陆军总参谋长。1935 年兼任陆军高级军事委员会副主席。1938 年任国防部总参谋长。第二次世界大战开始时，于 1939 年 9 月 3 日任法陆军总司令，兼英国远征军指挥。是法匪统治集团投降政策的拥护者之一，因而对 1940 年法国的失败负有责任。

1940 年 5 月被撤职逮捕。1942 年交由贝当政府组织的法庭审判，贝当政府建立该法庭的目的，是为了宣判自己投降法西斯德国无罪。1943 年被运往德国，关押在法西斯集中营，直到战争结束。战后，政治上再无积极作为。1946—1947 年间发表了回忆录。1958 年去世。

战争中的故事

敦刻尔克大撤退

在德国炮火的猛烈袭击下，上千条各色各样的船向着敦刻尔克方向前进着。

这是一支古怪的"无敌舰队"：有颜色鲜艳的法国渔船，有运载乘客的旅游船，还有维修船拖驳、小型护航船、扫雷艇、拖网渔船、驱逐舰、英国空救援船、雷达哨船……

这支极为离奇、难以形容的船队，由各色各样的英国人、法国人驾驶着。他们中有银行家、牙科医生、出租汽车司机、快艇驾驶员、码头工人、少年、工程师、渔夫和文职官员……他们中有面肤娇嫩的童子和古铜色皮肤映着苍苍白发的老人。他们中很多人明显是穷人，他们没有外套，穿着破旧的毛衣和卫生衫，他们穿着有裂缝的胶鞋，在海水和雨水中浑身湿淋淋的，彻骨的寒风中他们饥肠辘辘……

这只奇怪的船队在炮火的轰击下，没有武装、没有护航，但勇敢的人们却迎着枪林弹雨和硝烟烈火，在漂着沉船的海面，灵活地向前行驶着，明知前方是地狱，他们也毫不畏惧。这支勇往直前的船队是为了怎样的目的奋勇向前呢？

纳粹德国 1940 年 5 月 10 日开始进攻西欧。当时英国、法国、比利时、荷兰、卢森堡拥有 147 个师，300 多万军队，兵力与德国实力相当。但法国战略呆板保守，只把希望寄托在他们自认为固若金汤的马其诺防线上，对德国宣而不战。在德法边境上，只有小规模的互射，没有进行大的战役，出现了历史上有名的"奇怪的战争"。

敦刻尔克大撤退时，一名英国皇家海军士官扶着受伤的战友走上一艘驱逐舰

然而，德军没有攻打马其诺防线，他们首先攻打比利时、荷兰和卢森堡，并绕过马其诺防线从色当一带渡河入法国。德国法西斯的铁蹄不久又踏入荷兰、比利时、卢森堡。

5 月 21 日，德军直趋英吉利海峡，把近 40 万英法联军围逼在法国北部狭小地带，只剩下敦刻尔克这个仅有万名居民的小港可以作为海上退路。

形势万分危急，敦刻尔克港口是个极易受到轰炸机和炮火持续攻击的目标。如果 40 万人从这个港口撤退，在德国炮火的强烈袭击下，后果不堪设想。

英国政府和海军发动大批船员，动员人民起来营救军队。他们的计划是力争撤离 3 万人。

对于即将发生的悲剧，人们怨声载道，争吵不休。他们猛烈抨击上层的无能和腐败，但仍然宁死不惧地投入到撤离部队的危险中去。于是出现了驶往敦刻尔克的奇怪的"无敌舰队"。

这支船队中有政府征用的船只，但更多的是自发前去接运部队的人民。他们没有登记过，也没有接到命令，但他们有比组织性更有力的东西，这就

是不列颠民族征服海洋的精神。一位亲身投入接运部队的英国人事后回忆道：

"在黑暗中驾驶是危险的事。阴云低垂，月昏星暗，我们没带灯，也没有标志，没有办法辨别敌友。在渡海航程一半还不到时，我们开始和第一批返航的船队相遇。我们躲避着从船头经过的船队的白糊糊的前浪时，又落入前面半昏不明的船影里。黑暗中常有叫喊声，但不过是偶然的喇叭声而已。我们'边靠猜测边靠上帝'地航行着。"

等着上船的士兵富有纪律性，他们为撤离已战斗了三个星期，一直在退却，经常失去指挥，孤立无援，他们缺少睡眠，忍饥挨渴，然而他们一直保持队形，直至开到海滩，仍服从指挥。这些疲惫的士兵步履蹒跚地跨过海滩走向小船；大批的人马冒着轰炸和扫射涉入水中，前面的人水深及肩，他们的头刚好在扑向岸边的波浪之上，直至水深及肩他们才上到船上。从岸上摆渡到大船去的小船因载人过多而歪歪扭扭地倾斜着……

一些大船不顾落潮的危险差不多冲到了岸上……

沙滩上有被炸弹击中的驱逐舰残骸，被丢弃的救护车……

这一切都辉映在红色的背景中，这时敦刻尔克在燃烧。没有水去扑火，也没人有空去救火……

到处是地狱般可怕的喧闹场，炮兵不停地开炮，炮声轰轰，火光闪闪，天空中充满嘈杂声、高射炮声、机枪声……人们不可能正常说话，在敦刻尔克战斗过的人都有了一种极为嘶哑的嗓音，一种荣誉的标记——"敦刻尔克嗓子"。

这支杂牌船队就在这样危险的情形下，在一个星期左右时间里，救出了 33.5 万人。

这就是举世震惊的奇迹——敦刻尔克大撤退。

英法联军正在登舰

德国军队占领法国后来到埃菲尔铁塔前

名人论战

美国作家德鲁·米德尔顿在其著作《用兵之道》中，对法军在法国战役初的表现有这么一段叙述："二次大战初的法国战役中德国人比法国人有更大的干劲和魄力。虽然法国人是为保卫祖国而战，但是他们往往给人们这样的印象：他们一心只想从战争中脱身出来，好赶紧回家团圆。在一个无所事事的冬天，军官团中许多人的强烈反共、亲法西斯的情绪对法国的崩溃起了作用。也就是在这个冬天，我初次听到了这样的话：'宁要希特勒，不要勃鲁姆（注：当时法国左翼政治势力的总统候选人）'。"

战争遗迹

敦刻尔克大撤退纪念碑

敦刻尔克是法国东北部靠近比利时边境的港口城市，人口7，1000（1990年）。敦刻尔克是排在勒阿弗尔和马赛之后法国的第三大港口。它也是一个工业城市，主要行业包括钢铁、食品加工、炼油、造船和化工。

敦刻尔克以第二次世界大战中1940年发生在这里的敦刻尔克战役和英法军队敦刻尔克大撤退而闻名。

1662年，英格兰国王查理二世以四十万镑的价格将敦刻尔克卖给法国。

敦刻尔克大撤退发生在第二次世界大战初期的1940年5月，英法联军防线在德国机械化部队快速攻势下崩溃之后，英军在敦刻尔克这个位于法国东北部靠近比利时边境的港口城市进行的当时历史上最大规模的军事撤退行动。这项代号为"发电机计划"的行动使英国最终得以利用各种船只撤出了大量的部队。虽然这次大规模的撤退行动成功地挽救了大量的人力，可是英国派驻法国的远征军的所有重型装备都丢弃在欧洲大陆上，造成英国本土地面防卫发生严重的问题。

英国著名的军事历史学家亨利·莫尔指出，欧洲的光复和德国的失败就是从敦刻尔克开始的！这绝不是一场奇耻大辱的败退。美国军事历史学家则把敦刻尔克撤退列为二次世界大战最著名战役之首。而纳粹德国陆军上将蒂佩尔斯基在战后撰写的《第二次世界大战史》中写道："英国人完全有理由为他们完成的事业感到自豪！"

第二次世界大战后，在敦刻尔克的海滩上，建起了一座纪念碑，以纪念在这场史诗般的大撤退中英勇献身的英法联军阵亡将士。这是后人对于那些献出自己宝贵生命的将士的敬意。

敦刻尔克大撤退纪念碑

不列颠空战

战役简述

　　第二次世界大战中因德军准备侵入英国对英国进行大规模空袭而引发的空战。在德国占领法国后，希特勒便着手对付欧洲北部的英国。诱英妥协失败后，希特勒于 1940 年 7 月下达全面入侵英国的"海狮计划"。此次作战需要首先歼灭英国的空中力量，以保障登陆行动的顺利。为夺取制空权，把占有优势的英国海军赶出英吉利海峡，给入侵扫清道路，并迫使英国屈服。德国空军受命歼灭英国的空军，对英国本土进行了大规模的连续空袭。德国原本希望像踏平欧洲大陆那样迅速征服英国，但事实上，英国的顽强抵抗使双方的交锋成为了一场艰苦的攻坚战。所以，这场争斗以闪击战的方式开始，却并不是一场典型的闪击战。

战前形势

　　1939 年 9 月 1 日，德国闪击波兰，第二次世界大战全面爆发。1940 年初，荷兰、比利时、卢森堡、挪威等国相继沦陷。5 月，德军翻越阿登山脉，绕过马其诺防线深入法国领土。在德国的铁蹄面前，法兰西的抵抗显得绵软无力，

"欧洲军事大国"颜面扫地。6月22日，法国投降。然而，英国却成功地用军舰、商船、渔船等一切可利用的渡海工具从敦刻尔克撤回了远征军以及法国抵抗力量达30余万人，从而使英国拥有了令希特勒感到不安的抵抗实力。

轻而易举的胜利使希特勒的欲望无限膨胀起来，他开始把注意力转向东方，准备向苏联发动进攻。为了避免两线作战，希特勒希望能暂时与英国和睦相处。他相信，英国人在法国已经吓坏了，只要他一进行战争恐吓，敌人就会不战而降，到那时和谈当然是英国人求之不得的。因此，在1940年5月至7月这两个月里，希特勒并没有定下进攻英国的具体计划，而是在草拟对英国的"和约"。他通过当时保持中立的瑞典国王和罗马教皇，向伦敦试探和谈的可能性。纳粹党徒还企图绑架取道西班牙和葡萄牙前往巴哈马就任总督的英王的兄嫂温莎公爵夫妇，妄图以重金收买，为其打开和谈渠道。

然而，此时担任英国首相的已不是软弱无能的张伯伦，而是以"好战"闻名的原海军大臣丘吉尔。英国民众对政府过去执行的绥靖政策已深恶痛绝，他们不能容忍政府一错再错。5月13日，丘吉尔在首相就职典礼上代表内阁全体成员演讲："你们问：我们的政策是什么？我说，我们的政策就是用上帝赋予我们的全部力量在海上、陆地和空中发动战争，向黑暗可悲的、人类罪恶史上没有先例的兽性暴政发动战争。这就是我们的政策！"这个演讲无疑是在对希特勒宣战。

英国人的抵抗决心使德国的诱降计划彻底破产。于是，恼羞成怒的希特勒决心以武力征服。因此，德国制订了针对英国的"海狮计划"，务求对英国进行登陆作战。作战拟定以步兵登陆英国南部，向纵深方向进攻直至攻占伦敦，并切断其与外部的联系，从而一举占领英国。但此次作战需要首先歼灭英国的空中力量，以保障登陆行动的顺利。因此，德意志帝国元帅戈林便受命歼灭英国的空军。希特勒及德国最高统帅部把此次行动的最早日期定于8月5日，代号为"鹰袭"。在8月6日，戈林才把进攻日期正式定于8月12日，并将当天命名为"鹰日"。然而，因为英国南部天气不稳定，因此德国空军才于8月13日发动对英国的空中攻势。

其实早在 1940 年 5 月，英国就已预见到德国空军会对英国本土进行大规模轰炸，所以在当年的 5 月 19 日，英军参谋长联席会议提出了在法国退出战争的情况下的防御报告，要求切实加强各项防御措施，尤其是防空措施。该报告于 5 月 27 日获得战时内阁的批准，并立即开始了必要准备：首先战时内阁组建了飞机制造部，由比弗布鲁克任部长，大力加强飞机制造，使飞机月产量由原来的 700 架在两个月内迅速增加到 1600 架，其中战斗机为 470 架；其次在全国范围里统一调整部署防空力量，重点加强伦敦地区的防空；随后，空军部成立作战训练部队，建立了多个训练学校，加紧培训空勤、地勤人员，这样每月可以有 200 名新飞行员补充部队，还动员英联邦成员国代为培训空勤人员，以组建新的作战部队。不列颠空战前夕，英国空军部成立了防空指挥部，司令是爱德华·比尔上将，统一指挥全国所有的战斗机、高射炮、雷达和观通警报部队。战斗机部队共计 56 个中队，战斗机 980 架，其中性能优秀的"飓风"和"喷火"战斗机 688 架；高射炮部队共计 7 个师，高射炮4000 余门，但其中大口径高射炮不足 2000 门，而且由于大口径高射炮月产量仅 40 门，短时期里数量难以增加，因此英军调整了部署，将约 700 门大口径高射炮配置在飞机制造厂；防空拦阻气球 5 个大队，拦阻气球 1500 余个，这些拦阻气球都系在汽车上，可以迅速转移；探照灯 2700 架。最重要的是英军已经拥有了在当时还鲜为人知的雷达部队，英国是最早将雷达投入实战的国家，至 1940 年 7 月全国共建成雷达站 51 座，其中东南沿海地区有 38 座，约占总数的 75%，形成了严密的雷达警戒体系，分为两个层次，第一层是中高空防空雷达系统，能有效发现飞行高度在 4500 米以下的飞机，第二层是低空防

德国轰炸机

空雷达系统，能有效发现飞行高度在 750 米以下的飞机。这样英军就能通过雷达测出德军飞机来袭的大致方位和时间，指挥己方战斗机在有利方位和时间迎击。而在雷达使用之前，通常都是派出战斗机在空中巡逻，由战斗机发现来袭敌机，使用雷达后，英军战斗机的每次起飞，都是有目的的迎战，极大减少了飞机、燃料和人员体力的消耗，很大程度上弥补了飞机数量不足的缺陷。因此雷达无疑是英军取得胜利的最重要的王牌！此外，英国还有一支人数达 50 万的国民自卫军，他们在沿海地区设置了无数防空监视哨，使用双筒望远镜和简易的方位测向仪，担负对空监视、警戒、救护等任务，是英军正规部队不可或缺的辅助力量。

当时英军战斗机司令部设在本特利修道院，担任司令的是休·道丁上将，他是参加过一次世界大战的老飞行员，在他的主持下，成立了司令部情报室，并组建了由雷达、防空监视哨和指挥部作战室、情报室所构成的空中情报体系，能非常迅速地获知情报，极其有效地指挥作战。

道丁上将比较谨慎持重，他始终保留了一支具有 280 架飞机规模的后备力量，不到德军登陆编队进入海峡的最后关头是绝不动用的。他清醒地意识到大规模空战将不可避免，所以一直采取尽量保存实力的战略，甚至敢于抗拒丘吉尔首相的命令，不向法国派出更多的飞机。这些努力都为即将爆发的空战奠定了坚实的物质基础。

相关链接

丘 吉 尔

温斯顿·丘吉尔（1874—1965），政治家、画家、演说家、作家以及记者，1953年诺贝尔文学奖得主（获奖作品《第二次世界大战回忆录》），曾于1940—1945年及1951—1955年期间两度任英国首相，被认为是20世纪最重要的政治领袖之一，带领英国获得第二次世界大战的胜利。据传为历史上掌握英语单词词汇量最多的人之一（十二万多）。被美国杂志《展示》列为近百年来世界最有说服力的八大演说家之一。2002年，BBC举行了一个名为"最伟大的100名英国人"的调查，结果丘吉尔获选为有史以来最伟大的英国人。

丘吉尔是在第二次世界大战期间，带领英国人民取得反法西斯战争伟大胜利的民族英雄，是与斯大林、罗斯福并立的"三巨头"之一，是矗立于世界史册上的一代伟人。丘吉尔出身于声名显赫的贵族家庭。他的祖先马尔巴罗公爵是英国历史上的著名军事统帅，是安妮女王统治时期英国政界权倾一时的风云人物；他的父亲伦道夫勋爵是十九世纪末英国的杰出政治家，曾任索尔兹伯里内阁的财政大臣。祖先的丰功伟绩、父辈的政治成就以及家族的荣耀和政治

丘吉尔

传统，无疑对丘吉尔的一生产生了巨大的影响，在他成长为英国一代名相的过程中具有关键性作用。他们为丘吉尔提供了学习的榜样，树立了奋斗目标，也培育了他对祖国的历史责任感，成为丘吉尔一生孜孜不倦地追求和建功立业的强大驱动力。丘吉尔未上过大学，他的渊博知识和多方面才能是经过刻苦自学得来的。他年轻时驻军于印度南部的班加罗尔，在那里有半年多的时间里他每天阅读四小时或五小时的历史和哲学著作。

自那以后，丘吉尔从柏拉图、吉本、麦考利、叔本华、莱基、马尔萨斯、达尔文、王尔德等著名思想家、哲学家、历史学家和生物学家的著作中吸取了丰富的思想营养，为他以后从政带来巨大作用。这使他的思想更加深刻，人生信念更加坚定，也使他成长为"我们生活的时代里最杰出和多才多艺的人"。

双方兵力分析

德军

1935年，戈林元帅受命组建了独立的德国空军。在戈林的扶植下，德国空军迅速发展，至1940年初，已拥有各类飞机4000余架，另外每月还能新增战斗机475架、轰炸机265架。

进攻英国之前，根据希特勒的指示，戈林组成了空军集团。该集团由第2、第3、第5航空队组成，分别部署在法国西北部、比利时、荷兰、丹麦和挪威，从而形成了对英国的半月形攻击态势。该集团共拥有各类作战飞机3500余架，其中战斗机1400余架，轰炸机1600余架，各型预备飞机400余架。而当时英国本土防空力量只有战斗机约800架，高炮2000余门。

英军

英军战斗机司令部下辖四个战斗机大队：布兰德少将指挥的第10大队，司令部在博克斯，负责保卫英格兰西部地区；派克少将指挥的第11大队，司令部在阿克斯布里奇，负责保卫伦敦在内的英格兰东南部地区；马洛里少将指挥的第 12 大队，司令部在瓦特耐尔，负责保卫从泰晤士河入海口至约克郡的英格兰中部地区；索尔少将指挥的第 13 大队，司令部在纽卡斯尔，负责保卫苏格兰地区。在这四个大队中，实力最强的是第 11 和第 12 大队，尤其是保卫伦敦的第 11 大队，拥有 270 架最先进的"飓风"和"喷火"战斗机，几乎占英军全部先进飞机的 40%。英军将全国划分为四个防空区，每区又划分为若干个防空分区，各防空区部署一个战斗机大队，防空分区则部署二至三个战斗机中队，一旦德机来袭，防空区只下达出击命令，具体作战指挥由防空分区指挥部组织。

战役进程

事实上，德国早在 6 月初就以一小部分兵力开始了对英国的试探性轰炸，企图通过轰炸诱使英国战斗机暴露实力和驻地，以查明英国空军的兵力与部署情况，消耗英国空军的战斗力及试探英国防空体系的范围和有效程度。德国空军所选择的轰炸目标主要有空军基地、城市和运输商船。尽管在两个多月的试探性轰炸中，德国差不多攻击了英国所有的空军基地，炸沉船只 45 万余吨，在很大程度上干扰了英国的战争准备，但英国空军的顽强抵抗使"海狮计划"尚未付诸实施即遭到挫折。

"海狮计划"实施前空战的失败并未能打消希特勒吞并英国的野心。相反，他希望"德国空军对英国的伟大空战"立刻开始实施。8月 2 日，德国空军总司令部发布了发动"不列

德国道尼尔 17Z 轻型轰炸机

颠战役"的命令。戈林当即夸下海口：英国南部的空中防御将在4天内土崩瓦解，而英国空军则将在4周之内被逐出英国上空。8月6日，戈林命令下级指挥官在10日开始全面出击。这次进攻计划被称为"鹰日"计划。许多德国飞行员一想到这项能使他们赢得战争胜利的"鹰日"计划就得意非凡，他们把不列颠岛的地图画在机身上，并在上面写着：伦敦8月15日完蛋。

但是，由于天气原因，计划被迫推迟。8月12日，戈林下令于次日实施"鹰日"计划。

作为大空袭的前奏，德国空军12日对英军的沿岸雷达站进行了猛烈的突袭。英国有6个雷达站被击中并遭严重破坏，1个雷达站被完全摧毁。但德国人此时还不了解雷达对英国防空的重要性，他们在发展和运用这种电子装置方面远远落在英国人后面。德国王牌飞行员阿道夫·加兰德后来说："我们意识到皇家战斗机中队一定受地面某种新装置的控制，因为我们听到指挥'喷火'式和'飓风'式飞机同德国机群作战的命令是非常熟练和准确的。这种雷达及其对战斗机的控制使我们感到意外，而且是非常惨痛的意外。可是我们却拿它没有办法，怎么也炸不烂它。"

从8月13日开始至8月23日是"不列颠空战"的第一阶段，在历时10天的战斗中，德国对英国进行了5次大规模轰炸，企图摧毁英国空军。德国空军采取的战术手段是集中优势兵力，空袭英国的政治、经济中心和空军主力配置地区，采取大机群出航，小编队进入目标分波次连续突击，使英国防空力量不能实施集中抗击。

8月13日，天空阴云密布，能见度极差，特别是在苏塞克斯和肯特上空，密布的浓云距离地面仅4000英尺，天气比以前更不适合空战。但戈林已经不能再等了，因为他的元首已急不可耐，甚至有点愤怒了。于是，德国轰炸机队按原计划出发了。

但是，护航的战斗机队却没有按计划同时起飞，只有少数战斗机跟随而出，德国轰炸机只好在几乎没有战斗机掩护的情况下单独出击。由80架"道尼尔"—17飞机组成的庞大机群前去轰炸东彻奇机场和希尔内斯港口，数量差不多的

"容克"—88飞机，从海岸上空轰鸣而过，飞向奥迪汉和法恩巴勒，一大群"施图卡"飞机则沿着汉普郡海岸线飞行。

由于部署了警戒雷达，英国战斗机司令部很快得到了德军即将来空袭的情报。第8战斗机大队司令派克将军命令两个"喷火"式飞行中队和两个"旋风"式飞行

德军对英国多佛尔港进行轰炸

中队前去保护泰晤士河口的一支船队以及霍金吉、罗斯汤两地的前进机场，并派出一个机群在坎特伯雷上空巡逻。他把2/3的"喷火"式飞机和一半的"旋风"式飞机留在手头，以便对敌机实施集中攻击。第10战斗机大队司令布兰德也派出了两个中队的"旋风"飞机到多塞特上空巡逻。

德国最先出击的是第1飞行训练团第5驱逐机大队。23架双引擎驱逐机在大队长林斯贝尔格上尉的率领下，进入苏格兰南岸地区。

当林斯贝尔格上尉越过英国海岸线时，处在编队最后的一架飞机发出警报："后方发现'喷火'式飞机。"

这一声警报使德国飞行员们像遭到电击一样，神经顿时紧张起来。他们明白：多少显得有些笨拙的双发"梅塞施米特"飞机的飞行性能不如英国的"喷火"式。"梅塞施米特"—110飞机于1936年编入现役，最高速度为545公里/小时，航程1400公里，机载20毫米航炮2门，7.92毫米机枪6挺；"喷火"式飞机1937年底开始服役，时速500公里/小时，机载8挺伯郎宁机枪，射速高达1260发/分。尽管"喷火"式飞机的速度和爬升率要稍慢于梅塞施米特—110，但其转弯半径小，操纵方便，战斗中显得机动灵活。

林斯贝尔格立即命令全队排成圆形防御阵式，互相掩护尾部。林斯贝尔

格率先按编队部署开始转弯。在他还没有完全转过来的时候，飞在高空的英国歼击机突然高速从后方追了上来。

林斯贝尔格的飞机马上向右一拐，巧妙地避开了"喷火"式飞机的火力。子弹从他的左侧擦身而过，"喷火"式战斗机扑了个空。另一架德机想用俯冲动作躲避，但却没有林斯贝尔格走运，这架德机的速度没能一下子提起来，因而被英国飞机紧紧咬住，遭到攻击。

"喷火"式飞机的机翼下喷吐着火舌，竭尽全力向圆形方阵俯冲而来。水平飞行的驱逐机在射程之内能够捕捉战机的时间只有短暂的一瞬，因此，"喷火"式飞机的8挺机枪一起向德国飞机喷射。一会儿，就有两架德机被击落了。

林斯贝尔格上尉的驱逐机大队返回基地时损伤过半，有5架被击毁，10多架中弹受伤。这次出击引起的余波两天后还在德军中回荡。戈林大发脾气，他怎么也不能容忍他的空军出现这种情况。这个战果给戈林一记响亮的耳光。他夸下的海口看来不可能实现了。

德军在其他方向的情况也同样不妙，以东彻奇机场为目标的德国轰炸机群显然成功地实施了轰炸，但也付出了惨重的代价；以希尔内斯港为目的地的轰炸机群更不走运，被英国"旋风"式飞机紧紧咬住，只好胡乱扔出炸弹，

英国皇家空军飞行员

一个在轰炸中受伤的婴儿

偷鸡不成反蚀把米。"鹰目"行动结束时，德国空军共损失飞机47架，另有80余架被击伤，而英国空军仅损失飞机13架。"进攻失败了"——德国空军里希特霍芬将军在日记里沉痛而又无可奈何地写道。

8月15日，天气开始出人意料的好转，云雾逐渐散去，持续了好几天的阴暗天气豁然晴朗，这是实施大规模空袭的大好天气。德国空军统帅部根本没有估计到天气的变化，各航空队的指挥官都被戈林召到卡琳山庄开会去了。

留在加来博宁格斯司令部值班的德国空军第2航空队参谋如保罗·戴希曼上校长时间地仰望天空。他在考虑到底该怎么办。最后，戴希曼以一个军人的责任感承担了风险。他立即向各部队发出了出击的命令。谁能料到，这一天竟会成为对英本土空战中最激烈最壮观的一天。

根据戴希曼的命令，德国空军倾巢而出，庞大的机群由1800余架飞机组成，其中轰炸机600余架，战斗机1200余架。整个英格兰南部上空顿时充满了战斗的喧嚣：轰炸机隆隆轰鸣，战斗机腾升俯冲，穿梭交织，机枪疯狂地扫射，机炮连续喷射着冒火的弹头……这是世界空战史上空前绝后的一大奇观。

德国空军在英格兰南部投入如此强大的兵力有着很深的用意。因为德国空军从基地到作战目标距离约650—750公里，再加上全程20%左右的"战术备份"航程，这样攻击英国本土的飞机就必须具有1800公里左右的续航力。但当时"梅塞施米特"—109战斗机的航程只有750公里，刚飞至英国海岸就会因燃油耗尽而坠入海中。这样，德国"亨克尔"—111及"容克"轰炸机就不得不在没有战斗机护航的情况下出击。这无异于飞蛾扑火，非常危险。因此，德国空军企图通过猛攻南部来钳制英国战斗机，以便在对英格兰中部实施突击时遭到尽可能少的敌机阻截。

然而，德国空军的这个阴谋被英国道丁元帅识破了。道丁把原来部署在英格兰南部双方争夺焦点以外的第11战斗机大队北调苏格兰，与一直没有参战的第12、13战斗机大队合兵一处，这样德军的企图又破产了。

正当英格兰南部上空空战正酣时，英格兰北部上空也展开了激烈的厮杀，这又是一场针锋相对的恶战。13时45分，德军第一攻击波共63架"亨克尔"—111飞机飞往纽卡斯尔北部地区。当机群离英格兰海岸大约还有40公里时，机上的无线电设备突然喧嚣起来，敌情报告一个接一个：

"左侧发现'喷火'式战斗机！"

"敌战斗机正从太阳方向飞来！"

"我机遭到敌机攻击！"

为该机群护航的是驻斯塔万格福斯基地的第76驱逐机团第1大队的21架驱逐机。这个大队战斗力强，历史上战果辉煌，在1939年12月德意志湾空战中曾击落过当时参战的英"惠灵顿"式飞机的大半。在占领挪威时，也是该大队冒着对方绵密的防空火网，最先降落在奥斯陆的福内布机场。在德国空军中，这个大队名声显赫。

但是，今天的任务似乎非常棘手。英国空军不但比他们更为顽强，而且占有数量上的绝对优势。

飞在这个驱逐机掩护编队最前面的是大队长雷斯特曼上尉，他的任务是配合负责侦听的中队长哈特维希监听英国战斗机之间的通信联络。他想以此为突破口掌握英国空军的防

遭到轰炸的市区被浓烟所笼罩

御体系，从而制定德国轰炸机部队相应的战术及飞行航线等。可是，还没等他们侦听清楚什么内容，英国的一架"喷火"式飞机就顺着阳光向德指挥机扑来。雷斯特曼还没来得及调头进入迎战状态就被对方密集射击的子弹击中，飞机尖叫着一头栽进大海，大队长雷斯特曼上尉与飞机一起葬身英吉利海峡。

击落这架指挥机的是英国第 72 飞行中队的"喷火"式战斗机。15 分钟后，前来阻击的英国飞机从四面向德机发起了立体攻势，又 1 架德机被击伤。面对强大的对手，双方展开了一场你死我活的起杀，英国也有数架飞机被击毁或因伤退出战斗。

16 时 45 分，英格兰南部空域的格斗仍在进行。这时，德国 200 多架飞机组成的编队越过海峡向北飞去。

在 1 小时前刚刚结束战斗的英国空军"喷火"式和"飓风"式飞机已在地面待命。不一会儿，几乎所有中队都发出了"起飞准备完毕"的信号。一声令下，170 余架飞机同时升空，前去迎击从南部入侵的德国飞机。

德国飞行员切身体验到了英军顽强抵抗的滋味。当英国海岸刚刚出现在领航员黑尔比希上尉眼前时，这种体验随即又开始了。各中队编队最后的所有"容克"88 式飞机几乎同时发出警报："后面发现敌战斗机。"

从德机后方飞来的是英国的"喷火"式飞机，它们所有的机枪都吐着复仇的火舌，从德机编队上方向下俯冲，其速度之快令人惊讶。这些飞机刚冲过有效发射阵位便又重新拉起，迅速上升转弯，占领有利位置，准备再次攻击。天空中顿时出现一道道优美的弧形尾迹。

黑尔比希看到为轰炸机护航的战斗机群。正在数千米上空穷于应战，已无暇他顾。看来依赖它们的保护已是不可能了，只好依靠自己了。德机没有改变原来的航线，继续朝目标飞行。为了做到尾部射手能彼此掩护，德机采取了密集队形。

英国"喷火"式战斗机又开始了新一轮攻击。针对德机的新队形，英机采用了分别夹击殿后轰炸机的战术。这样一来，德军飞机无计可施，只得转弯躲避，编队被打乱了。英国战斗机乘机追击四处逃窜的"容克"飞机，天空顿时出现了一幅追逐的画面，英军的"猎兔战"开始了。德国轰炸机陷入了一片混乱的逃亡之中。

其后几天，由于天气恶劣，空战中断。至 23 日，不列颠之战的第一阶段结束。在这一阶段中，英国有 12 个空军基地被摧毁，6 个雷达站失去工作能力，1 个指挥中心被炸，7 个飞机制造厂遭到不同程度的损坏，另外还有 1 座弹药库、10 座储油库被炸毁。但是，由于德国选择的目标太多，活动的地区过于广阔，从而分散了兵力，降低了轰炸效果。同时，德国空军本身也损失惨重，轰炸机几乎消耗了 1/3，因此，它的预期目的没有实现。最令德国飞行员感到莫名其妙的是，他们明明是根据地面指令飞行、轰炸，可偏偏有 4/5 的炸弹没有命中目标，却投在了荒山旷野；而英国战斗机日复一日，甚至每时每刻都非常及时地使自己处于最有利的位置。英国的飞机好像预先计算好了将与越过英吉利海峡的德机的遭遇时间而从机场起飞的。德国飞行员对此非常疑惑且百思不得其解。其实，他们怎能想到将在半个世纪以后把整个世界都闹得沸沸扬扬的"电子战"此时已拉开了序幕。

当时德国飞机还没有独立的机载导航设备，主要靠地面无线电定向信标导航。对此，英国很快研制出了一系列"梅康"电台，专门用于截获德军电台发出的信号，然后加以放大再从别处发射出去，从而把德国飞机引入歧途。时隔不久，这种对抗又有了新发展。当德军使用一种无线电射束相当准确地把轰炸机引向目标上空时，英国也相应建立起一批电台，利用"分裂射束"法干扰德军的无线电射束，使德军飞机投掷的炸弹远离目标。正是通过这种对抗，英国有效地减小了德国空袭造成的损失。德军主持无线电射束研究的

敦的飞机观察员站在伦敦一座建筑物屋顶瞭望

马蒂尼战后承认，他没有及早觉察到一场高频率战争已经开始，过低估计了英国进行电子对抗的能力。

戈林对德国空军的战绩非常不满。19日，他在卡琳庄园回顾了局势后命令：等天气好转，空军立即集中力量攻击英国皇家空军。

从8月24日开始，德军吸取了前一阶段的教训，集中全力轰炸英国第11战斗机大队所部署的区域。为了实现这一目标，德国从8月24日至9月6日，平均每天出动飞机1000多架次。不列颠战役已经进入了决定性阶段，英国皇家空军驾驶员一个月以来一直处于高度戒备状态之中，每天要出动好几次，他们已经太疲劳了。尽管他们坚持着进行最后的艰苦努力，但德军方面的数量优势开始发挥效力。英国南部的5个前进机场遭到严重破坏。更糟糕的是，沿海7个关键性扇形雷达站中的6个遭到十分猛烈的轰炸，整个通讯与指挥控制系统濒于彻底瘫痪的边缘。同时，皇家空军战斗机的防御力量开始削弱了，短短10天内，就有446架战斗机被毁或遭破坏。此外，103名驾驶员阵亡，12 8名重伤，这两个数字之和几乎是当时全部驾驶员的1／4。英国面临着灾难性的危险，整个国家也陷入了一片恐慌之中。丘吉尔首相焦虑地说："如果敌人再坚持下去，整个战斗机指挥部的全部组织就可能垮台，国家就有沦陷的危险。"

然而，偏偏在这个时候，戈林犯了一个与希特勒在5月24日停止使用坦克进攻敦刻尔克相似的错误。为了报复英国人8月25日对柏林的空袭，戈林转而命令德军从9月7日开始大规模空袭伦敦。精疲力竭的英国空军飞行员终于得到了一次宝贵的喘息机会，他们在很短的时间内又重新恢复了战斗力。

在纳粹德国空军总司令戈林的私人档案资料中，有这样一幅带有战场背景的宣传照片：戈林站在法国加来海岸的一个高山顶上，对面多佛尔的白色峭壁在远处闪闪发光，一批批德国轰炸机正向英吉利海峡对岸猛扑过去；机场上，密集排列的"施图卡"轰炸机已做好出发准备，随时可以升空。这张照片的拍摄时间是1940年9月7日下午5时，德国大规模空袭伦敦的前一刻。

希特勒认为轰炸伦敦能造成英国国民的恐慌情绪，德国或许不需陆军劳师远征就能迫使英国举手投降。其实，戈林和希特勒在 1940 年初就曾设想出伦敦被炸的情景。在一次总理府晚餐会上，希特勒简直陶醉在自己的梦幻之中，大谈如何轰炸伦敦。他说："你看过伦敦的地图吗？城市这么拥挤，一把火即可烧毁全城，就像 200 多年前发生过的那样。戈林想用无数具有新威力的燃烧弹，在伦敦的各区播下火种，使伦敦到处都是火源，成千个火源将汇成一片火海。戈林的想法完全正确。炸弹可能不起作用，但是，用燃烧弹就可以把伦敦烧毁。"

被损毁的建筑

9 月 7 日下午 7 时 50 分，由 625 架轰炸机、648 架战斗机和驱逐机组成的声势浩大的机群从不同航向、不同高度越过英吉利海峡直扑伦敦。英国战斗机部队仍然估计德军要再次袭击他们的战斗机前进基地，因此主动让出了飞往伦敦的通道。但是，这一回他们上当了，德军已经改变了攻击目标。当英国飞行员发觉大事不好时，已经来不及在敌人轰炸机飞临目标上空之前对其进行拦截了。第一波次德机对泰晤士港、人口稠密的伦敦东区、伍尔威奇工厂等目标准确地投下了高爆炸弹。英国 23 个飞行中队全部怒吼着向德国轰炸机群横冲过来，在伦敦上空展开了激战。但他们来晚了一步，短短一个小时内，德军就成功地将 300 多吨高爆炸弹、燃烧弹泻入伦敦。伦敦顿时成为一片火海。大大小小的工业设施、交通枢纽、电力网络、平民住宅相继被毁，爆炸声、坍塌声、呼救声、惨叫声以及警车、消防车的呼啸声伴着黑烟直冲云霄，城市瞬间化为瓦砾。据不完全统计，那一晚仅轰炸引起的大火就达 1300 多处。

当太阳再次在伦敦上空升起的时候，伦敦依旧被一片浓浓的黑烟笼罩着，阳光几乎无法透过这层厚厚的烟幕，更无法抹去伦敦市民对恐怖的灰暗记忆。

从纯军事角度讲，德国首次大规模空袭伦敦获得了成功。

9 月 9 日下午 5 时，德国空军 200 余架轰炸机在强大护航机群的掩护下，第二次前去轰炸伦敦。不过这一回它们不再那么幸运了。英国空军早就做好了复仇准备，严阵以待敌人的再次入侵。就在德国机群刚刚飞越英吉利海峡时，英国"喷火"式和"旋风"式飞行中队就立即奉命起飞。当德军第一批几乎被护航战斗机簇拥着的轰炸机编队飞入多佛尔上空时，已在空中待战多时的两个英国飞行中队迅速猛扑过去，"旋风"式战斗机中队专门袭击敌人轰炸机，"喷火"式战斗机中队则全力拦截敌战斗机。双方飞机在天空中你追我赶，展开了一场殊死搏斗。蔚蓝的晴空顿时出现了一道道白色的飞行尾迹。尽管德军最后还是进行了轰炸，但他们也得到了有力的警告：再也别想在不受攻击的情况下到达伦敦上空了。其后几天，德国又不惜代价地继续闯入伦敦地区上空并给伦敦造成了巨大的破坏。撕心裂肺的空袭警报整日叫嚣，严重干扰了正常的工作秩序，伦敦工业区的生产能力急剧下降。

英国战斗机司令部改变了拦截战术，"喷火"式和"旋风"式战斗机不再以零星分散的中队投入战斗，它们将统一组庞大的机群，以一争高下的形式和德国空军抗争。另外，伦敦的民防体系也开始发挥作用了，5万多居民自愿参加了对空监视工作，他们携带望远镜及手提电话机日夜巡逻，不知疲倦地对空中进行着严密的监视，及时发出空袭警报。伦敦还组织了庞大的全民防护组织，义务消防队和紧急医疗所遍布大街小巷，为减轻空袭造成的损失做出了不可磨灭的贡献。

9月15日，德国空军再次出动。第2航空队第3轰炸航空团在坎特伯雷上空首先遇到英机拦截。这是英国空军第72、第92中队的"喷火"式战斗机。这两个中队曾在英国北部及敦刻尔克上空抗击敌机的战斗中建立过功勋。这些英国战斗机还没等占据有利位置就迫不及待地从前方直接冲入德轰炸机编队。飞行员们猛按射击按钮，使自己的满腔怒火化成了条条复仇的火焰向德国轰炸机群射击。几分钟之内，德国轰炸机就接二连三地拖着浓烟，哀嚎着坠入大海。

当空战正在激烈进行的时候，丘吉尔首相来到指挥空战的帕克将军司令部。他一言不发地走进地下室，两眼紧紧盯着随时都在变化的作战形势图。

这场殊死的战斗对大英帝国来说生死攸关。

英国人终于赢得了胜利。在这个具有特殊意义的日子之后，德国空军再也不敢与英国空军进行大规模的拼杀了，它再也损失不起了。仅此一天，德军就被击落飞机 185 架。丘吉尔激动地说：这一天是世界空战史上前所未有的、最为激烈的一天。后来，英国把 9 月 15 日定为"不列颠空战节"，以表达对胜利的庆贺。

在德军还沉浸在失利的沮丧之中时，英国皇家空军借胜利的余威发起了反击。9 月 16 日和 17 日，英军持续猛烈地轰炸了准备发动入侵的德军舰停泊港，使德国海军遭到严重打击。海军将领纷纷向元首报告："在安特卫普，运输船队遭受重大损失，港内的 5 艘运输轮受重伤，一艘驳船沉没，一列军火列车被炸毁，仓库多处着火。"在敦刻尔克，共有 84 艘德国大小驳船被击沉或受损。从瑟堡传来的消息更令希特勒沮丧：一座大型军火库被炸毁，一所大型军粮仓库被焚烧，多艘轮船和鱼雷艇被炸沉，人员伤亡惨重。有人甚至这样斗胆直截了当地对希特勒说："如果再下令继续集结登陆部队，还不如直接把我的士兵送到搅肉机里。"

英国空军如此快的复苏使德国惊恐不已。戈林终于看到，他的自负以及无能已使他在希特勒面前失宠，其他各军种也对他怨气冲天。为了尽可能减小损失，戈林下令：从 10 月 1 日开始，对伦敦的空袭改为夜间进行。

轰炸引起的火灾将伦敦夜空照亮

2 日傍晚，由 1000 多架飞机组成的德国庞大机群又起飞了，它要再次把死神带进伦敦。尽管英国空军全力拦截，但效果不甚理想。英军对夜间城市防空还缺乏足够的经验，大批德国轰炸机成功地飞抵伦敦上空。顿时，整个城市响彻了刺耳的空袭警报，灯火管制使街区陷入一团黑暗中。探照灯光束像一把把锋利的宝剑在空中扫来扫去，为地面防空部队和战斗机搜寻目标。只见各种飞机时而俯冲，时而拉升，一股股冲天烟火随之而起，一架架飞机拖着浓浓的黑烟栽向大地，整个伦敦街区看上去好像正承受一场空前的大劫难。

德国空军的夜袭使英国防空陷入了很大的被动，至1941年2月，德军共出动飞机24000余架次，被击落156架；而伦敦则遭受了惨重损失，市民死亡近万人，市区1/5的房屋被炸毁，交通和公共设施遭到严重破坏，每天从伦敦开出的火车由轰炸前的60次减至4次。附近其他城市也受到不同程度的破坏，其中最为严重的是航空工业中心考文垂，德军向那里投了16000余吨炸弹，整个城市几乎被毁，12家飞机零件工厂也遭到严重毁坏。

英国空军面对这种被动局面想出了各种办法：一方面，他们用飞机装载探照灯配合地面探照灯部队为战斗机照明，并在德机来袭方向大量施放阻拦气球；另一方面，以无线电干扰德国空军的夜间导航设备，破坏德机投弹命中率。他们还及时研制出了炮瞄雷达、战斗机夜航设备和机载雷达系统等一批全新武器装备。所有这些措施有效地遏制了纳粹空军的猖獗进犯，从而减小了伦敦的损失。

直至希特勒下决心入侵苏联后，轰炸仍在持续，但已主要作为掩盖进攻苏联企图的烟幕，空袭规模也逐渐减小。5月，当进攻苏联的准备一切就绪时，德国空军开始大规模转向东线战场，不列颠空战结束。

在整个"不列颠空战"期间，英国损失作战飞机近千架，被炸死炸伤各类人员14.7万余人，被毁房屋达100多万幢。但英勇善战的英国飞机

伦敦化为一片废墟

员也给纳粹造成了无法承受的损失，使德国损失飞机2400余架，"海狮计划"不得不无限期推迟，并最终化为泡影。

战役影响

由于德国空军无法完成夺取制空权的计划，登陆英国，迫使英国政府投降或者是与德国合作的意图也就无法执行。德国空军损失超过两千名空勤人员和两千多架各类飞机。虽然不至于影响到整体的实力，但是对于资源非常有限的德国来说，这些损失在对苏联开战之前也无法完全恢复。

德国丧失在政治上与英国和谈的机会，也无法解决英国在大西洋与地中海战场可能的威胁，虽然短时间之内英国只能以战略轰炸的形式对德国本土施加压力，借由美国的协助，英国能够阻止意大利与德国在北非的计划，也保留反攻欧洲本土最大的基地。

同时，在心理因素上，英国暂时挡下德国进攻的锐气，也打破德国空军在开战初期全胜的战绩，让英国的士气得以在欧洲大陆连番挫败之后有稍微恢复的机会。

双方主将

戈林

戈林

赫尔曼·威廉·戈林（1893—1946），纳粹德国空军元帅，纳粹德国帝国元帅，德国纳粹党的二号人物，希特勒指定的接班人，国会纵火案和组建秘密警察盖世太保的主谋。他既是德国法西斯政治、经济与军事的首脑，也是制定奴役劳工计划、镇压残杀犹太人和其他种族的主谋，是二战中的法西斯主犯。在纽伦堡审判中，戈林被控以战争罪和反人类罪并被判处绞刑，但他在执行绞刑前数小时在狱中自杀。

道丁

休·道丁（1882—1970），英国空军上将。生于苏格兰，毕业于桑德赫斯特皇家军官学校和坎伯利参谋学院。参加过第一次世界大战。曾任约旦、巴基斯坦地区英军空军司令、英国航空委员会委员。1936年任皇家空军歼击航空兵司令，任职期间致力于研制雷达和飓风式战斗机。在第二次世界大战不列颠空战中，他指挥若定，粉碎了德国空军的空中进攻。1943年受封男爵。

道丁

战争中的故事

没有双腿的王牌飞行员

1931年，英国飞行员道格拉斯·巴德在一次飞行表演中痛失双腿，然而二战打响后，他装上假肢继续驾机作战，总共击落22架德国战机。1941年8月，巴德的战机被德军炮火击中后坠落起火。当他被德军俘虏时，后者才震惊地发现，这位英军王牌飞行员居然是名"无腿飞将军"！

坠机痛失双腿被迫退役

1927年，17岁的巴德报名加入空军。1930年，巴德从著名的克伦威尔皇家空军学院毕业后，被授予军衔并派往肯利机场第23飞行中队。

1931年12月14日，年轻气盛的巴德驾驶着一架"斗牛犬"型战斗机超低空高速穿越机场，并做了个低空翻滚。由于他飞得太低了，飞机的左翼擦上了地面，随即失控在跑道上翻滚起来。这次事故让巴德失去了双腿。经历了漫长痛苦的恢复过程后，巴德学会了用假腿走路。但是，1933 年 4 月，他还是收到了空军的退役通知。

重回蓝天歼灭敌机 22 架

1939 年 9 月二战爆发后，巴德向英国皇家空军提出重返空军的要求。经过一系列严格考核，1940 年 2 月，他加入了位于英格兰达克斯福德镇的第 19 中队，随后被任命为 222 中队的指挥官。

同年 6 月，222 中队和其他飞行中队一起执行掩护敦刻尔克大撤退的任务。在飞越敦刻尔克时，巴德发现 4 架德国空军的 Me-109s 正在逼近自己。于是他立即开火，随着机翼上的炮火轰然喷射，一架 Me-109s 化成了一团火焰——巴德平生第一次击落敌机！

同年 9 月 15 日，著名的不列颠空战拉开序幕，巴德的队伍配合其他部队，一举击溃了德国空军的进攻。在随后的战斗中，巴德约部队共击落 152 架德国飞机，自己只损失了 30 架———这是一个令人难以置信的成绩！据统计，在二次大战中，巴德亲自击落的德军飞机多达 22 架！

"无腿飞将军" 折服德军

1941 年 8 月 9 日，巴德带领他的机群飞越法国上空时，他的战机在被德军的地面炮火击中后坠落起火。巴德从飞机残骸里挣扎了出来，却把右侧假肢掉在了飞机里。随后他被德军俘虏。德国人震惊地发现，这个令他们如此畏惧约英军王牌飞行员竟是一位 "无腿飞将军"！

于是，二战中出现史无前例的一幕：德国人专门开辟一条安全道道，通知英国空军，让后者将巴德急需的假肢空降过来。

1945 年春，美国先遣部队解放了巴德所在的科尔迪兹集中营。获得自由的巴德

道格拉斯·巴德

立刻冲到巴黎，要求驾机参加最后的战争，但是被拒绝了。

二战结束后，巴德被授予了英国军队的最高荣誉——维多利亚十字勋章，美国好莱坞以他为原型拍出经典影片《搏击天空》。1945年9月15日，英国为5年前那场被丘吉尔称为"不列颠之战"的空战举行了盛大纪念活动，巴德率领着300架飞机呼啸着飞过伦敦上空。在他的下方，无数的英国人挥舞着鲜花，向这位传奇英雄致敬。

名人论战

1940年9月20日，英国首相丘吉尔在演讲中以后来被广泛引用的名句来赞誉英国空军："在人类战争历史上，从来没有这么多人从这么少的人那里得到这么多！"

战争遗迹

不列颠空战纪念塔

不列颠空战纪念塔

英国皇家空军博物馆为纪念不列颠空战70周年的到来，计划耗资8000万英镑在伦敦西北部的亨顿市修建暂时被命名为"不列颠空战纪念塔"的建筑物，根据设计资料显示，该纪念塔高116米，比英国国会大厦威斯敏斯特宫的钟塔还要高出近10米，甚至在伦敦的市中心都将看见高耸的纪念塔，它也许会成为不列颠空战的永久性纪念塔，成为英国又一个著名的景点。

克里特岛空降战役

战役简述

　　克里特岛空降战役，是迄今为止唯一主要以空降作战方式进行的登陆战役，改变了传统的登陆作战模式——战场由平面走向立体，对以后的登陆作战产生了深刻影响；盟军受此启发，高度重视空降兵的使用，大规模组建空降部队，在西西里和诺曼底登陆战役中均进行大规模空降作战。此外，如果将研究视野放大，将目光投向当时整个地中海、北非战场则不难发现，德军当时仅夺取克里特岛，没有乘胜夺取地中海西部的马耳他岛，实为一个战略错误，是其日后兵败北非的伏笔，也成为由兵败北非引发的"蝴蝶效应"的起点。

战前形势

　　1940—1941 年，德意为加快统一欧洲的进程，在巴尔干半岛进行扩张。巴尔干半岛地处欧亚非三大洲的交集点，自古以来便是兵家必争之地，素有"欧洲的火药桶"之称。对于德意而言，占领巴尔干半岛，既可有效控制东地中海，进而威胁英国在近东、中东和北非的殖民地，又能封锁苏联的黑海出海口，方便日后从南翼对其发起进攻；还可以切实保护罗马尼亚的普洛耶什蒂油田。

1940 年，墨索里尼准备侵占南斯拉夫或希腊。原因是意大利军队在法国战场的糟糕表现使得墨索里尼没有获得任何好处，但他又不甘心向德国人示弱。此时英国人正忙于招架德国空军的攻势，北非就形成了暂时的力量真空，在墨索里尼看来，这是夺回他个人荣誉的最好机会。他迫不及待地把军队送到北非，起初英国人无暇顾及，意军初步获得了小范围的胜利。但是，希特勒因为正在全力进行西欧的战争和秘密进行大举入侵苏联的准备，建议墨索里尼不要轻举妄动。墨索里尼不得已在 9 月底停止行动。但墨索里尼并不满足于此，又在 10 月 28 日入侵希腊，因为在这之前德国已经向罗马尼亚派出了一个军事代表团，希特勒此举的目的是为了在未来的对苏战争中寻求加强与罗马尼亚的合作，在墨索里尼看来，希特勒显然是在抢夺本来应该属于意大利的地盘，他决心这回一定要抢在德国人的前面赢得胜利。意军由阿尔巴尼亚越界，从三个方向侵入希腊，但不想希腊的士兵比他们想象的顽强得多，在几乎不到一个月的时间里，意军便全线溃败。

此时，希特勒一面加紧准备翌年实施的"东方战局"；一面计划在西班牙和意大利支持下夺取直布罗陀海峡至苏伊士运河的整个地中海以及中东地区，希望通过所谓"外围"能够在与英国的冲突中占得上风。于是，德国加快了征服巴尔干的步伐。此外，"巴巴罗萨"计划也要求德国在东南欧地区，尤其是巴尔干南翼有一个稳定的战略环境，以保证德国航空兵和装甲兵能够得到罗马尼亚普罗耶什蒂油田的石油供应。

在这样的背景下，意大利的失败，危及到了希特勒征服巴尔干的计划，于是德国在 12 月制定了在次年春实施的"马里塔"计划，加快征服巴尔干的步伐。

德军在巴尔干半岛的战事推迟了"巴巴罗萨"计划。名字将始终同斯大林格勒联系在一起的弗雷德里希·保罗斯陆军元帅，这个时候是陆军参谋总部的俄国战役的主要策划人。他后来在纽伦堡证人席作证说，希特勒要毁灭南斯拉夫的决定使得"巴巴罗萨"的开始推迟了大约 5 周，海军的作战日志也说推迟了这样长的时间；而在俄国带领南集团军的冯·伦斯特陆军元帅在战后对盟军的审讯员说："由于巴尔干战役，我们至少迟开了4周。"他又说："这是一次代价非常昂贵的推迟。"

德军统帅部迅速修改"马里塔"计划，决定把对南斯拉夫和希腊的入侵作为统一的战役行动付诸实施。同时，意大利和匈牙利军队从辅助方向协同德军作战。1941年4月6日，德国对南斯拉夫和希腊同时发起突然袭击。陆军元帅李斯特指挥第12集团军，沿斯鲁特马河流域而下，在鲁佩尔山口突破希腊防线，同时装甲部队从塞尔维亚突入莫纳斯提尔隘口的一些山口，攻入希腊北部。4月27日，德军攻陷雅典。

夺取克里特岛，是德军入侵巴尔干最后一战。此役其实是希特勒在希腊战事后期根据德国空军司令部4月21日的建议临时决定的。德军进入希腊南部后，希特勒本来要停止巴尔干战事，但德国空军将领却在思考以空降作战的方式夺取克里特岛。他们认为，允许英国人留驻克里特岛无疑是埋下了一颗地雷，应该夺取克里特岛，结束巴尔干战争，然后抽身对付苏联。

克里特岛上有三个机场：伊腊克林机场，能起降各型飞机；马拉马机场，只能起降战斗机；雷西姆农机场，还未能完工。但这些机场，却对德军空降登陆作战起了重要作用。

俯瞰克里特岛

德国空降兵创始人——第11航空军军长库特·施图登特中将向第4航空队司令亚历山大·勒尔建议：在克里特岛实施一次真正大规模空降作战行动，以此来证明空降部队的战略价值。在得到戈林首肯后，施图登特和空军参谋长耶顺内克4月21日向希特勒当面汇报。

听取施图登特报告时，凯特尔曾提出先由空降部队攻占马耳他岛。希特勒认为："尽管马耳他这个英国基地比克里特岛更重要、更危险，但是应该看到，控制了克里特岛，就会威胁英国在地中海区域和中东的阵脚，保护罗马尼亚的普洛耶什蒂石油基地免受英国袭击，还可以把该岛作为进入中东各国的前进基地。所以，我们目前更需要以克里特岛的辉煌胜利来结束巴尔干战争。"虽然希特勒同意克里特岛空降作战，但担心会影响即将开始的"巴巴罗萨"行动，要求"陆军总司令部和空军总司令部应将必需的载重汽车提供给国防军运输勤务主任支配。不可因进行这种运输而延误了'巴巴罗萨'行动的准备工作。"

4月25日，希特勒下达了代号为"水星"的第289号作战指令，规定以空降部队为主占领克里特岛。其中原因有三：一、克里特岛与在欧洲大陆和附近岛屿上的德空军基地相距很近，德空军具有绝对优势，而英军在埃及、马耳他和马特鲁的空军基地距该岛甚远，一时又无法调拨和部署大量空军兵力；二、德军尽快结束巴尔干战事，以便腾出手实施迫在眉睫而又已经被推迟的"巴巴罗萨"计划；三、除潜艇外，德海军在地中海没有任何兵力，在塔兰托和马塔潘角遭英国海军两次打击的意大利海军，无力为海上登陆部队护航。

此时，亚历山大·勒尔同施图登特在作战计划上发生分歧。勒尔坚持首先全力以赴，以绝对优势兵力夺取克里特岛西部，尔后以此为基地夺占整个岛屿。施图登特则主张在岛上约7个地点同时空降，以期在对方猝不及防的情况下占领岛上所有要地，进而夺取整个岛屿。最后，基于空降兵力不足、空军有限等因素的考虑，戈林进行折中——进攻部队首先夺占4个最关键地点，保证占领全岛。整个战役大致分为四阶段，即夺取制空权、占领登陆场、

集结兵力，歼灭岛上
防守部队。为保证得
到空军的全面支援，
最初的空降突击分两
个波次实施。首先，
第一波突击西部的马
利姆和苏达港地域；
然后，待运载第一波
部队的飞机飞返后，
第二波突击雷西姆农

德军的精锐部队：伞兵

和伊拉克林地域。这两个波次将得到伞兵部队的加强和机降部队的支援，继
而得到海上登陆部队的支援，直到占领全岛。

5月6日，英国情报机关掌握德军的空降作战细节和可能的攻击日期，立
即通报守军。负责统一指挥的新西兰师师长弗赖伯格认为，德军主力从海上
登陆，空降突击只不过是夺取机场和港口。因此，苏达湾和马拉马机场作为
重点防御，以其为核心构成支撑点式防御体系，将全岛划分为四个独立防区：
马拉马防区、苏达湾防区、雷西姆农防区和伊拉克林防区。马拉马防区和苏
达湾防区分别布置新西兰军1个旅和英军1个营为预备队。仅有的6辆坦克，
分别配属在3个机场。3个轻型高射炮连和2个重型高射炮连担负对空防御。
英军对支撑点进行伪装，设置了假阵地和假目标，并最大限度利用复杂地形
部署火力。补给是英军防御准备中的最大困难，港口每天卸载的物资从最初
的700吨，一直下降到仅100吨。弗赖伯格根据德军入侵荷兰在公路、海滩
等开阔地带进行机降的战例，认为德军对机场的依赖性不强，而英军还将使
用机场，所以没有破坏机场。

5月16日，英军击落一架德军侦察机，并俘虏飞行员。飞行员供称：攻
击在未来四十八小时里开始。5月17日，英军全面进入最高戒备状态。5月
18、19日，德军空袭频繁、猛烈。英军侦察机也发现德军在希腊南部机场集

结了大量空降部队和飞机，由于英军在该地区航空兵太过薄弱，虽然进行了几次轰炸，但效果并不显著。

相关链接

克里特岛

　　克里特岛是希腊最大的岛屿。在地中海中，爱琴海之南。面积 8，336 平方公里。人口约 60 多万（2008）。同加尔多斯岛和迪亚岛构成一个行政区。最大城市为赫拉克利翁，行政中心在干尼亚。多山，北部有狭窄的沿海平原。古代爱琴文化的源地。公元前 2800 年已进入青铜器时代。公元前 2000 年在岛北岸以诺萨斯城为中心建立了奴隶制国家，建筑宏伟的宫殿、庙宇。石雕、金、银制品、珠宝、陶器制作发展迅速，海上贸易频繁。在古王宫末期，大概克诺索斯已统一全岛。按希腊神话克里特岛有米诺斯王的传说，学者们遂称克诺索斯的王朝为米诺斯王朝，克里特文化亦名米诺斯文明。1669 年被土耳其人占领。1913 年划归希腊。

　　克里特岛是希腊古老文化中心、地中海著名旅游地。岛上有山地和深谷，风景优美多姿，还有断崖、石质岬角及沙滩构成的海岸。这里

克里特岛

是地中海式气候，风和日丽，植物常青，岛上种有橄榄、葡萄、柑橘等，鲜花遍地盛开。岛四周是万顷碧波，因而有"海上花园"之称。

双方兵力分析

德军

德军投入的兵力计有第4航空队所属第8、第11航空军（轰炸机433架、歼击机233架、运输机500架、侦察机50架、运输滑翔机72架以及隶属于第11航空军的第7空降师）、1个独立空降团，第5山地师以及登陆部队约7000人和各种舰船约70艘。其作战部署：第7空降师（辖伞兵第1、第2、第3团）和空降兵独立团组成空降突击集群；第5山地师为预备队，准备实施机降或登陆增援，第8航空军负责空中掩护和火力支援；海军东南舰队负责海上支援。空中突击机群分为3个集群，分别在4个地点空降：西部集群由空降独立团组成，空降突击马利姆地域；中央集群由第7空降师第2团、第3团组成，突击苏达港和雷西姆农地域；东部集群由第7空降师的第1团以及第2团主力组成，负责夺占伊拉克林机场地域。按计划，德军将得到在克里特岛东南岸登陆的意军支援。

英军

英军于1940年10月28日，曾向克里特岛派驻了6000人的部队。加上后来从希腊陆续撤退的希军、英军，共计1个师、1个旅、2个团、11个营又5个连，总数约4.4万人，其中希腊军约1.4万，英联邦军队约3万。新西兰师师长弗赖伯格少将被任命为克里特岛守军司令，统一指挥岛上部队。

战役进程

最早德军计划在5月19日发起进攻，后来由于航空燃料的问题只好被迫拖延一天。但这并没有影响德军官兵的士气，在他们看来这意料之外的延期不会对结局产生任何影响，这种自信并不是毫无理由的，前不久他们在伯罗本尼萨的科林斯桥的空降作战，已经让英联邦军队的信心受到了重创，而现在守卫克利特岛的部队中的很多人就是来自那支撤退的部队，在他们看来，进攻克里特岛只不过是在为巴尔干战役收尾。但实际上这支英军部队通过短暂的修整和补充，实力还是稍稍有所恢复的，而且较上次还有一点小小的优势，英国人早在数日前，就已经通过巴尔干的间谍机构事先掌握了德军进攻的大概时间，克利特岛早已进入高度戒备状态，德军的进攻实际上是毫无突然性可言的。

　　20 日凌晨 3 时，第 7 伞兵师起床开始做准备。3 时 30 分天空渐亮，在机场上已经可以隐约看到无数排列整齐的飞机，Ju-52 那粗壮而结实的轮廓也依稀可辨，一些伞兵正在忙着把武器囊挂到 Ju-52 机翼的挂架上，其余的人员开始登机。一小时后每架飞机按编队顺序陆续起飞，机场的土制跑道为后面起飞的飞机制造了不小的麻烦。各编队陆续升空排列成长纵队，机群的飞行速度保持在 220km/h，以 300 米的高度一直向南部的克利特岛方向低空飞去。此时克利特岛的英军阵地已经在 5 时 30 分遭受到德空军第 8 航空军的第一次压制性空袭，攻击目标集中在马利姆、伊拉克林和甘尼亚的机场和周边地域；

7 点 15 分第二次空袭开始，以图在空降开始前压制和扰乱守军部署。

　　在第二次空袭开始不久，运输机编队也已接近克利特岛上空，领队飞行员已经可以看到克利特岛。最先开始空降的是西部大队的一支突击部队，它是由迈因德尔少将指挥的共 1900 人的一支轻装部队，由乘滑翔机的第一营和第三营一部，以及伞降着陆的第三营，另外加上第二和第四营的一部分组成。

　　滑翔机在飞机的牵引下按照每批 12 架的编队在海滩上空爬高飞向马利姆，他们将

德国战斗机

在机场附近的塔威拉尼蒂斯河干枯的河床上着陆。由于河床碎石很多，为了减少着陆距离，这些DFS-230型滑翔机都在主滑橇上缠上了带刺的铁丝，这种小改造实际上的确七很有效，除少量滑翔机摔坏外，大部分都顺利着陆，第四营的伞兵们稍后降落在滑翔机附近。英军认为塔威拉尼蒂斯河附近的地形对伞降极为不利，并没有对此加以重视，加上河庆天然形成的低矮地势为降落的部队提供了良好的掩护，所以河床附近降落的部队人员损失相对较少。谢尔博少校指挥的第三营余部，由于飞行员迷航加上地面火力的原因，他们实际的着陆点偏离了预定目标，降落在机场东面的公路附近，而且人员很分散，最不巧的这里恰好又是新西兰第23营的阵地。运输机为了减少伞兵在空中的停留时间，在临近降落点时的飞行高度都很低，有的飞机的飞行高度甚至还不到120米，在这种高度是很容易受到地面火力威胁的。新西兰23营对此的反应很快，他们把所有能对空射击的武器一起开火，空中瞬时就形成了一道火网。随着目标的临近，伞兵们不得不冒着炮火开始陆续跳伞，不时有人在空中被射杀，而侥幸降落的士兵又无法及时找到武器囊，只得随手抓起能找到的武器各自为战，地面上到处可见短兵相接的双方士兵。在这场混战中，新西兰23营以逸待劳，凭借火力的优势占了上风，谢尔博的这支小部队有2/3的伞兵牺牲，其中包括谢尔博少校和几乎全部的军官。

第三营的损失打乱了迈因德尔的东西两支部队同时向机场突击的计划。而且现在还有一个新的难题：在空中侦察中，机场附近的107高地的阵地并没有被侦察机发现。但实际上107高地是英军的一个防御重点，他们依地形修筑的台阶式防御阵地结构非常巧妙，隐蔽性好而且便于发挥火力优势。侦察机的这个小小的失误为德国伞兵在整个克里特之战制造了最大的、也是最要紧的难题。安德鲁中校的新西兰22营被部署在107高地，他把两个连布置在机场上，剩下的两个连沿地形布置在高地一带，营指挥所也建在107高地。安德鲁中校是个曾经参加过第一次世界大战的老战士，并因功获得维多利亚十字勋章。

同属第一波攻击部队的还有属于中部大队的伞兵第三团，但指挥官屈斯曼所在的滑翔机在离开希腊机场不久不幸坠毁，机上包括屈斯曼在内的所有乘员全部遇难。接替屈斯曼指挥第三团的是理查德·海德里克上校，他和第一、二营降落在加拉托斯城外的普里森山谷，他得知在离他们周围不远的地方还有希腊第四旅和第六、七、八团正等着他们。

伞兵部队在做登机前的准备

海德里克自知形势不妙，下令就地修筑阵地，构建工事，原地防守。第三团三营的遭遇和西部大队的第三营非常相似，他们降落在作为预备队的新西兰第四旅的阵地上，在一场混战后也是所剩无几。新西兰第四旅的指挥官迪普克在取得和德军伞兵三营混战的胜利后，仍然对普里森山谷的德国伞兵心有余悸。此时弗莱博格已经授权迪普克全权指挥第四旅，在幕僚的一再建议下，迪普克一番犹豫之后，才下令第四旅的一个营在下午的晚些时候发动一次小规模的进攻，结果这次试探性的进攻在傍晚时就已停了下来。

整个20日的上午，德军所有参加第一攻击波的部队都没有完成预定目标，而且通信故障一直没有恢复，致使雅典的司令部对整个战况几乎一无所知。司令部根据掌握的情报无法正确判断前线的情况，据空降后的运输机飞行员报告所有部队均已着陆，而且493架运输机的情况较好，仅损失了1.4%的飞机。临近中午的时候雅典才收到中部大队有关进攻受挫、损失严重的电报，但情况紧迫，权衡之后第二波部队仍按计划出发。但由于机场秩序混乱，导致第二攻击波部队无法整建制着陆并与先头部队汇合。

15时，轰炸机编队飞临雷西穆隆和伊拉克林上空，再次对英军高炮阵地和支撑点实施空袭；Bf109和Bf110掩护伞降部队降落，压制地面火力，但德军飞机航程有限，16时15分以后这些战斗机就开始陆续返航，剩下的大部分时间伞兵是在无掩护的情况下空降的。18时左右，第二波部队全部抵达前线，一些缺少经验的运输机将伞兵降落在错误地域，而且还是英军的防御阵地中心，许多伞兵也没能及时找到武器和补给，增援部队的混乱反而给英军制造了极好的机会，德军第二波人员和装备的损失很大。

截至20日夜，德军仍然没有一个预定目标得以实现，计划夺取的三个机场只有马利穆机场还算稍有进展。马利穆机场虽说相对较小，却离希腊的基地最近。德军的 Ju-87 在白天对高地进行了猛烈的轰炸，安德鲁在山上的指挥所受到了猛烈的轰炸，同时还失去了与守卫机场的两个连的联系；更为雪上加霜的是，德军还不失时机地夺取了塔威拉尼蒂斯河上最重要的公路桥，安德鲁投入反击的预备队和仅有的两辆坦克，最后也是有去无回。安德鲁沮丧至极，连忙在下午 17 时向哈吉斯准将申请支援，哈吉斯允诺在必要时将派出第 21 营增援。不过这时的莱基和他的 21 营正忙于招架德军伞兵的进攻，哪里会有剩余部队支援 107 高地。

实际上，德军的情况并不比新西兰 22 营好多少。由于马利穆并不是德军计划的初衷，只有克赫少校的搭乘滑翔机一个加强连部署在 107 高地附近，克赫少校最初的努力并没有奏效，数次进攻均被击退。麦因德尔少将很快意识到 107 高地对马利穆机场的重要性，当即派出四个连实施正面进攻，另派两个连从西、南两面迂回。经过一天苦战，截至黄昏时分，迈因德尔 1900 人的那支突击队只剩下 600 人能够作战；而且迈因德尔还在塔威拉尼蒂斯桥附近的作战中身负重伤。

安德鲁中校在失去了通信联系后，

德国伞兵空降

无法了解局势发展情况，恐怕被德军包围，终于失去了坚守的信心，在下午18时请求撤退。得到允许后不久，安德鲁就在双方相持不下的情况下，草率地趁夜色将部队撤离阵地。守卫机场的另外两个连由于一直没有恢复联系，无法传达撤退命令，他们仍然顽强地坚守阵地，直到21日机场全线失守，这两个连的新西兰士兵的坚强无畏，足以让那位曾经在一战获得过维多利亚十字勋章的安德鲁中校汗颜。

21日午夜，进攻107高地的伞兵决定趁夜色再做一次尝试，他们小心翼翼地接近英军阵地，准备应付遭到预想中的射击，但英军阵地仍然一片寂静，直到伞兵们爬到阵地上才发现，摆在面前的竟是空空如也的堑壕，他们这才发现英军早在数小时前就已撤退，在白天被认为几乎是难以触及的107高地最后竟如此轻而易举地拿下，这种结局大大出乎了德军的意料。德国空军的空袭对英军造成了很大的影响，尤其是对他们的指挥系统和通讯而言，弗莱伯格将军在安德鲁决定撤退时，对22营在马利穆所发生的完全是一无所知，更不要说及时派出增援部队，失去了取胜的大好机会。但对于当时的迈因德尔和他的伞兵来说，这只是一个意外的惊喜。而实际上，在这一夜之间克利特岛的局势就开始向对德军有利的方向转变。安德鲁中校的撤退，无意中成为了克里特岛之战的转折点。

迈因德尔在夜间占领107高地的战况，远在雅典的斯图登特并不知晓。原本他也想率领部队一同奔赴克里特岛作战，但戈林一再坚持让他留在雅典，斯图登特虽不情愿也只好如此。20日一整天的坏消息向他传达了这样一个事实——21日倘若再出现失误，第七伞兵师将要葬送在克里特岛。现在他只能集中兵力支援一个机场，马利穆机场的情况似乎稍稍好一点，但还尚无法确认。现在唯一可行的办法就是找一个富有冒险精神的家伙亲自飞往马利穆，斯图登特很快就想到了克莱上尉，克莱上尉是他的一个参谋军官，绝对是个合适的人选。21日清晨，克莱上尉奉命飞往马利穆机场，迈因德尔的部队在这之前已经开始向马利穆机场发动了一次进攻，取得了小小的战果，但机场的大部分仍控制在新西兰22营的那两个连的手里。克莱上尉的飞机上午8时左右接近马利穆,这架飞机沿着海面低飞,以大角度进场,最后这架 Ju-52 在炮火中巧妙地降落在马利穆机场。机场周围浑身污垢的德国伞兵看得目瞪口呆,他们认为,这个时候能在机场降落的家伙无疑是个疯子。克莱上尉跳下飞机,与军官们简单约了解完情况后,又奇迹般地从机场上起飞,按照来时的路线低空向雅典飞去,起飞一分钟后,克莱上尉向斯图登特报告了

德国伞兵空降

马利穆的战况。这些急需的情报让斯图登特坚定了自己的判断,他下令把所有的伞兵都集结起来增援马利穆,六个机场的飞机立即起飞,第五山地师推迟出发,在稍晚些的时候再运抵马利穆。

下午 15 时,600 名伞兵在马利穆降落,其中将近 300 人被误降到新西兰 22 营的阵地上,损失惨重,其余的伞兵顺利着陆。一小时候后,运载第五山地师的运输机冒着几乎和克莱上尉一样的危险开始在机场上降落,但这回的确有少量飞机被击落或在着陆时坠毁了。德军随着实力的增强,争夺马利穆机场的战斗渐渐明朗,第 3 航空军连续向机场守军的防空阵地和支撑点发动的空袭,也起了不小的作用。更多的飞机频繁起降,顺利运抵的增援部队越来越多,甚至还运来了急需的火炮。

重武器在某种程度上影响了德军的进攻,负责运送这些装备的海上运输船队和德国伞兵一样也遇到了很大的麻烦。英国人一直期待凭借海上优势在海上和德国人大战一场,他们乐观地认为,德国人凭借空中运输是绝对不能夺取克利特岛的,只要能在克利特海封锁住德国人的海上运输,最后还是有希望守住克利特岛的。实际上这远不像英国人想象的那么顺利,德国第八航空军早在作战准备阶段就开始奉命监视克利特岛周围海域,截至 20 日开战前,就有 27 艘英国舰艇被击沉或重伤。德国空军虽然优势很大,但夜间和某些时

候仍然无法控制整个克利特海，因此海上的舰艇支援仍然十分重要。但意大利的舰队在经历了塔兰托之后接连几次打击后信心大失，在德国人的一再说服下，墨索里尼仍然拒绝派主力舰队出海，只允诺派出一支由 2 艘驱逐舰、12 艘鱼雷艇以及一些小型舰船组成的小舰队参战。无奈之下，德国人只好单干。20 日晚间，约 2300 人的一支山地部队运抵梅洛斯岛，他们将分两批由东南舰队运往马利穆登陆增援，第四航空队希望他们能在 21 日天黑前到达克利特岛，以便提供空中掩护。

21 日上午，第八航空军成功地攻击了正在撤退的英国舰队，在"天后"号驱逐舰和"阿贾克斯"号巡洋舰被重创之后，这支舰队被迫撤离克利特海。在一番搜索后第八航空军在上午 9 时报告称克利特海已经没有英国舰队。近午时分，第一支运输船队开出梅洛斯岛向马利穆驶去。整个下午一切正常，但是船队的踪迹已经被一架英国侦察机发现。夜间，由"狄多"号、"奥莱恩"号巡洋舰，还有大难不死的"阿贾克斯"号巡洋舰和 4 艘驱逐舰组成的一支英国舰队开始袭击德国船队，幸好意大利鱼雷艇拼死掩护船队疏散，这才避免了毁灭性的灾难。在这场力量悬殊的战斗中，共有 10 艘机帆船被击沉，"狼"号鱼雷艇最后也身中 18 弹，战斗激烈可见一二，其中最值得被记住名字的是"狼"号鱼雷艇和它的艇长米姆贝利。剩下的船只撤往伯罗本尼萨半岛的南部海岸。22 日清晨，第二支运输船队遭遇另外一支英国舰队的攻击后被紧急召回，在及时赶到的德国空军和意大利"半人马座"号鱼雷艇的努力下，第二运输船队要比第一运输船队幸运得多，总共只损失了两艘船。德军在此之后的海空大战中，只在 28 日有一艘冒死冲过封锁的拖船运来四辆坦克，因此缺乏重武器的问题一直没有解决，偶尔缴获的英军坦克在战斗中反倒起了不小的作用。

德军的西部和东部大队的下一个目标就是苏达湾，这两个大队于 22 日在甘尼亚和苏达湾附近会师，由于英军在火炮和坦克等重武器方面有绝对优势，加之抵抗顽强，德军的进攻很不顺利。西部大队进攻加拉斯塔高地的部队因损失惨重被迫退守阵地，雷西穆隆地区也遭到英军的反击，防守的德军克服种种困难最终还是击退英军的多次进攻；东部大队在伊拉克林地区被英军切断，但并未因此陷入混乱，进攻仍在继续，其中一部试图突入伊拉克林城，起初在空第8军的支援下进展不错，以后遭到英军猛烈抵抗，德军缺少重武器实施火力压制，尤其缺少坦克，失败在所难免。进攻伊拉克林机场中部大队的另一部的努力也同样是徒劳。德军的攻势开始陷入短暂的停顿。

1941年是英国二战中最艰难的一年，不列颠空战的巨大损失尚未恢复，随后又在4月丢掉了巴尔干半岛；在克里特岛之战稍前的北非战场上，韦维尔发动解救托布鲁克的攻势又一次被隆美尔挫败，运输船队几个月积攒的物资连同数百辆坦克等装备在几天之间就损失殆尽，昔兰尼已经危在旦夕；在大西洋上，德国海军的"俾斯麦"号刚刚在丹麦海峡"过五关斩六将"，初次交手就让皇家海军的"胡德"号葬身海底、"威尔士亲王"号受重创，皇家海军士气大挫，正在调集本土舰队几乎所有的舰只围猎"俾斯麦"号。

面对危机四伏的英国，丘吉尔急需用一场胜利来挽救颓势，鼓舞国内士气。原本以为克里特岛上的战斗凭借情报和海上的优势，尚有希望放手一搏，而实际上德国空军和伞兵却要比想象中的还要难缠得多，克里特岛的失守似乎只是时间的问题了，如果就此罢休，这是绝对不符合丘吉尔的性格的，他仍主张继续坚持支援克里特岛，声称无论如何一定要战斗到底。22日，很少露面的英国皇家空军出现在克里特岛上空，甚至有些勇敢的飞行员还驾驶他们的"飓风"在伊拉克林机场降落，但他们的勇敢行为最后还是扑了空，早在当天夜间德国人就将战斗机转场到马利穆机场去了。

德军的情况相比之下就要好得多，增援抵达的第五山地师人数越来

着陆后的德国伞兵

越多，林格尔将军现在全权负责马利穆地区的战斗。他不失时机地下令肃清克里特岛西部的英军残部，以稳固机场周围的防守。重新补充的西部大队，现在即有伞兵也有山地部队，林格尔扬长避短地将他们分成两个战斗群向甘尼亚的苏达湾推进，伞兵部队沿海岸前进，山地部队从南部山地迂回，计划与附近的中部大队会师。23日夜间林格尔的部队顺利和中部大队汇合，在对手尚未察觉的情况下成功地包围了英军部队。

德国空军自始至终在白天控制着克里特岛周围海面的制空权，尽管如此英国皇家海军还是冒着巨大的损失，继续和德国空军玩捉迷藏的游戏，他们一直在利用夜间从苏达湾为守岛的英军送来补给和增援部队。以至于到了战斗的中后期，皇家海军甚至不惜动用诸如战列舰等大型舰只，这所有的努力一方面是为了切断德军的海上交通，另外一个重要的原因就是苏达湾尚控制在英军手中，仍可借此维持着守军与外界的联系，皇家海军的高速舰艇甚至还能在夜间抢时间运送增援部队和补给。同样，苏达湾对德军的意义也一样重大。

24日，林格尔的部队进攻加拉塔斯，英军凭借坚固有效的防御阵地暂时阻滞了德军的进攻，但英军正面临被德军西、中部大队合围歼灭的危险，如此一来，整个苏达湾地区就随时有失守的危险，而失去岛上唯一的深水港——苏达湾就意味着失去最重要的海上补给线，总的形势对英军极为不利。弗莱博格集结这一地区的全部部队，把他们部署在加拉塔斯和甘尼亚西面的高地，这两地是唯一可供坚守的屏障，倘若再次失败，英军离最后失去克里特岛的时间也就屈指可数了。第二天，远在亚里山大的皇家空军再次长途奔袭马利穆机场，但其攻击造成的效果对德军而言几乎可忽略不计，机场仍可继续使用。26日，第六山地师又有一个团运抵马利穆，德军在这一地区的实力已经颇为可观，当天的进攻先由第8航空军对英军阵地实施猛烈轰炸开始。随后，德军攻破了甘尼亚城以西的阵地，突入城区。27日彻底占领甘尼亚城，随后的两天又攻下了苏达湾和雷西姆农，至此克里特岛大局已定。

意大利人在这次作战的最后几天还有一个小花絮，在28日胜利已经指日可待的时候，墨索里尼不失时机地派出了拥有一个加强团的"远征军"出兵克里特岛，这个加强团在克里特岛东部的一个叫锡提亚的小地方登陆，计划是阻止英军从岛的东部撤离。但这支部队远离战场，几乎没有起到什么作用，如果将这支实力可观的部队派到更需要它的前线将会起到不小的作用，事实上这无非是墨索里尼的又一个小把戏而已。战后有意大利人著的一本叫《地中海海战》的书为此鸣不平，书中称德国人经常傲慢地抛开他们在地中海单独行动，甚至作战时都无法与之共享情报，更不要说海空协同作

被俘的英军士兵

战，因此克里特之战他们没有派出大型舰只参战。到底真实情况是怎样，意大利人在历史上具体的表现是最能说明问题的。

自甘尼亚失守以后，英军已经没有有利地势可供据守，情况非常不利。相反，德军在人数上也较前几天有了很大的改观，为避免部队被合围全歼，27日弗莱博格下令部队向南海岸的斯法基亚撤退。新近登陆的英军的两个营在莱科克上校的指挥下负责掩护主力撤退，正是由于他们的顽强抵抗，弗莱博格才得以撤出了大量部队。撤退的集结地斯法基亚在一座三百多英尺的峭壁下，想要撤到山下的小港，必须通过山上的一条狭窄、难行的小路，而且还要躲避德国空军的袭击，后卫部队还得阻击身后的德军，这可真算得是前有绝境，后有追兵。

海上撤退从28日夜间在一支小舰队的配合下开始，这次的撤退行动很像1940年敦刻尔克的那一幕。由于英军已丧失了制空权，为了避免德国空军白天空袭的打击，撤退只能全部在晚上进行。在这以后的四天里，共有17000人顺利从克里特岛撤出，最后还剩6000人未能撤离而被俘。英军为此仅付出

了损失一艘巡洋舰和一艘巡洋舰、三艘驱逐舰受创的代价，撤退行动整体来说完成较好，当然这和昼间负责掩护的三个中队战斗机的努力也有密切的关系。

据后来考证，双方比较可信的损失是：英联邦军队死、伤、被俘共15743人；海军损失较大，4艘战列舰3艘受创，"可畏"号航母被重创，11艘巡洋舰被击沉3艘，击伤6艘；30艘驱逐舰被击沉6艘，击伤5艘，

阵亡士兵墓碑

损失共2011人。德军参战共22000人，死伤和失踪约为6584人；空军还损失了151架运输机。

战役影响

克里特岛空降战役是第二次世界大战期间的大规模空降战役之一。德军攻占克里特岛后，其东南欧陆上交通线得到了可靠的保障，控制了爱琴海和地中海东部航线，并使英国丧失了一个地中海内最重要的据点。

此次战役基本上达到了目的。战役中，完全掌握了制空权的德国空军起了决定性作用，使英国地中海舰队遭受重大损失。克里特岛抗登陆战役之所以失败，有下列因素：英军统帅部不相信德军借助空降兵能攻占如此巨大的海岛；守岛部队没有飞机，也缺少必要数量的坦克、火炮和其他武器装备。夺占克里特岛之战显示了空降兵作战能力的增长。同时事实证明，实施这样的战役，如不与其他军种协同，势必遭到重大损失。因此，夺占该岛之后，德军统帅部再未敢实施类似的大规模空降战役。

在整个克里特岛空降战役中，德军的战略是成功的，攻占了克里特岛有多个战略意义，不但在地中海东部地区有了一个重要的空军和海军基地，而

且能牵制南面北非英军军事力量，向东面对中东地区存在着进攻的可能，使得盟军十分担心德国和日本的连接，而最重要的是对德国入侵苏联排除了后顾之忧。

但是从战术上来讲，这次战役却是失败的。在 12 天的空降作战中，虽然英军损失 15743 人，其中亡 1742 人，3 艘巡洋舰、6 艘驱逐舰和其他舰艇 29 艘被击沉，包括航空母舰在内 10 余艘军舰受重创，希军 1.4 万人被全歼，但是德军损失了 6 千多的空降精英部队和 150 余架运输机，这对于德国的空降部队是毁灭性的，这在德国历史上是十分罕见的现象；更重要的是包括希特勒和德国空降兵创始人斯图登特在内的国防统帅部对于空降部队在战争中的作用产生了怀疑，导致德军在以后的各种战役中都没有大规模地使用过空降兵。

由于德国空降兵在克里特岛损失惨重，希特勒认为，伞兵时代已经过去，大规模空降作战只会导致更为惨重的损失。基于这一思想，德国很长时间里几乎放弃大规模空降作战。1942 年秋，施图登特竭力坚持，他的伞兵应当在夺取高加索地区要地中发挥空中突击的作用，可希特勒的总参谋长约德尔对伞兵作战不感兴趣，坚持驳回该建议。在东线作战的第一个冬天，3000 名伞兵非死即伤，他们中的大多数都是在进攻荷兰和克里特岛中生还的老兵，都是不可替代的。直至 1943 年，德军空降部队才重新有所起色。但是，受到各种因素的制约，在作战中仍多是扮演步兵的角色。盟军登陆诺曼底，德军的军官中有人提出在诺曼底发动空降反攻时，德军最高统帅部拒绝了这一计划，因为伞兵部队已经在地面投入战斗。

与此相反的是，通过克里特岛战役，盟军丰富了反空降作战经验。此前，英军完全不了解德军空降部队的编制、实力以及装备；然而，英军通过审讯被俘伞兵以及认真研究缴获的作战命令以及其它在该岛打捞到的军事文件，最终破除了神秘感。此外，盟军充分认识到空降作战和空中机动作战的潜力以及重要性，大规模组建空降部队。在克里特岛战役即将结束时（5 月 27 日），丘吉尔下令，英军伞兵部队由 500 人扩编至 5000 人。不到两年时间，则为该数字的四倍，编成两个师。美国受到德军侵攻克里特岛的强大刺激，陆军部于 1941 年一举创设了 3 个伞兵营，和 3 个滑翔机营。颇具讽刺意味的是，英军翻译缴获的德军空降作战手册，为盟军大规模组建空降兵部队提供了根本性的指导。这些空降部队在盟军日后的战略反攻中，起到了举足轻重的作用。在西西里登陆中，美、英军前后进行了 4 次空降作战，共出动运输机 642 架次，滑翔机 153 架，空降 9816 人。诺曼底登陆的第一天，盟军投入 6 个师的兵力，其中有 3 个空降师，包括美军第 82、101 空降师以及英军第 6 空降师，这是当时盟军全部的空降兵力。盟军总司令艾森豪威尔组建盟军空降集团军，作为盟军司令部的一个计划与协调机构，以便在战争中不失时机地组织实施空降作战。盟军在克里特岛的战术损失，却赢得了战略收益；而德军恰恰相反。

双方主将

勒尔

亚历山大·勒尔（1885—1947），原为奥地利空军军官，德奥合并后转入德国空军服役，晋升空军上将。1941 年 5 月 3 日晋升为空军大将。大战期间指挥第 4 航空队参加侵苏战争，对基辅实施狂轰滥炸。1942 年夏奉命支援进攻斯大林格勒和高加索的德军。后又调往东南欧战场，在南斯拉夫和希腊境内作战。战后被南斯拉夫作为战犯处决。

勒尔

弗赖伯格

伯纳德·弗赖伯格（1889—1963），生于英国伦敦。但在新西兰接受教育，1911—1913 年加入新西兰本土义勇军，后曾志愿参加墨西哥革命，和绿林好汉潘乔·比利亚一起战斗。第一次世界大战初期在英国军中服役，曾负伤 27 处，参加过安特卫普保卫战，后在法国参加多次战斗。1915 年随澳新军团远征加里波利半岛，1916 年 27 岁时晋升准将，成为英军中最年轻的将军。1917 年 12 月 16 日因表现突出获得维多利亚十字勋章，1917—1918 年任第 29 师师长。1919 年后历任英军多种高级参谋和指挥职务。1939—1945 年指挥第二新西兰远征军参加欧洲战争，指挥盟军进行过著名的克里特岛战役，尽管他做出了充分准备，还是在德国的坚决空降袭击下，被迫撤出克里特岛。后率部转战于北非沙漠和意大利，在

弗赖伯格

英国第八集团军中任军长（指挥新西兰第 2 师和印度第 4 师），在西非沙漠数度与隆美尔部交战，曾参加阿拉曼战役。1944 年 2 月 15 日卡西诺山地之战时，他下令轰炸蒙特卡西若一个中世纪本尼狄克修道院，因为他认为德国正在把它当做观察哨（后来查明，尽管该修道院被摧毁后德军毫不犹豫地进入该修道院，但在轰炸前德军并未进入该修道院）。获高级军功勋章和爵士称号。战后于 1946 年任新西兰总督，晋升中将。1951 年封为男爵。1953 年任温莎堡副警长兼副总管。1963 年 7 月 4 日卒于温莎。

战争中的故事

德国伞兵的"十诫"

这是一份英军在希腊作战时从德国伞兵手中缴获来的文件。标题是《德国伞兵的十诫》。

1. 你是德军精锐，对于你来说战斗就应该是一件惬意的事情。你必须找到方法，训练自己，抵抗一切困难。

德国伞兵

2. 培养牢不可破的同志精神，与你的同伴一起迎接胜利或者毁灭。

3. 对聊天和不良习惯感到耻辱。男人行动，女人聊天，闲扯淡会把你送进坟墓。

4. 冷静而且谨慎，强壮而且坚定，英勇和好战精神将让你在战斗中无往不利。

5. 在面对敌人的时候，弹药是最宝贵的。那些拼命射击来恢复自己的自信心的蠢货根本就不配作为伞兵。

6. 永远不要投降，要么荣誉的胜利，要么荣誉的死去。

7. 好的武器可以帮助你赢得胜利，所以请好好地照料它们。第一是武器，第二是自己。

8. 全面理解你的任务，这样如果你的指挥官死在半路上，你也能冷静的完成任务。

9. 带着骑士精神与敌人作战，对于背后放黑枪的人，不要做任何怜悯。

10. 睁着眼睛，保持兴奋，像猎犬一样灵敏，像皮革一样坚韧，像克虏伯钢铁一样坚强，你们是日耳曼战士的化身。

战争遗迹

克里特岛战役纪念碑

位于克里特岛，为德国修建。

克里特岛战役纪念碑

名人论战

　　1941 年 7 月 7 日，柏林。希特勒为"铁十字勋章"获得者举行的招待会正在热烈的气氛中进行着。希特勒在进行完一番慷慨激昂的讲演之后，走到第 11 空降军军长斯图登特面前，请他谈谈战况。当他们谈到克里特岛上的激战时，希特勒长长地叹了口气，说："将军，通过克里特岛的激战，可以说德国伞兵时代结束了吧？"这位德国空降兵的创始人阴沉着脸，坦率地说道："元首阁下，您应该确切地说，克里特岛已成为德国伞兵的坟墓。"

珍珠港事件

战役简述

由日本政府策划的一起偷袭美国军事基地的事件；1941 年 12 月 7 日清晨，日本海军的航空母舰舰载飞机和微型潜艇突然袭击美国海军太平洋舰队在夏威夷基地珍珠港以及美国陆军和海军在瓦胡岛上的飞机场的事件。太平洋战争由此爆发。这次袭击最终将美国卷入第二次世界大战，它是继 19 世纪中墨西哥战争后第一次另一个国家对美国领土的攻击。

战前形势

日本从 1941 年中开始向东南亚的扩张引起了这个地区主要强国的不安，美国冻结了对日本的经济贸易以示警告，其中最重要的是高辛烷石油。在现代社会中，任何国家没有石油都无法维持正常运转。

此时日本的石油储备只够维持半年的时间，摆在日本前面的只有两条路：从中国撤兵，停止对外扩张，外交上向美国靠拢；或是实行强硬手段，南下夺取战略资源，继续加强对外侵略。此时的南太平洋地区到处都是美国和英国的殖民地和附庸国，所以进军南洋就等于直接向美英两国宣战。

太平洋上的位于夏威夷群岛的珍珠港是主要的交通枢纽之一，夏威夷东距美国西海岸，西距日本，西南到诸岛群，北到阿拉斯加和白令海峡，都在2000海里到3000海里之间，跨越太平洋南来北往的飞机，都以夏威夷为中转站。日本认为先在太平洋上夺取制空制海权就意味着彻底打通了南下的道路，所以必须先摧毁珍珠港。

日本政府决定以武力夺取东南亚的资源作为对美国的冻结政策的回答。形势很清晰，假如他们开始行动，美国绝对不会坐视不管。这是日本方面考虑事前消灭美国在太平洋的力量的原因。日本联合舰队司令山本五十六袭击珍珠港的海军基地的计划是实现这个战略目的中最重要的战略步骤之一，这个行动被称为"Z作战计划"。山本于1941年初开始策划偷袭珍珠港的具体方案。数月后，在做了一些预先考察，并且向天皇和内阁作了汇报之后，他被批准开始准备这个行动。日本海军内部有很多人强烈反对这样一个危险的行动。但是山本威胁，假如这个行动被中止的话，他将就此引退。

1941年夏，在一次由日本天皇亲自出席的御前会议上，这个行动正式被批准。11月，在另一次天皇亲自出席的御前会议上，全面出击太平洋的决定被批准。在11月的会议上还决定，只有在美国同意日本的所有要求的情况下才会考虑放弃这次行动。

袭击珍珠港的目的是为了暂时消灭美国在太平洋上的海军主力，所谓暂时，是因为山本五十六本人认为一次成功的袭击只能带来一年左右的战略优势。

俯瞰珍珠港

1941 年 1 月，日本开始为袭击珍珠港制定作战计划，在经过了一些海军内部的讨论和争执后，日本海军开始为这次行动进行严格的训练。

其实早在 1940 年的一次春季演习中，当山本看到航空兵在训练中的出色表现时，更对他的参谋长说："训练很成功，我想进攻夏威夷是可能的。"从这时候起，山本就着手设想珍珠港之战了。他以东乡平八郎的一举成功的战略思想为基础，认为要与实力雄厚的美、英开战而稳操胜券，必须突然袭击，先发制人，开战之初就使对方崩溃。偷袭珍珠港的大胆设想的出笼，正是山本战略思想的必然产物。

日本计划的第一步是在袭击前（而且必须在袭击前）中止与美国的所有谈判。到 12 月 7 日为止，日本驻华盛顿大使一直在与美国外交部在各个层面进行磋商，包括美国对日本将在 1941 年夏入侵东南亚的态度。袭击前，日本驻美国大使收到一封来自于日本外交部的电报，并受命在袭击前（华盛顿时间 1941 年 12 月 7 日下午一时）将它递交给美国国务卿科德尔·赫尔。但大使馆的工作人员未能及时解码并打印这封很长的国书。最后这封宣战书在袭击后才递交给美国。这个失误导致美国对于这次袭击更加愤怒，它是罗斯福总统将这天称为"一个无耻的日子"的主要原因之一。山本上将本人似乎同意这个观点。

后来在日美合拍的电影《虎！虎！虎！》中曾引用了他的话："我恐怕我们将一个沉睡的巨人唤醒了，现在他充满了愤怒。"也许这只是一句台词而并非山本本人的原话，但他也的确是如此认为的。

实际上，这封迟到的国书在日本递交美国前就已经被美国率先解码了。乔治·卡特利特·马歇尔上将在读过这篇国书后立刻向夏威夷发布了紧急警告，但由于美军内部传送系统出现故障，这封电报不得不通过民用电信局来发送。在路上它失去了它的"紧急"标志。袭击数小时后一个年轻的邮递员将这张电报送到美军司令部，具有讽刺意味的是，他是一个日裔美国人。

相关链接

珍 珠 港

　　珍珠港地处瓦胡岛南岸的科劳山脉和怀阿奈山脉之间平原的最低处，与唯一的深水港火奴鲁鲁港相邻，呈鸟足状展向内陆。介于西湾和中湾之间的怀皮奥半岛南端，有一座乳白色呈八角形的水塔，整个水塔高达 55.8 米，顶部还设有一红灯，是一个显著的进港导航标志，而且位于港口入口角东侧的岸上的一座金鹰信号塔也可以助航。港口的进口，只有一个深为 13.7 米的疏浚水道。由于地理位置的关系，珍珠港不避东北信风，尤其在 7、8 月份比较强，特别是在东湾显得更强，其速度可达 9 米 / 秒以上。但与此相邻的火奴鲁鲁港，却与此相反，此时可能是风平浪静、无云，整个港内的潮流不是很强，落潮流量有时达 0.5 节（约 0.9 公里 / 小时）；海流通常穿越有暗礁的进口航道向西流。珍珠港所在岛屿瓦胡岛，是夏威夷群岛中的一族，也是夏威夷州府所在地。据说，此地从前盛产带珍珠的牡蛎，因而得名。

　　夏威夷群岛位于太平洋的北部，为太平洋上的交通要冲，呈西北东南向分布，原为王国，于 1898 年被美

今日珍珠港

国从西班牙手中夺取，并在珍珠港修建了舰艇修理厂、干船坞、燃料供应站、码头和必要的海军设施。其后，又在 1919 年和 1922 年在那里设立了潜艇基地和航空站。20 世纪 30 年代后，随着美日矛盾加深，珍珠港被美国视为太平洋的前进基地，得到重视和建设。建成后的珍珠港是美国在太平洋最重要的海空军基地之一，水域面积 32 平方公里，平均水深约 14 米，最多可以停泊 500 艘舰船，还可以为航空母舰、核潜艇、巡洋舰等大型海军舰只提供维修、保养等服务，珍珠港中有一个岛屿，上面设有福特岛海军航空站。

双方兵力分析

日本

为袭击珍珠港，山本五十六可谓煞费苦心，作了周密的安排。

突击编队指挥官为南云忠一海军中将。

空袭部队指挥官为南云忠一海军中将，包括"赤城"号、"加贺"号、"苍龙"号、"飞龙"号、"翔鹤"号、"瑞鹤"号共 6 艘航母，任务就是出动舰载机攻击停泊在珍珠港的美军战列舰和航母。

警戒部队指挥官为第一驱逐舰战队司令大森仙太郎海军少将，编有"阿武隈"号轻巡洋舰和"谷风"号、"浦风"号、"滨风"号、"矶风"号、"不知火"号、"霞"号、"霰"号、"阳炎"号和"秋云"号 9 艘驱逐舰，负责为空袭部队和补给部队提供警戒。

支援部队指挥官为第三战队司令三川军一海军中将，编有"比睿"号、"雾岛"号 2 艘战列舰和"利根"号、"筑摩"号 2 艘重巡洋舰，负责为空袭部队提共支援，主要是对付美军的大型水面军舰。

巡逻部队指挥官为第二潜艇大队司令今和泉喜海军大佐，由"伊—19"号、"伊—21"号和"伊—23"号 3 艘潜艇组成，在编队航线前方航行，担负侦察警戒。

中途岛破袭部队指挥官为第七驱逐舰大队司令小西要人海军大佐，由"潮"

号、"涟"号2艘驱逐舰和"尻矢"号补给舰组成,任务是炮击中途岛牵制美军。

补给部队由"极地"丸、"极东"丸、"健洋"丸、"国洋"丸、"神国"丸、"东邦"丸、"东荣"丸和"日本"丸等7艘油船组成,负责为编队进行海上加油。

先遣编队指挥官为第六舰队司令清水光美海军中将。

第一潜艇部队指挥宫为第一潜艇战队司令佐藤勉海军少将,下辖"伊—9"号、"伊—15"号、"伊—17"号、和"伊—25"号4艘潜艇,在瓦胡岛东北展开,攻击美军可能出动反击的舰艇。

第二潜艇部队指挥官为第二潜艇战队司令山崎重晖海军少将,下辖"伊—1"号、"伊—2"号、"伊—3"号、"伊—4"号、"伊—5"号、"伊—6"号和"伊—7"号7艘潜艇,在瓦胡岛与考爱岛、莫洛凯岛之间的考爱海峡、卡伊威海峡展开,监视并伺机攻击美军。

第三潜艇部队指挥官为第三潜艇战队司令三轮茂义海军少将,下辖"伊—8"号、"伊—68"号、"伊—69"号、"伊—70"号、"伊—71"号、"伊—72"号、"伊—73"号、"伊—74"号、"伊—75"号9艘潜艇,在瓦胡岛以南海域展开,攻击美军可能出动反击的舰艇。

特别攻击部队指挥官为第三潜艇大队司令佐佐木半九海军大佐,下辖"伊—16"号、"伊—18"号、"伊—20"号、"伊—22"号和"伊—24"号5艘潜艇,各携带一艘袖珍潜艇,在空袭前将袖珍潜艇放出,由袖珍潜艇自行潜入港内,必须在第一攻击波开始后才能乘乱从水下发射鱼雷进行攻击。

要地侦察部队由2艘潜艇组成,"伊—10"号侦察斐济、萨摩亚群岛,"伊—26"号侦察阿留申群岛。

补给部队由"隐户丸"、"东亚丸"、"新玉丸"、"第二天洋丸"、"日立丸"、"富士山丸"6艘油船组成,部署在本土和夸贾林群岛,为先遣部队的潜艇提供燃油补给。

美国

珍珠港所有舰艇:3艘航母(企业号、列克星敦号、萨拉托加号)、9艘战列舰（宾夕法尼亚号、加利福尼亚号、马里兰号、俄克拉荷马号、田纳西号、西弗吉尼亚号、亚利桑那号、内华达号、科罗拉多号）、20 艘巡洋舰、69 艘驱逐舰和 27 艘潜艇。

珍珠港在泊舰艇：8 艘战列舰（宾夕法尼亚号、加利福尼亚号、马里兰号、俄克拉荷马号、田纳西号、西弗吉尼亚号、亚利桑那号、内华达号）、3 艘轻巡洋舰、3 艘水上飞机供应舰、29 艘驱逐舰。

珍珠港在坞舰艇：轻巡洋舰 4 艘、驱逐机 3 艘。

战役进程

11 月 16 日，代号为"机动部队"的特混舰队在内海口集中。这是一支庞大的舰队，由海军中将南云忠一指挥，它包括 6 艘航空母舰、2 艘配备有 14 英寸口径大炮的快速战列舰、2 艘重型巡洋舰、1 艘轻型巡洋舰、9 艘驱逐舰、3 艘油船和 1 艘给养船。

根据山本五十六的命令，南云机动部队为了隐匿作战意图，故意将各舰艇编队的出发日期错开，从 17 日开始，舰队陆续向集结地点——千岛群岛、南端择提岛（现属俄罗斯）的单冠湾进发。

1941 年 11 月 24 日，根据山本的指令，参战舰船集结完毕并且作好远航最后准备。11 月 25 日，山本向南云发出了绝密作战命令："机动部队务于 11 月 26 日出发，竭力保持行动隐蔽，12 月 3 日傍晚进入待机海域并加油完毕。"

11 月 26 日，日本海军一支由 6 艘航空母舰为主力的舰队在海军中将南云忠一的指挥下离开日本向珍珠港进发。途中舰队保持完全的无线电静默。除这 6 艘航空母舰，日本的舰队还包括 2 艘战列舰、3 艘巡洋舰、9 艘驱逐舰和 3 艘潜艇。此外还有 8 艘油轮和 2 艘驱逐舰只开到北太平洋等候。

此时，身在华盛顿的日本代表还在装模作样地与美国人进行谈判。日军还派出大量舰机在日本本土活动，并模拟航空母舰编队，频繁进行无线电联络，着实给美国造成"其主力舰队仍在本土活动"的错觉。而珍珠港的美军则疏于防范，周末照常放假，港内一派和平景象。

南云机动部队仍然保持着无线电静默，只收不发，沿预定的北航线向东迁回前进，以避免与美国的巡逻飞机碰面。航行出人预料的顺利，连日的阴沉天气，使海面上的能见度极差，冬季常常掀起的巨浪竟也没有出现。

12月2日，正当南云机动部队刚刚越过东西经日期变更线，进入中途岛以北的西经海域时，山本用新密码给南云发出密令："攀登新高峰1208"。意即按原计划12月8日（夏威夷时间12月7日）发起攻击。南云随即下令各舰长熄灯行驶，并把"Z作战"行动向全体官兵传达。随时做好战斗准备。

12月3日，南云机动部队转向东南。

12月6日，油船给编队进行最后一次加油，离开编队。作战部队随即转向正南，航速增加到24节，高速逼近珍珠港。12月8日（夏威夷时间12月7日）黎明，南云机动部队到达珍珠港以北约230海里处。航空母舰开始转变航向，朝北逆风行驶。南云的旗舰"赤城"号升起了"Z"字旗。

12月7日早上6时，南云机动部队接到了进攻命令，各航空母舰的飞行甲板上的绿灯亮了，飞机一架接一架飞离航母，不到15分钟，担任第一波攻击任务的183架飞机就全部飞离甲板，其中战斗机43架，水平轰炸机49架、鱼雷机40架，俯冲轰炸机51架，在领航机信号灯导引下，迅速编好队形，然后绕舰飞行一周，在渊田美津雄海军中校的率领下直扑珍珠港。

此时美军太平洋舰队停泊在珍珠港内的舰船计有战列舰8艘、重巡洋舰2艘、轻巡洋舰6艘、驱逐舰29艘、潜艇5艘、辅助舰船30艘。岸上机场停有飞机262架，其余的2艘航空母舰、8艘重巡洋舰和14艘驱逐舰分别在威克岛、中途岛运送飞机，以及在约翰斯顿岛演习。由于是星期天，大部分官兵离开了战斗岗位，整个珍珠港呈现出一派假日景象，大家都在享

日本海军欢送战斗机

受夏威夷的美丽风光，没有一点戒备。

7时49分，日军发出突击信号，各飞行突击队立即展开攻击队形，俯冲轰炸机队率先出击。7时55分，成批炸弹暴雨般倾泻在美太平洋舰队基地四周的希凯姆机场、惠列尔机场和福特岛机场，将机

机场设施被瞬间摧毁

场上成比翼排列的数百架美机炸成一堆堆废铁，摧毁了机库。

仅仅几分钟，日本人便完全摧毁了珍珠港的防空设施，向"赤城"号航空母舰上的南云拍发了袭击成功的信号："虎！虎！虎！"。

7时57分，日本鱼雷机从几个方向突入，在仅仅高于水面12米的高度上，向福特岛东西两侧的美国军舰发射鱼雷。8时05分，日本水平轰炸机从正西方向进入，再次轰炸了福特岛东侧停泊的战列舰，同时轰炸了高炮火力集中的依瓦机场。大火和爆炸引起的烟雾，顿时遮蔽了整个珍珠港，不少美国军舰来不及作战斗准备就沉入海底。8时40分，第一攻击波攻击结束，日机顺利完成首次空袭任务后安然返航。

日军担任第二波攻击的168架飞机，于7时15分起飞，8时46分展开攻击队形，从瓦胡岛东部进入，8时55分开始攻击，俯冲轰炸机主要攻击浓烟滚滚的美国舰船，水平轰炸机则继续攻击各机场，战斗机担任空中掩护。与此同时，潜入珍珠港内的日本袖珍潜艇施放水雷，发射鱼雷，攻击美舰，封锁港口。

在日机第一攻击波袭击突然开始时，美军混乱不堪，惊慌失措，毫无招架之力。岛上高射炮直至6分钟后才零星射击，33个高炮连，仅有4个连开

火，但命中率极低。在最初的几分钟内，港内军舰上的很多美军士兵在根本没有明白发生了什么的情况下就送了命。排列在舰列最后的战列舰"内华达"号刚升起舰旗，就被日机上的机关炮刹那间烧成了灰，大惊失色的升旗手紧接着又升起几面星条旗，无一不被打烂。当第一枚鱼雷命中战列舰"亚利桑那"号时，美国人只能惊恐万状地目送它沉入大海。战列舰"马里兰"号正在升旗，一名水兵漫不经心地对一群冲向附近的机场飞机看了一眼，还以为是自己的飞机，没等他回过神来，炸弹已落在头上。

直到8时，美太平洋舰队司令部才把一份十万火急的电报发往海军部："珍珠港遭空袭，这不是演习。"此时，"俄克拉荷马"号和"西弗吉尼亚"号已被炸裂了，"亚利桑那"号和1000名水兵也被弹药库引发的一系列毁灭性爆炸淹没了。到这时，美军舰上惊魂初定的高射炮手才投入战斗，但奏效甚微。

8时15分，美军未遭日机轰炸的哈罗瓦机场起飞了4架战斗机，此后陆续起飞25架，与日军飞机展开了空战，但由于寡不敌众，仓促应战，协同不好，结果不是被日军战斗机击落，就是被美军自己的高射炮击毁。正在返航的美航空母舰"企业"号上的18架俯冲轰炸机，和从美国本土飞来的12架"空中堡垒"式飞机，刚飞到珍珠港上空，就遭到日本"零"式战斗机的攻击。一名美军飞行员喊到"不要开炮！不要开炮！这是美国飞机！"话音刚落，他的无线电波就消失了。

将近2个小时，日本人控制着珍珠港的海空，几乎是随心所欲地进行着轰炸扫射。

8时50分，正当日本第二攻击波飞机飞临瓦胡岛上空时，美国国务卿赫尔才接到野村大使和来栖特使递

受攻击的美军战列舰群

浓烟冲天而起

交的最后通牒，日本外交部规定递交通牒的时间是华盛顿时间下午1时，比战斗开始时间晚了50分钟，目的是把袭击时间保持到开战前半小时，避免"偷袭"和"不宣而战"的臭名，赫尔顿时目瞪口呆，愤怒地说："在我整整50年的公职生活中，从未见过这样一份充满卑鄙的谎言和歪曲的文件。"日本人无言以对，狼狈退出门去，门已关上了，这时赫尔破口大骂："无赖，该死！"

10时整，日本飞机全部撤离珍珠港，返回母舰。得意洋洋的渊田，要求南云再发起一次攻击，摧毁珍珠港的修船厂和油库，并建议派出搜索机，搜寻美航空母舰。南云没有同意，认为这一战，舰船油料几乎耗尽，如果在这里耽搁，舰船就开不回去了。于是他下令向北撤退。同来时一样，日本舰队迅速地，静悄悄地溜走了。而此时美国人几乎还处在目瞪口呆之中，无法相信在过去两个小时中发生的事情。

这是一场海上、水下、空中闪电式的立体袭击战，在短短的两个多小时里，日军共投掷鱼雷40枚，各型炸弹556枚，共计144吨。击沉、击伤美军各型舰船总计40余艘，其中击沉战列舰4艘、重巡洋舰2艘、轻巡洋舰2艘、驱逐舰2艘和油船1艘；重创战列舰3艘、巡洋舰2艘和

船坞中没有来得及出击的美军
"宾夕法尼亚"号战列舰

驱逐舰 2 艘；击伤重巡洋舰 1 艘、轻巡洋舰 4 艘、驱逐舰 1 艘和辅助船 5 艘。击毁飞机 265 架。美军伤亡惨重，总计 2403 人阵亡，1778 人受伤。日军只有 29 架飞机被击毁，70 架被击伤，55 名飞行员死亡，5 艘袖珍潜艇被击毁，1 艘袖珍潜艇被俘。日本联合舰队司令官山本五十六赢得了这场赌博，这是他最为冒险、收益最大的一次赌博，这一赌使他名震世界海战史。

战役影响

从长期的角度来看，珍珠港对日本来说是一个彻底的灾难。事实上，袭击珍珠港的山本上将本人也预言即使对美国海军的袭击成功，他不会，也不能赢得一场对美国的战争，因为美国的生产力实在太高了。美国海军主力舰 4 艘被击沉，3 艘受伤。日本的主目标之一是美国的 3 艘航空母舰，但当时没有一艘在港内："企业"号正在返回珍珠港的路上，"列克星顿"号数日前刚刚开出，"萨拉托加"号正在圣地亚哥维修。世界各地的海军和其他观察家都认为，将美国大多数战列舰创伤击沉是这个战役的最大成果。没有了这些战列舰，美国海军只有依靠它的航空母舰和潜艇，实际上当时美国海军只有这些舰船了，而这些舰船也是抵抗和后来反击日本的主要力量。后来证明将战列舰摧毁的作用远比预想的要小得多。

最重要的可能是珍珠港事件立刻将一个本来意见不齐的国家动员起来了。它将美国团结起来，发誓要战胜日本，它是后来盟军要求日本无条件投降的原因。有些历史学家认为，不论当时日本只是击中了修理蓬还是击中了航空母舰，对珍珠港的袭击本身就已经决定了日本战败的命运。

这场战役是有历史决定性意义的。由于日本未能击沉美国的航空母舰，它只有一个小的军事作用。但即使日本击沉了美国的航空母舰，从长远角度上来看它还是不能帮助日本。这次袭击彻底地将美国和它雄厚的工业和服务经济卷入了第二次世界大战，导致了轴心国在全世界的覆灭。此后盟军的胜利和美国在国际政治上的支配性地位都是由此产生的。

从军事史的角度来看，对珍珠港的袭击标志着航空母舰取代战列舰成为海军主力的转折点。但海军力量强大的美国对这一点一直到后来珊瑚岛海战和中途岛战役后才明白过来。

双方主将

山本五十六

山本五十六（1884—1943），日本帝国海军军官，第26、27任日本联合舰队司令长官。战死时为海军大将军衔，死后被追赠元帅称号。

自幼受到武士道和军事熏陶，1901年考入江田岛海军学校，1904年毕业后任"日进"号装甲巡洋舰上的少尉见习枪炮官，参加了1904年—1905年日俄战争，1908年，进入海军炮术学校学习，1914年，以上尉军衔进入海军大学深造，1915年晋升为少佐。

山本五十六

1916年，他从江田岛海军学校毕业后，继嗣山本家，改姓"山本"，由"高野五十六"改名为"山本五十六"。1919年，山本奉命到美国学习，回国后，任海军大学教官。

1924年，山本刚调到霞浦航空队任副队长时，这里的飞行员军容不整，军纪松弛。他决心加以整顿。可这些散漫惯了的飞行员起初根本看不起这位其貌不扬的外行长官。年已40的山本，除严格要求部属履行自己的职责外，每天主动接受几小时的飞行训练。没过多久，他的飞行技术超过了不少青年学员，达到了单飞教练机的水平。

1925年，山本出任日本驻美国大使馆海军武官，1928年，从美国归国，先后在"五十铃"号巡洋舰、"赤城"号航空母舰上担任舰长。1930年，晋升为少将，并出任海军航空部技术处长、第一航空队司令官等职。1929年、1934年两次赴伦敦参加限制海军军备会议。1934年，晋升为中将，1935年，

就任航空部部长。

1940 年山本被授予海军大将军衔。1940 年 7 月，日本与德、意签订了轴心国条约。山本知道日本 80％的战略物资都要从英、美控制区供应，所以认为该条约不利于日本，就坚决反对日、德、意三国军事同盟。并警告首相近卫文麿，若与英、美开战，前六个月还可以坚持，之后他毫无信心。

在 1940 年的一次春季演习中，当他看到航空兵在训练中取得理想成绩时，对他的参谋长说："训练很成功，我想进攻夏威夷是可能的。"从这时候起，山本就着手设想珍珠港之战了。他以东乡平八郎的一举成功的战略思想为基础，认为要与实力雄厚的美、英开战而操胜券，必须突然袭击，先发制人，开战之初就使对方崩溃。偷袭珍珠港的大胆设想的出笼，正是山本战略思想的必然产物。

1941 年 1 月 7 日，山本写信给海军大臣及川古志郎，正式提出了偷袭珍珠港的设想。此后就和几个参谋一起，秘密地制定"Z"作战方案。6 月，正式方案提出后，曾在日本上层引起争论，一些人不相信庞大的舰队横渡 3500 海里而不被发现，对这一计划的可行性表示怀疑。山本固执己见，甚至以辞职相要挟。日本为了"南进"，于 10 月中旬批准了这个计划。于是，山本指挥联合舰队选择了与珍珠港相似的鹿儿岛湾，开始了充分的准备和严格的模拟训练。

1941 年 12 月 7 日凌晨，日军正式对珍珠港发动进攻，此役美国损失惨重，时任美国总统罗斯福把 12 月 7 日宣布为"国耻日"，而大洋另一边的日本，山本五十六立即成为家喻户晓，妇孺皆知的英雄。山本面对其一生的最得意之作，并没有丧失理智。但深知，当时美国的生产能力数倍于日本。美国的战争机器一旦开动起来，日本断难获胜。山本感到必须迅速摧毁美国海军的剩余主力，设想进攻珍珠港西北近 1300 英里的中途岛，对美国海军进行一次决战。但是，这次由于美军破译了日军的密码，赢得了作战准备时间，布下了伏击日军的陷阱，使得日军大败而归，日本海军也从此开始走下坡路。

1943 年 4 月，美军情报人员再次破译了日军的密码，获悉山本将于 4 月

18 日乘中型轰炸机，由 6 架战斗机护航，到前线视察的消息。罗斯福总统亲自做出决定："截击山本"。美军派出战斗机空中伏击，于布干维尔岛上空击落了山本五十六的座机。几天后，日军找到了座机残骸。山本五十六的尸体依然被皮带缚在座椅上，他头部中弹，仍握着佩刀。此事件被日本军方称为"海军甲事件"。山本五十六是历任联合舰队司令长官中唯一的战死者。其遗体由"武藏"号战列舰运回日本。

日本方面将山本五十六的死讯封锁了 34 天。5 月 21 日东京电台才公布"山本壮烈牺牲"的消息。日本当局追授山本大勋位、功一级、正三位和元帅称号。6 月 5 日，在东京日比谷公园举行国葬。

战争中的故事

珍珠港事件幕后故事：最大间谍安然返回日本

在 1941 年 12 月 7 日的珍珠港偷袭事件中，日军航母战机编队几乎摧毁了美军整个太平洋舰队。日前，美国媒体披露，日军战机能够成功偷袭珍珠港，和潜伏在珍珠港的日本间谍吉川有很大关系。这位日本安插在珍珠港的唯一一名间谍搜集了大量关于美军战舰的情报。

自杀未遂被启用，来到珍珠港成二秘

1941 年 3 月 27 日，一艘日本客轮缓缓驶抵美国夏威夷州瓦胡岛码头。一个个头中等、身材细瘦、头发乌黑的小伙子走了下来。他的美国海关身份文件上名字是盛村，年龄 29 岁。日本驻夏威夷领事馆的汽车早已等候他多时了。

小汽车载着盛村一溜烟来到了位于岛上的一座两层小楼——日本领事馆。先是日本总领事和他交谈，接着他便被任命为领事馆二秘。这位盛村就是日本派驻夏威夷的唯一一名间谍。他真名吉川，二秘只是个幌子。

吉川来夏威夷之前，曾是日本海军后备役少尉军官。作为警察的儿子，中学毕业后，他前往帝国海军学院学习，先后在战列舰和潜艇上服役。后来，他又成为了一名海军飞行员。然而，这位狂热的法西斯分子忽然患上严重的急性胃病，不得不回家疗养。在两年时间里，他无所事事。绝望的他甚至曾试图自杀。就在这时，他被日本海军参谋部情报处看上了。在随后的 4 年时间里，他拼命学习英语，潜心钻研美国海军及其太平洋基地。1940 年底，海军参谋部情报处看时机成熟，遂决定派他去夏威夷搜集

海军基地被炸毁

情报。此时，日本已经认定，与美国开战是迟早的事。日军准备偷袭珍珠港，铲除美军太平洋舰队，为日本称霸太平洋铺平道路。

四处"闲逛"的谍影

吉川来到夏威夷后，开始以外交官身份四处"游荡"，窥探美军太平洋舰队的秘密。他首先熟悉夏威夷各岛的情况，了解美军设施的主要位置。他经常乘出租车四处"闲逛"。他发现，美军主要设施集中在瓦胡岛上。于是，他开始重点侦察瓦胡岛的军事秘密。他特意开了一辆美国 1937 年生产的福特车，在瓦胡岛上到处转悠。没多久，他搞清楚了岛上美国陆军和海军的设施情况。他还发现，瓦胡岛上最重要的军事设施在珍珠港！那儿是很大的军港，停泊着太平洋舰队主要战舰。

这天，日本领事馆总领事带着吉川来到火奴鲁鲁（檀香山）市中心北部山腰的一间日式茶馆品茶。已经很有情报意识的吉川忽然发现这是一个窥探山下美军秘密的理想场所。名为"春潮馆"的茶馆由一名日本女子开设，二层拥有观察山下目标的最佳位置，可以借助望远镜从前窗观看珍珠港中心福特岛战舰的部署情况。在福特岛左边 10 公里处是美国陆军航空队（美国空军前身）的希开姆航空基地，不时起降作战飞机。

美军战列舰群沉入海底

吉川很狡猾，并不经常到"春潮馆"进行窥探，以防暴露自己。他把衣服一换，装成一名工人，坐上小公共汽车，前往美军基地附近"游览"。他有时候会到半山腰，观察珍珠港东南部的潜艇基地。有时候，他会到珍珠港入口处"旅游"。入口处两边都是禁区，水中有多道反潜网，可以防止入侵潜艇闯入。

偷情报很隐蔽，电告山本修改偷袭地点

为了不引起美军怀疑，吉川一般不直接进入军事基地，更不会潜入美军基地偷阅机密文件。不仅如此，在美军基地附近"游览"时，他也从来不带相机和笔记本。狡诈的他主要靠大脑把重要的情报记下来。在开放的美国，他几乎通过合法手段便能获取所需的情报。当然，他的手段很隐秘。在通过观察获得情报后，他再借助每天阅读报纸等方式予以补充和核实。

吉川的隐蔽行动居然逃过了美国的反间谍部门的注意。美国海军一名情报官甚至认为，日本驻夏威夷领事馆虽然参与情报搜集活动，但并不是日本情报网的重要组成部分。

到 1941 年 6 月前后，吉川已经为日本海军偷袭珍珠港提供了大量情报。那些情报虽然不是很准，但价值极大。他知道美军太平洋舰队每艘战舰的名字，甚至知道哪一天哪一艘战舰是否在珍珠港。当时，日本海军曾计划袭击毛伊岛的美军。为此，他特地坐游船"游玩"毛伊岛，并惊奇地发现，那儿水很浅，难以停泊美军大型战舰。他很快电告东京，提醒海军联合舰队司令山本五十六不必袭击毛伊岛，而应把重点放在珍珠港！

建议在周末偷袭，美 3 艘主力航母侥幸逃脱

随着德日法西斯到处入侵，美国感到威胁越来越大，并开始采取措施防范。夏威夷根据联邦调查局的建议，成立了反间谍局。联邦调查局还加强了对夏威夷日本领事馆人员的监视。美国总统罗斯福下令冻结日本在美国的资产，禁止港口停泊日本船只等。不久，德国和意大利驻美国领事馆全被关闭。这让吉川多了一分担心，于是更抓紧了秘密行动：一旦日本领事馆被关闭，偷猎珍珠港美军秘密的计划将不得不终止。

到 9 月，吉川已经猎取了整个珍珠港的美军情况。他发现，美军战列舰沿福特岛东南边停泊时，是以双排方式。如果日军战机使用鱼雷攻击，只能袭击外面一排战列舰。他还发现，美军太平洋舰队多数战舰一般周末回港休整。因此，他建议山本五十六选择周末偷袭珍珠港。其后的日子里，日军只是需要美军太平洋舰队战舰的每天具体位置和航空兵等方面的详细情报。

12 月 5 日，日本政府秘密决定，在 12 月 7 日星期天空袭珍珠港。吉川及其同伙抓紧了最后的活动，整天围着瓦胡岛转悠。12 月 5 日那天，他亲眼看到美军航母"列克星顿"号在巡洋舰和驱逐舰护卫下，离开了珍珠港。至此，美军太平洋舰队停泊在夏威夷珍珠港的 3 艘航母已全部离开。而这一异常举动并没有引起日军警觉。日军仍然依照原计划实施空袭。结果，美军太平洋舰队最有威力的 3 艘航母"漏网"，这给后来日军在太平洋的作战带来了沉重打击。

夏威夷上唯一一名日本间谍安然回国

12 月 6 日午后，吉川乘坐出租车，对珍珠港美军进行了最后的情报侦察。随后，他把获得的最新情报密报东京总部。这份情报很快传到正向夏威夷开进的山本五十六手里。

12 月 7 日凌晨，没有得到任何通报的日本驻夏威夷领事馆忽然发现，日军航母战机编队已经飞临珍珠港，并开始了空袭作战。日军航母战机根据吉川和其他间谍获得的情报，对美军太平洋舰队进行了猛烈袭击，炸沉大量战舰，炸毁许多战机，炸死炸伤几千名美军人员，几乎使整个太平洋舰队瘫痪。幸运的是，美军太平洋舰队3艘航母因没有在港而幸免于难。

一周后，等在领事馆的吉川和其他人员一起被美军押往美国本土。1942年，吉川和其他人员被释放，作为交换，日本也释放了扣押的美国外交人员。然而，直到此时，美国方面仍不知道吉川就是秘密潜伏夏威夷的唯一一名日军间谍，更不知道吉川是造成美军损失惨重的一大凶犯。这样，吉川安然地回到了日本，并过起了娶妻生子的安稳生活。

改变历史进程的电话

在日本袭击珍珠港前夕，美军情报人员曾截获日本本土和日本在华盛顿分部间的一次电话，经翻译，内容好像是无关大局的闲聊，而就是这段电话改写了二战的进程。

"有个孩子要出生了吗？

"是的，先生，它确实要出生了。"

"在什么地方出生呢？"

......

美军人员万万没有想到电话中提到的那所谓的"孩子"其实就是日本准备对美军的袭击，就没有对此情报作出及时的反应，最终才在"虎！虎！虎！"的进攻下损失惨重。

倾覆沉没的"俄克拉荷马"号战列舰

战争遗迹

亚利桑那纪念馆

1962年5月，肯尼迪总统指定"亚利桑那"号战舰沉没处为国家陵园，

亚利桑那纪念馆

珍珠港事件后，美国为有功士兵授勋

　　并在"亚利桑那"号沉没处的水上建立了亚利桑那战舰纪念馆。纪念馆于1980年落成，亚利桑那战舰纪念馆是由美国政府和私人出资建造的纪念珍珠港事件的纪念馆。

　　1941年12月7日日本帝国海军偷袭美国海军太平洋舰队基地珍珠港，美军毫无戒备，在历时两个多小时的空袭中，日本轰炸机炸死、炸伤3,581名美国军民，炸沉6艘舰船，炸毁347架飞机。当时停泊在珍珠港的"亚利桑那"号战列舰（编号BB39，属宾夕法尼亚级战列舰，于1916年10月服役）被击中沉没，弹药库爆炸，1177名将士遇难。珍珠港在美国人心目中有着特殊的意义，因为1941年12月7日发生在这里的珍珠港事件导致太平洋战争爆发，使美国加入了第二次世界大战，唤起过几代美国人的爱国之情。目前是夏威夷第二大旅游胜地。

　　"亚利桑那"号沉没后，舰体上层建筑、火炮均被拆除，舰体仍保留在原位的水下12米处，水面上可见的残骸仅有舰体后部第三号主炮炮塔的圆形基座。

　　纪念馆建在海底填充物上，呈拱桥状，长184英尺，为钢筋水泥结构，整座纪念馆通体白色，横跨在"亚利桑那"号战舰水下舰体上方。纪念馆的一端是进口，连接着一个浮台，中间是仪式厅，另一端是圣室。在纪念馆中白色大理石纪念墙上，镌刻着 1941 年 12 月 7 日在战舰上献身的 1177 名海军将士的名字。透过仪式厅的大窗口，隐约可见海底的"亚利桑那"号战舰的舰体。在纪念馆中部，矗立着一根旗杆。旗杆下端并非连接在纪念馆的结构上，而是连接在沉睡海底的"亚利桑那"号主桅杆上。

名人论战

英国首相温斯顿·丘吉尔勋爵坦白地表示，一听到袭击珍珠港的消息，他快乐得流出感激的眼泪来，因为他当时就知道，这一场战争他们已经打胜了。他当然不会为受到突袭和杀戮的美国水兵浪费眼泪。

下面是丘吉尔说的一段话："要是我宣称，有美国站在我们一边对于我是最大的快乐，我想没有一个美国人会认为我是说错了。我不能预言事件的进程，我不能自称已经准确地衡量了日本的军事力量，但是现在，在这一刹那，我知道美国已经投入了战争，而且全力以赴，准备决一死战。所以我们终于取得了胜利！"

轶事

"虎！虎！虎！"

"虎虎虎"是日本密码专家多田一紫和多位专家设计的，共采用了英文，日文，法文和数字位置打乱配制而成，可靠率为百分之九十七。

之所以要选"虎"字，有人说是因为日本有一名民间谚语"虎行千里必凯旋"。为此，传记作家吴越曾专门致函询问晚年侨居日本的池步洲老先生，池老先生回信说：日本政府在发动偷袭珍珠港之前几个月，就曾经用密电向各使领馆发布了许多暗语,这些暗语也都先后被他破译,但其中并无"虎!虎!虎!"这条暗语。渊田当时在飞机上发出的密电,可能是"东风,雨"这一隐语。这条隐语是日本政府发布的若干隐语之一,表示"日美开战",这是日本政府规定全军甚至所有使领馆通用的,只要播发这一暗语,全军和驻世界各使领馆便全都了然,不可能也没有必要为偷袭珍珠港单独设一隐语。因为"东风"二字的日语发音为 TOHHUH,其中 HUH 的发音,与汉语"虎"字发音相近。"雨"字在这里当动词用,意即"下雨",日语的发音为 HUHru,其中 -ru 为尾音,很轻微,听起来和 HUH 也相差不远。因此,"东风,雨"的日语发音,是 TOHHUHHUHru,反复播发,就讹变成"虎!虎!虎!"了。

布什欲将珍珠港定为国家遗迹纪念太平洋战争

电影《珍珠港》海报

美国总统布什在 2008 年 29 日留给国防部长盖茨和内政部长肯普索恩的备忘录中提出一项设想:将 1941 年 12 月遭日军偷袭的夏威夷珍珠港指定为国家遗迹。

报道称,布什在备忘录中提到了日军偷袭珍珠港,指出"珍珠港在日本发动攻击之前就是一处具有历史意义的场所"。他认为,通过将其指定为国家遗迹,太平洋战争的历史将变得更有内涵。

在美国,国家遗迹不同于国家公园。根据《遗迹保护法》,总统可以不经国会批准自行宣布。此前位于纽约的自由女神像等已被指定为国家遗迹,受到了保护。

珊瑚海战役

战役简述

珊瑚海海战（1942 年 5 月 4 日—1942 年 5 月 8 日）是太平洋战争中美、日航空母舰编队在珊瑚海进行的海战。珊瑚海海战是战争史上航空母舰编队在远距离以舰载机首次实施交战，也是日本海军在太平洋第一次受挫。日本海军由于损失的飞机和飞行员无法立即得到补充，被迫中止对莫尔兹比港的进攻。

战前形势

1942 年初，在太平洋战场上的美军沉浸在失败的消沉情绪之中，但就在这个时候发生了一件事情，令盟军看到了一丝希望：1942 年 1 月 20 日，日本"伊 124"号前往达尔文港执行任务，结果被盟军的鱼雷击沉。美军随后用潜水作业船从"伊 124"号上捞出了密码本。在这之后的几个月中，随着情报的积累，尤其是美军空袭东京后，日本的反应极其敏感，联合舰队几乎倾巢而出，设在珍珠港的情报处开始逐渐破译了日本的密电码，并把分散的情报像拼图一样逐一拼接，渐渐绘制出了日本联合舰队的军事意图。这成为了太平洋战场初期美国海军能够与联合舰队对抗的重要基础。

通过破译密码，美军已知日军即将对莫尔兹比港实施登陆作战，同时其先遣队将首先占领图拉吉，并基本掌握了日方投入的确切兵力。尼米兹将军已决心阻止日军登陆莫尔兹比的行动，这并不是一个能够轻易作出的决定，因为对盟军来说，此时集结一定规模的兵力对付日军并不容易。"萨拉托加"号被日潜艇击伤，此时在西海岸修理，"企业"号和"大黄蜂"号刚刚完成袭击东京的任务，正在返航途中，可供使用的就是第 8 特混舰队"列克星顿"号和第 17 特混舰队"约克城"号航母，另有 8 艘巡洋舰和 13 艘驱逐舰。由弗莱彻少将统一指挥，两支舰队 5 月 1 日进驻珊瑚海。

日本方面，1942 年初，联合舰队还沉浸在胜利的狂喜之中，第一阶段的任务已经超额完成，但第二阶段的任务还没有最终确定，此时正无事可做。在日本看来，美国虽然有强大的经济力量支持，但是想要进入战争状态还需要一个准备期，预计美国到 1943 年夏季才可能组织起真正的反攻，而日本完全可以利用这段时间进一步推进战线，扩大防御圈——控制澳大利亚周围海域就是在实施这一计划，因为日本陆、海军一致认为澳大利亚将是英、美借以反攻的最大中转站，但由于已经被中国战场套牢，日本陆军根本无力出兵登陆澳大利亚，最切合实际的选择是切断其和珍珠港之间的联系。

1942 年 2 月初，日军攻占了位于澳大利亚东北部俾斯麦群岛的拉包尔基地，3 月初占领了新几内亚的莱城和萨拉莫阿。按照计划随后日军即应对图拉吉和新几内亚东部的莫尔兹比港实施登陆。但由于美国航母在此区域的活动，这一计划被迫推迟了。直到 4 月底，第 5 航空战队（"翔鹤"号和"瑞鹤"号）和第 5 巡洋舰队（"妙高"号和"羽黑"号）从印度洋归来，回到特鲁克。

美军战机群

进攻图拉吉和莫尔兹比港的计划随即开始。

1942年4月30日，第5航空战队、第5巡洋舰队和6艘驱逐舰作为机动部队从特鲁克出发南下，横于夏威夷和新几内亚群岛之间，伺机准备消灭美军水面舰只。登陆掩护编队由祥凤号轻型航母、8艘巡洋舰、6艘驱逐舰组成。作为攻占莫尔兹比港的先头行动，4月28日从拉包尔出发的先遣登陆部队在"祥凤"号舰载机的掩护下于5月3日未遇到抵抗便占领了小岛图拉吉。第一场战斗在5月3日开始，当弗莱彻将军接到日军正在图拉吉登陆的消息时，他的"约克城"号仍然在巴特卡普角以西一百多英里的海面上。听到日军到来的消息，他立即中断加油，命令以每小时二十六海里的速度，向北驶往所罗门群岛中部。随后，5月4日拂晓，"约克城"号航空母舰到达瓜达卡纳尔岛西南约一百英里的海面，航空母舰派出了战斗机向图拉吉附近海面上的敌人部队发动了一系列袭击，摧毁了水上飞机，发回了有多少敌舰被击沉的夸大的报告，兴高采烈的弗莱彻向珍珠港报告了胜利喜讯，随后美舰队也向西莫尔兹比港进发。尼米兹后来对所谓的图拉吉战斗重新作了评价："从消耗的弹药和取得的战果来比，这场战斗肯定是令人失望的。"这一袭击让日军充分了解了美军的真实力量，可以这样说：珊瑚海战役前，美国占有情报先机，袭击图拉吉后，双方的情报工作不分伯仲，珊瑚海战役就此爆发。

相关链接

珊　瑚　海

珊瑚海位于太平洋西南部海域。位于澳大利亚和新几内亚以东，新喀里多尼亚和新赫布里底岛以西，所罗门群岛以南，南北长约2，250公里，东西宽约2，414公里，面积4，791，000平方公里。南连塔斯曼海，北接所罗门海，东临太平洋，西经托里斯海峡与阿拉弗拉海相通。

珊瑚海总面积达479.1万平方公里，是世界上最大的海，相当于半个中国的国土面积。

珊瑚海的海底地形大致由西向东倾斜，平均水深2394米，大部分地方水深3000—4000米，最深处则达9174米，因此，它也是世界上最深的一个海。南纬20°以北的海底主要为珊瑚海的海底高原，高原以北是珊瑚海海盆。南所罗门海沟深7，316公尺，新赫布里底海沟深达7，540公尺。此外，还有北部的塔古拉堡礁，东南部的新喀里多尼亚堡礁为澳大利亚东部各港往亚洲东部的必经航路。亚热带气候，有台风，以1—4月为甚。经济资源有渔业和巴布亚湾的石油。

海水相当洁净，珊瑚海海水的含盐度和透明度很高，水呈深蓝色。在珊瑚海的周围几乎没有河流注入，这也是珊瑚海水质污染小的原因之一。又由于受暖流影响，大陆架区水温增高，珊瑚海地处赤道附近，因此，它的水温也很高，全年水温都在20℃以上，最热的月份甚至超过28℃。这些都有利于珊瑚虫生长。珊瑚堡礁以位于澳大利亚东北岸外16—241公里处的大堡礁为最大，长达2012公里；珊瑚礁为海洋动植物提供了优越的生活和栖息条件。珊瑚海中盛产鲨鱼，还产鲱、海龟、海参、珍珠贝等。

这里曾是珊瑚虫的天下，它们巧夺天工，留下了世界上最大的堡礁。众多的环礁岛、珊瑚石平台，像天女散花，繁星点点，散落在广阔的海面上，因此得名珊瑚海。在

珊瑚海

大陆架和浅滩上，以岛屿和接近海面的海底山脉为基底，发育了庞大的珊瑚群体，形成了一个个色彩斑驳的珊瑚岛礁，镶嵌在碧波万顷的海面上，构成了一幅幅绮丽壮美的图景。

双方兵力分析

美军

总指挥：法兰克·杰克·弗莱彻将军

第 17 特混编队。其兵力部署是：

突击大队，由 5 艘巡洋舰（"明尼阿波利斯"号、"新奥尔良"号、"阿斯托尼亚"号、"切斯特"号、"波特兰"号）和 5 艘驱逐舰（"费尔普斯"号、"杜威"号、"法拉格特"号、"艾尔温"号、"莫纳根"号）组成，由金凯德海军少将指挥。

支援大队，由 3 艘巡洋舰（"澳大利亚"号、"芝加哥"号、"霍巴特"号）和 2 艘驱逐舰（"帕金斯"号、"沃尔克"号）组成，由格雷斯海军少将指挥。

航空母舰特混大队，由 2 艘航空母舰（"列克星顿"号舰长弗雷德里克·谢尔曼海军上校，"约克城"号舰长艾略特·布克马斯特海军上校）和 4 艘驱逐舰（"莫里斯"号、"安德森"号、"汉曼"号、"拉塞尔"号）组成，由奥布里菲奇海军少将指挥。

突击大队和支援大队的巡洋舰和驱逐舰为两艘航空母舰组成环形警戒幕。

日军

总指挥：井上成美海军中将

司令部设在特鲁克。直接掩护部队由轻型航空母舰"祥凤"号航母，4 艘重巡洋舰"青叶"、"加古"、"衣笠"、"古鹰"号及 1 艘驱逐舰组成，由后藤有公海军少将指挥。目的是，于 4 月 28 日搭载着陆军南海支队从拉包尔出发，首先支援图拉吉登陆作战，而后转而西进，前去支援莫尔兹比的登陆作战。

机动部队由第 5 航空母舰战队的 2 艘大型航空母舰"瑞鹤"号、"翔鹤"号和第 5 战队的 3 艘重巡洋舰"妙高"号、"羽黑"号和"足柄"号及 6 艘驱逐舰组成。由高木武雄海军中将指挥，航空母舰的航空兵作战由原忠一海军少将指挥。目的是，分别于 4 月 30 日和 5 月 1 日从特鲁克岛出发，支援莫尔兹比港登陆作战。

此外，还有驻在拉包尔的 90 余架"1"式陆上攻击机。

战役进程

5 月 6 日，天空乌云密布，弗莱彻同格雷斯海军上将的重型巡洋舰和"列克星顿"号会合，一同加了油。珍珠港的最新情报表明，动用了两艘航空母舰负责空中掩护从而入侵莫尔兹比港的部队将于第二天穿过卢伊西亚德群岛。弗莱彻于是向西直驶珊瑚海。他此刻并不知道在那天下午已被一架搜索情报的日本水上飞机发现了。得知两艘美军航空母舰正前往截击入侵莫尔兹比港的日本船队的消息后，在拉包尔井上海军中将的司令部里几乎引起了恐慌。司令部紧急命令运输船停止前进。高木少将率领的以"翔鹤"号和"瑞鹤"号为主力的机动部队收到警报时正在瓜达卡纳尔以南加油，等到他准备好将距离缩小到可以发动空袭的时候，舰队碰到了厚厚的云雾。于是，他决定继续加油，等待天亮以后继续追逐。

5 月 7 日 4 时许，由于已探测清楚美舰队的大体方位，日机动编队派出 12 架舰载机分为 6 组，在 180 度至 270 度方位之间，250 海里距离内搜索美军。5 时 45 分，向南搜索的日机报告："发现敌航空母舰、巡洋舰各 1 艘"。6 时至 6 时 15 分，先后从"瑞鹤"号起飞零式战斗机 9 架、轰炸机 17 架、鱼雷机 11 架，从"翔鹤"号起飞零式战斗机 9 架、轰炸机 19 架、鱼雷机 13 架，共 78 架战斗机向所发现的目标飞去。但到达目标上空才发现并不是美军的航母编队，而是 6 日下午与弗莱彻本队分手的"尼奥肖"号油船和"西姆斯"号驱逐舰，由于距离原因，看起来像是一艘航母和一艘巡洋舰。日突击机群

"约克城"号上的机枪手

飞临该队上空，发现不是航空母舰，于是在附近海面反复搜索两个小时，未能找到其他目标。其中的鱼雷机未进行攻击，9时15分开始返航，而36架俯冲轰炸机则于9时26分至40分间才很不情愿地对最初发现的目标进行了攻击，牛刀杀鸡就是这种感觉。"西姆斯"号被击中3颗250公斤的炸弹，其中有2颗在机舱爆炸，不到一分钟便沉入了大海。"尼奥肖"号被击中7颗炸弹，燃着大火在海上漂了几天后沉没。

这时弗莱彻的美航母主力与油船分手后正在向西行驶，希望能够拦截日军的登陆舰队，但美舰队犯了同样的错误：没有发现日军的舰群。黎明之后两个小时，"列克星顿"号上的一架巡逻机发回报告："发现了两艘航母和四艘重巡洋舰"。弗莱彻以为这是日军的航母部队，便下令发起猛烈攻击。由"列克星顿"号派出俯冲轰炸机28架、鱼雷机12架、战斗机10架，由"约克城"号派出俯冲轰炸机25架、鱼雷机10架、战斗机8架，共计93架舰载机先后飞向目标。飞到目标上空之后，才发现是两艘轻巡洋舰和两艘炮艇，这是日军登陆的掩护部队，由于密码破解错误，被夸大成一支突击部队。但美军终于发现了被夸大了的舰队中值得攻击的目标："祥凤"号航母。93架美国战斗机和轰炸机经过半个小时的轮番进攻，"祥凤"号被13颗炸弹和7条鱼雷打中。井泽被迫下令弃舰。几分钟后，"祥凤"号沉没，只剩下海面上的黑烟和油污，这是日本海军在珊瑚海丧失的第一艘大型舰只。

5月7日上午，美日双方攻击舰队刚好处于可以相互打击的边缘，但双方都在探测目标上出现了失误，从而双双错过了先发制人的时机。相比之下美军犯下的错误更大，因为其出击的舰载机偏离了他们的对手达 90 度以上，但美军的收获更大，他们炸毁了一艘航母——"祥凤"号。日本联合舰队犯的错误令人惋惜，因为他们至少知道他们的主要目标大致位置。待第五航空战队想纠正错误的时候，就面临一个时间的问题：下午 14 时起飞，18 时才能返航，而在当时的季节，日落的时间为 16 时，这是一个难以抉择的问题，但第五航空战队原忠一中将还是派 12 架轰炸机和 15 架鱼雷机 14 时 15 分离舰，向预想的目标飞去，此时已是黄昏时分，这些飞机实际上是从美舰队上空飞过，但由于天气阴沉，并没有发现目标，等到返航时才发现美舰队，但这些战机已抛掉了炸弹，并遭到美"野猫"战斗机的拦截。在暮色中，几个迷失方向的日本飞行员错误地试图驾机在"约克城"号上降落。但由于识别信号不对，被高炮手发现并将其中的一架击落入海，另外几架慌忙逃入夜色。这使弗莱彻也意识到，日海军航母就在附近，而决定这场海战结果的航空母舰之间的决斗必定在第二天进行。

在 5 月 8 日决战前的最后一个小时里，珊瑚海 200 海里内 4 艘航母上进行着同样的准备工作，唯一不同的或许是食物：为美国飞行员发的是巧克力，而日本飞行员发的是米糕。侦察机都在日出前出发了，并几乎在同时发现彼此的目标。8 时 15 分，美军在北边的执行任务侦察机发回报告：敌人的航空母舰特遣舰队在"列克星顿"号东北约 175 英里的海面上以每小时 25 海里的速度向南行驶。仅仅几分钟以后，美国航空母舰的无线电台惊喜地收到了日本人的报告，但对方亢奋的情绪显然表明他们自己也被发现了。随后"约克城"号和"列克星顿"号共起飞 15 架战斗机、46 架轰炸机和 21 架鱼雷机扑向日本舰队。一小时四十五分钟以后，美突击机队发现"翔鹤"号和"瑞鹤"号正向东南方向行驶，两艘航空母舰之间相距约八英里，各由两艘重型巡洋舰及驱逐舰护航。正当美国人利用宝贵的几分钟，在团团积云里组织进攻的时候，"翔鹤"号趁机出动了更多的战斗机，"瑞鹤"号则躲进下着暴雨的附近海域。向被严密防卫着的敌人舰队的航空母舰发起第一次进攻的美国飞行员，在面对真正的强敌时候还是乱了阵脚。鱼雷机和俯冲轰炸机被日军的零式战斗机

"翔鹤"号

冲散，且缺乏配合，在没有瞄准目标的情况下便仓促投弹，许多鱼雷被射进海里，只有两颗炸弹击中"翔鹤"号。"翔鹤"号飞行甲板上因燃油泄漏而起火。十多分钟以后，"列克星顿"号上的飞机赶来了，但由于天气原因并没有发现日军的战舰。美军进攻极其不利，只有15架轰炸机好不容易发现了一个目标，但它们只有6架野猫式战斗机保护，很容易被零式战斗机冲散，鱼雷进攻再次失败，轰炸机又只投中一枚炸弹。然而，美国飞行员的报告却不是这样。泰勒上尉在第一次攻击之后乐观地说："左舷首尾约50—100英尺、从吃水线到飞行甲板是一片火海……在发动进攻之后约15分钟，最后看到这艘航空母舰时，火烧得很猛烈。据信它受到了非常严重的破坏，最后沉掉了。"

当进攻后所剩的43架美军飞机返航时，却发现对手能够发动更有效的进攻。由于有雷达，"列克星顿"号的战斗机指挥官在日军飞机远在东北方向七十多英里的空中时就能知道它们的到来，并派出战队机进行截击。但第5航空战队的69架舰载机在尚未受拦截之前已经率先分成了3个攻击队。日鱼雷机队首先飞临美舰"约克城"号。由于该舰灵活地进行规避，日机的攻击未见明显效果。但是，由于环形警戒序列中的两艘航空母舰都在自行进行规避，使这两舰之间的距离迅速拉大，警戒舰只也随之一分为二，从而削弱了对空防御，终于使日军找到了可乘之机。日机对"约克城"号左舷投射8条鱼雷，均被该舰避开。随后轰炸机队开始对"约克城"号俯冲投弹。有一颗800磅的炸弹击中了该舰舰桥附近的飞行甲板，但该舰仍能继续战斗。日鱼雷机队攻击"列克星顿"号时，成功地运用了夹击战术，从该舰舰首的两舷、15—

70 米高度、1000—1500 米距离投射鱼雷。"列克星顿"号由于吨位较大，回圈半径较大，转弯相对不灵活，日机投射的 13 条鱼雷中有 2 条击中该舰左舷，使其锅炉舱有三处进水。"列克星顿"号正在紧急规避鱼雷时，日轰炸机队又开始对其进行攻击，又有 2 颗炸弹命中目标。这场遭遇战只持续 13 分钟，

"列克星顿"号

日本人飞走的时候，兴高采烈地报告他们替前一天"祥凤"号的失败报了仇，毫不含糊地击沉了一艘"大型航空母舰"和一艘"中型航空母舰"。

实际上，"列克星顿"号尽管由于被鱼雷和炸弹击中，产生 7 度横倾，但该舰调整燃油之后，恢复了平衡，继续接纳返航的飞机着舰。同时为战斗机加油加强制空。但由于燃油泄漏，"列克星顿"号舰内发生爆炸，并引起大火，火势迅速蔓延，以至无法控制。下午 15 时左右，舰长下令全体舰员弃舰。17 时许，"费尔普斯"号驱逐舰奉命对其发射 5 条鱼雷，"列克星顿"号于

舰员们集中到甲板上，准备弃舰

17 时 56 分沉没。已经降落到该舰的 36 架飞机也随之沉入大海。美第 17 特混舰队"约克城"号上虽然尚有轰炸机和鱼雷机 27 架、战斗机 12 架，但已入夜，弗莱彻无意再战，遂率队撤离战场。第二天，"瑞鹤"号的飞行员为追击美舰再次进行侦察巡逻时，海上只有"列克星顿"号的残骸了。

珊瑚海战役是海战史上第一次航母之间的较量，也几乎是太平洋战争中最公平的一役，其中基本反映出双方的战斗力。它可以说是太平洋史诗最恰到好处的一个引子。如果联合舰队是第一或第二航空战队参加珊瑚海海战，那么"约克城"号很有可能就回不到珍珠港，这样中途岛对美国就太残酷了一点；如果美军没有自作聪明地去袭击东京，那么美国可以有4艘航母参加珊瑚海，虽不能保证完胜，但也不会像损失一艘航母那么严重，那么中途岛战役也就少了一份精彩和一份悬念。这场短暂的海战造成"翔鹤"号受损、"瑞鹤"号严重减员，而第5航空战队的这两艘航母原本要参加中途岛战役，但经过珊瑚海一役之后已经无法实现了。珊瑚海海战对随后太平洋战争进程的直接影响，就是用一艘航母的沉没换取了两艘航母不能参加中途岛战役。否则在中途岛美日航母的比例将是4比6，而不是3比4，而从1个月后的中途岛大战看，这种差别绝对是非常重要的。

战役影响

这是一场历史上从未有过的海战，双方舰队都是在双方视距之外进行交战的。从战术上看，珊瑚海战役可以说是日军略胜一筹。虽然日军飞机和伤亡人数多于美国，但他们以损失1.2万吨"祥凤"号和在图拉吉岛外围被击沉几艘小舰的较小代价，换取了击沉"尼奥肖"号、"西姆斯"号和3.3万吨大型航空母舰"列克星顿"号的胜利。然而从战略上看，则是美国赢得了胜利。开战以来，日军的武力扩张第一次遭到遏制，进攻莫尔兹比港的作战计划只得向后推迟。更为重要的是，被击伤的"翔鹤"号航空母舰需要修理，损伤惨重的"瑞鹤"号需要重建，大大削弱了日方在即将举行的中途岛海战中的实力。

珊瑚海海战是太平洋战场上战局发生逆转，进入战略相持阶段的标志。

双方主将

尼米兹

切斯特·威廉·尼米兹（1885—1966），美国海军五星上将。在第二次世界大战中的太平洋战争期间担任美国太平洋舰队总司令及太平洋战区盟军总司令，指挥美军及盟军对抗日军进攻及其后的反攻。1945年9月2日代表美国在日本投降书上签字。尼米兹早期以研究潜舰为主，而后成为美军中柴油引擎技术的专家，太平洋战争爆发后，尼米兹担任了美国太平洋舰队总司令、太平洋战区盟军总司令等职务，主导对日作战，军事历史学家艾德温·帕尔玛·霍利（Edwin Palmer Hoyt）因而评论："海尔赛能在一场海战中取胜，斯普鲁恩斯能在一场战役中取胜，而尼米兹能在一场战争中取胜。"战后，尼米兹担任海军作战部长，一直至1947年退役为止。尼米兹于1966年逝世，是美国最后一名逝世的海军五星上将。美国海军为纪念尼米兹，将其去世之后所建造的第一艘、也是当时最新锐的尼米兹级核子动力航空母舰以他为名，也就是日后的"尼米兹"号航空母舰。此外，夏威夷檀香山有以他为名的尼米兹高速公路。

尼米兹

弗莱彻

弗莱彻

法兰克·杰克·弗莱彻（1886—1973），海军上将，美国国会荣誉勋章得主，第二次世界大战期间美国航舰特遣舰队指挥官，曾参与大战初期数场重要的航舰部队会战，包括珊瑚海之役、中途岛之役与东所罗门海之役等。之后调任第十三军区司令与西北海疆司令，统率北太平洋部队。

　　杰克·弗莱彻于 1906 年从美国海军官校毕业。毕业后先后在多艘船舰上服役，1910 年 4 月到 1912 年 12 月间，先后担任驱逐舰"戴尔"号与"昌西"号舰长。于 1912 年 12 月调到战斗舰"佛罗里达"号，并于 1914 年 4 月参与了韦拉克鲁斯行动。在行动中，弗莱彻因成功拯救超过 350 名运输船"希望"号上的难民，而获得了国会荣誉勋章。1914 年到 1915 年，弗莱彻成为美国大西洋舰队司令的副官与参谋军官，之后调到美国海军官校，负责行政方面的工作。

　　美国加入第一次世界大战时，弗莱彻少校先担任战斗舰"奇尔沙治"号的枪炮官，1917 年 10 月担任巡逻艇"玛格丽特"号艇长，1918 年 2 月接掌驱逐舰"亚伦"号，到 5 月转任"班汉"号的舰长，其中在指挥"班汉"号时，因担任欧洲水域的潜艇警戒与护航任务，而获得海军十字勋章。1918 年 10 月到 1919 年 2 月，负责驱逐舰"克连恩"号的舾装工程，然后指挥驱逐舰"格瑞德利"号的训练航行。1919 年 4 月调回岸上，担任海军航海署征召部主任。1922 年 9 月调到美国太平洋分队，先后担任驱逐舰"惠普尔"号，巡逻炮舰"沙加缅度"号与潜艇供应舰"彩虹"号等舰舰长，以及位于菲律宾甲米地的潜舰基地指挥官。

　　弗莱彻于 1925 年 3 月调回美国，服役于华盛顿海军造船厂。1927 年调任战斗舰"科罗拉多"号副长，然后 1930 年 6 月从海军战争学院结训。1931 年 8 月自陆军战争学院结训后，任美国大西洋舰队参谋长。1933 年至美国海军军令部长办公室服务，并于同年 11 月被指派担任海军部长克劳德·史璜森的助手，直到 1936 年 5 月，奉派成为战斗舰"新墨西哥"号的上校舰长为止。1937 年弗莱彻成为海军检查会议成员，之后于 1938 年 6 月出任海军航海署副署长。1939 年 9 月调回太平洋舰队，升任少将并担任巡洋舰战队指挥官。日本突袭珍珠港时，弗莱彻为第 6 巡洋舰战队指挥官，并搭乘"明尼亚波里斯"号在欧胡岛南方巡弋，并不在珍珠港内。

　　回到珍珠港后，弗莱彻少将改登上新到太平洋战区的"约克城"号，仍编组为 TF 17，并载运陆战队前往萨摩亚群岛。

1942 年，弗莱彻指挥了美国海军与日军进行了多次交锋，对日军形成了一定规模的打击，但是美军还是在珊瑚海战役中损失了"列克星顿"号，而"企业"号在瓜岛战役中受到了重创。

1942 年 8 月 31 日，"萨拉托加"号在瓜达康纳尔岛东方巡弋时，被一艘日本潜舰所发射的鱼雷击中，只好回到珍珠港整修。由于弗莱彻也受了轻伤，因此尼米兹让他放假，而欧内斯特·约瑟夫·金命令他前往华盛顿进行短暂工作，以便"观察他"。

10 月中，弗莱彻申请回到海上，尼米兹支持，但被金上将以其运气不好而拒绝，并任命他为第十三海军军区司令与西北海疆司令。1943 年 11 月，任北太平洋部队司令，直到战争结束。在 1944 年与 1945 年，他指挥北太平洋部队进行对千岛群岛的轰炸与岸轰任务。并在日本投降后，于 1945 年 9 月，率领 60 艘北太平洋部队的舰艇在日本陆奥湾接受日本海军北方舰队的投降。

弗莱彻于 1946 年任将官会议主席，至 1947 年 5 月退休，并晋升为上将。于 1973 年 4 月 25 日病逝于比塞大海军医院，并安葬于阿灵顿国家公墓。

井上成美

井上成美（1889—1975），日本帝国海军最后一个大将，宫城县仙台市人，县立第二中学毕业，从小立誓不愧为"海国男儿"；考入海兵 37 期时的成绩是 180 人中第 8 位，毕业成绩为 179 人中第 2 位，受赐望远镜。为少尉后补生，乘坐二等巡洋舰"宗谷"号开始海上生涯，年轻时代，因拥有一口无比的英语能力，曾被政府授予海军武官身份，长期被派往日本驻美、法、意大利等国使馆；对于他的眼界与思想产生了相当深远地改变……直到四十岁左右才以"海军大佐"身份返国出任日本海军大

井上成美

学的战术教官。隔二年获提升为地位、职责都相当重要的"日本海军省军务局第一课课长"，与米内光政和山本五十六组成铁三角，强烈反对三国同盟和对英美开战，太平洋战争开始时是第 4 舰队司令，因为战果不理想，被讥为日本的赵括，45 年后以一个教师的身份渡过余年。

战争中的故事

"列克星顿"号的沉没

珊瑚海的水是热的。"列克星顿"号的自动水温表上是摄氏三十二度，比血液的温度只低几度。而且，这里可以称得上鲨鱼横行，大大小小各种各样的凶恶鲨鱼在礁石间游弋，尾随着穿越珊瑚海的船只。

"列克星顿"号的瞭望哨警惕的眼睛日夜不停地搜索着附近的海面，每一片翻滚的白浪都可以怀疑是潜艇潜望镜的航迹。在最后决战前的几天里，他们看到了几千条鲨鱼，所以，谁都担心，要是真有一天要弃舰，那些鲨鱼将是一大祸害。

"如果我们在这个海里游泳，非叫鲨鱼吃掉不可。"舱面人员闲着没事聚在飞行甲板上聊天（海军叫"吹牛皮"）的时候总是这么肯定地说。

但是，当这个时候真的来到的时候，当"列克星顿号"弃舰的时候，几千人却没见到一条鲨鱼。不论是在飞行甲板上还是救护舰只的瞭望哨敏锐的眼睛，都连一个鱼鳍或露出的闪动的鱼尾，都没见到。

这有几种解释。有些人认为，这纯粹是命运，一个女人的命运，就像经常这样叫"列克星顿"号一样。然而，更多的分析是把没出现鲨鱼归结为它们被巨大船体内连续不断的剧烈爆炸吓跑了。在最后几分钟里，四万六千吨的船体几次被炸得东摇西晃，爆炸力在水中传得很远。冲击波在液体中传导距离很远，水下的剧烈爆炸能炸死方圆几百米的鱼类。空气是可压缩的，因

从"约克城"号上看"列克星顿"号

此爆炸力很快就消失了，而水是不可压缩的，能将爆炸的冲击波传得很远。所以，我们把"海底深处的居民"不露面归结为这一原因。

当炸弹在军舰中部爆炸后，谢尔曼舰长和副舰长从麻制的绳子上被震下来，他俩都摔到清澈温暖的海水里了。两人吐了一气海水，就游向正在搜索水里最后几个人的那艘摩托艇。他俩被粗鲁地拽上了摩托艇，舰长还戴着那顶镶金边的一号帽子。

几周后，他已经从圣迭哥被调到华盛顿，晋为海军少将。回忆起这一情景时，他说：

"小伙子们揪着我的一只胳膊和臀部的裤子把我提起来，从船帮把我脸冲下扔到摩托艇上。"

"要把一个人从海里拽上来，这是唯一的办法。"

"不错，是这样。"他笑着，慢吞吞地说。"但是，我看把一位舰长弄到艇上，他们应该用更体面的办法。"

现在是 18 点 30 分。热带的夜晚来得很早，天几乎黑了。夕阳落入大海，救护工作接近尾声了。我们的这条摩托艇上坐满了筋疲力尽的人，有的人吃了冰激凌又灌了一肚子海水，病得很厉害。摩托艇上的人都上舰了。除了我和乔治·马卡姆海军少尉外，其他人都爬上了巡洋舰甲板上放下来的登舰网。这时，又发生了一次可怕的爆炸，是"列克星顿"号最厉害的一次爆炸，鱼雷雷头里总共大约八到十吨的强棉炸药终于爆炸了。

"全体隐蔽。"传来了舱面军官的喊声。

　　乔治和我偷偷地看了一眼可怜的老"列克星顿"号，看到碎片、飞机、钢板、木板、大大小小的破片夹杂在白色的浓烟烈火中，冲上天空。我们紧紧躲在那艘巡洋舰的钢板后面，碎片溅落在周围几百米的海面上。

　　这个时候，未被摧毁的老"列克星顿"号也没有沉没，但火势更大了。飞行甲板现在从头至尾完全被撕开了。显然，这最后一次爆炸把燃油舱和汽油舱都炸开了大口子，烈火冲上一、二百米高空，最顶上是一团浓烈的黑烟。

　　在茫茫暮色中这个情景真是蔚为壮观，但也深深地刺痛了所有看到这个情景的人们的心。

　　上舰之后，我到了巡洋舰的洗衣房把全身上下弄干了。在那儿我遇到了一位友好的陆战队员。他负责洗衣房的工作，他借给我一套衬衣和裤子，我把那烧坏了的破衣服放在那儿洗净烤干了。那双心爱的皮鞋是我采访不列颠战役时从伦敦买的，也放进了烘干箱里，不到一个小时就取回了，浸泡后一点也没坏。

　　在我等着换干衣服的时候，从衣兜里掏出了几张散页的笔记和一个黑色小笔记本，放到洗衣房的烘干箱里烘干后，每一页都保存下来了，并且高兴的看到我那龙飞凤舞的字迹尽管弄脏了，但还能认出来。这是我救出的唯一的东西。我的手表、钱、衣物、打字机和那筒贵重的牙膏（六个星期后，我在华盛顿哥伦比亚区还想买一筒，因为我没带旧牙膏皮，没卖给我）和我喜爱的名牌刮脸刀都毁掉了。

　　我来到甲板上。夜幕降临了，可能是个繁星密布的夜晚，但我们无法辨认，"列克星顿"号的冲天大火把天空的微光全都掩住了。在耀眼的火光中这艘大舰的每一处轮廓和残骸都看得一清二楚，相比之下周围的热带夜空像天鹅绒一样更加深不可测。两艘驱逐舰围着燃烧的船体绕来绕去，保障水里不丢下一个人。

　　19点15分，"约克城"号航空母舰上的弗莱彻海军少将发来信号，命令舰队重新集结，然后转移。我们在这里停留起码有三个小时了，在敌人潜艇出没的这片海域里，这样做是自找麻烦。是我们离开的时候了，但是军舰缓缓地移动着，好像不愿离开它们勇敢的伙伴"列克星顿"号。

我们没有把"列克星顿"号扔下不管，留下了一艘驱逐舰，绕着内部熊熊燃烧而现在变成樱桃红色的船体行驶。显然，它在沉没之前还能烧几个小时。在黑夜中它多么像一个信号标志啊！日本潜艇或侦察机在一百海里之外甚至更远的地方都能看到，毫不费力地就能在海图或航空地图上把我们的位置准确标出来。

所以，弗莱彻将军下令击沉它。

单独留下的那艘驱逐舰（"菲尔普斯"号驱逐舰）执行了这个任务。舰员们在一千五百米之外，朝"列克星顿"号右舷发射了四条鱼雷。爆炸声几乎全被冲燎云霄的烈火的声音湮没了。鱼雷的爆炸没有使"列克星敦"号迅及沉没。

它几乎是四平八稳地慢慢沉了好几个钟头。鱼雷穿透了最后一层防护钢板，使它摇晃起来。

巨大的火舌夹杂着炬气腾向上空，白热化的钢板遇水弯曲变形，发出尖利的嘶嘶声。舰内又发生了一阵阵新的爆炸，隆隆响成一团，这一定是巨大的压力把舱壁冲垮和汽油蒸气爆炸了。现在，"列克星顿"号的下沉速度开始加快了。

但是，它还保持着平稳状态，不论舰首或舰尾都没有往下扎。海浪逐渐将它淹没了。站在我身边的一位军官看着这最后一幕，自言自语地说："它沉了，它没有翻。它是昂着头下去的。亲爱的老'列克星顿'号，一位坚持到底的女人！"

这样，我们才下去吃饭，人总是要吃饭的。我一走进军官会议室，立即响起一片欢呼声和友好的取笑声。我停了一下，左右望了望，我的天呀，周围全是我在"列克星顿"号上那几个星期一同进餐的熟悉的面孔。我们仿佛又回到了"列克星顿"号，只不过这间屋子的样子不同罢了。我意识到"列克星顿"号还活着，活在操纵它的那些舰员的心里。他们将把事业继续下去。

整个军官会议室沸沸扬扬，到处都是友好的，晒得黑黑的和没有刮过胡

"列克星顿"号航空母舰的官兵在
弃船之前集中在甲板上

子的面孔。他们被请到丰盛的餐桌旁,每个人都吃饱了,作为巡洋舰官兵们的客人,都很轻松。

这艘巡洋舰的舰员很好客,他们物资并不充裕,但是倾囊相助。

全舰上下每一个人都打开了衣橱和行李袋,献出了军服、内衣、汗衫、蓝布工作服、鞋和最好的床铺。成箱成盒的香烟和雪茄在我们中间传递。可口可乐和冰激凌也硬塞给我们,对于长期出海,与陆地隔绝的舰员来说,这些小东西就算不少了。在这艘舰上,我们的钱根本没人要。

晚饭后我同该舰的军需主任闲谈时,他问我有没有地方睡觉。他比我想的周到,因为我还没考虑这事呢。他把自己的床铺让给我说:"好吧,你在我的住舱睡吧。我一两天不能上床睡了,我得去安排舰上的事情。"

他把床铺指给我,然后拿出一本《舰艇条令》,查找我们在这种情况下有哪些"权利"。在"军舰遇难者"一节里找到了一段,其中讲到要给我们这八百人中的每一个人提供衣服、卧具、毛巾、牙刷、牙膏、肥皂和刮脸刀。他马上命令军需人员忙着去把所有用得上的贮藏室全都打开。

按照名单对巡洋舰的每个舰员一一作了安排,就是说,他们要接待"列克星顿"号的同僚。比如,巡洋舰的舰长把谢尔曼海军上校接进了自己的住舱,巡洋舰副舰长接待塞利格曼海军中校,巡洋舰机电长把住舱让给了海因·容克斯海军中校,依此类推,所有的人都这样作了安排。"列克星顿"号的炮手使巡洋舰上的炮手增加了一倍。巡洋舰的机舱人员住进了机舱,把住舱腾给"列克星顿"号的机舱人员,锅炉舱人员也是如此。我们的陆战队员跟巡洋舰上的陆战队在一起，而信号兵则和他们的同僚在一起。连菲奇海军少将和他的参谋在巡洋舰上也有地方住。巡洋舰上也有将军舱，但舰上没有将军，现在我们的将军和参谋住上了。

飞行员的情况稍有不同。巡洋舰有八名飞行员，而我们各飞行中队上来了几十人。巡洋舰飞行员们还是尽量往自己住舱里安排，剩下的人哪里有地方就安排到哪里，也就是说，走廊和过道里也摆上了小床，有的地方就把床垫放到甲板上。

巡洋舰舰员有一项安排给我留下很深印象。他们都是一人一张床，现在自愿两人占一张床铺，腾出一个铺位让给"列克星顿"号的舰员。他们轮流休息，一个人休息，另一个人值更。

我走到士兵餐室甲板，想看看能不能找到一两个二兵朋友。有几十人坐在那里聊天，满意地吸着香烟。我问大伙："你们在舰上感觉如何？都有床位吗？"

"还有什么说的，很好。他们这么盛情款待，几乎把全舰都让给我们了。"

那天晚上，巡洋舰的乐队凑到一块为我们的吉特巴舞蹈家、低音爵士乐爱好者和即兴爵士乐专家演奏了充满生气的乐曲。

负责编辑这艘巡洋舰的小报的那个海军上尉说，要是我们肯为他提供素材，他想出一期有关"列克星顿"号的专刊，我们开了个会，指定几个"列

"列克星顿"号正在下沉

克星顿"号上的人撰写这艘航空母舰的报道。最后，出了一期八页的专刊。

第一页上是一个来自康科德的民兵的画像，这是"列克星顿"号的桂冠，因为它称为"民兵舰"。这个人物形象站在"列克星顿"号的图案上。下面是一句古老的名言："大海之光永照君。"

第二页登了韦尔登·汉密尔顿海军少校的一首短诗：

> 我们看到了她光荣的一生，
> 使每个目睹她壮烈殉国的人，
> 在保卫祖国的战斗中，
> 想起她就浑身力量倍增。

（选自《"列克星顿"号与珊瑚海海战》，
作者：斯坦利·约翰斯顿［美国］）

奥尔特海军中校最后的话

在"列克星顿"号的水手们同飞行甲板底下深处的可怕景象进行一场不可能取胜的战斗时，"约克城"号也中弹了，密码室已被一颗炸弹炸得粉碎，雷达失去了效用，俯冲轰炸机攻击队队长奥尔特海军中校和他的报务员在攻击"翔鹤"号后返航时飞机受损，并发现自己处于飞行员的最危险的境地——在苍茫大海的上空迷失了方向，而油位指针在零度上面晃动。奥尔特可以用无线电呼叫到"约克城"号——

"约克城"号：最近的陆地在两百英里开外。

珊瑚海战役60周年纪念币

奥尔特：我们永远到不了那里。

"约克城"号：靠你自己了。祝你顺利。

奥尔特：请向"列克星顿"号转达。我们把一颗一千磅的炸弹丢到一艘军舰上了。我们两人都报告了两、三次。敌人战斗机飞来了。我改向北飞行。请告诉我你们是否收听到我的话。

"约克城"号：收听到了。靠你自己了。我将转达你的话。祝你顺利。

奥尔特：好，再见。我们的一颗一千磅的炸弹击中了一艘军舰！

这是人们最后一次听到比尔·奥尔特中校的声音。

珊瑚海战役结束后，尼米兹称这是"一个具有决定性深远意义的胜利"。

阿拉曼战役

战役简述

1942 年 10 月 23 日，在埃及阿拉曼地区，英国第八集团军在蒙哥马利指挥下对隆美尔统率的德、意联军"非洲军团"发起攻击，两军激战十二天，英军获胜，德、意军被迫退到突尼斯边境。阿拉曼位于埃及北部，是第二次世界大战北非地区的主战场。1942 年 10 月底至 11 月初，英国军队在此给德意军队以沉重打击，史称阿拉曼战役。这次战役以英军胜利告终，扭转了北非战争的格局，成为轴心国军队在北非覆灭的开端。

战前形势

1940 年夏秋之际，希特勒的军队在欧洲战场所向披靡。此时，英国本土岌岌可危，无暇顾及海外领地，墨索里尼认为夺取英国在非洲的殖民地，成为北非的主人的时机已经到来。当时意大利在非洲的军队已达 50 万人，而英国只有 5 万多人。

9 月 13 日，在意大利北非最高指挥官格拉齐亚尼率领下，6 个师的意军向沙漠进军，但只前进了 50 英里，就在细第巴拉尼停止不前。12 月 7 日夜里，英军前线总指挥阿康纳将军率 3 万英军，在 275 辆坦克的掩护下向意军主动出击，一路势不可挡。12 月 11 日，英军攻克细第巴拉尼，俘获意军官兵 4 万人，火炮 400 门。这是英国人在第二次世界大战中的首次大胜。

1941 年 2 月 3 日，得到增援的英军在阿康纳将军指挥下，3 天内就夺取了班加西，俘虏 2 万人，此时，格拉齐亚尼在北非的主力部队已全军覆没，剩下的黎波里这个北非最后的海岸据点，但此时丘吉尔为应付巴尔干战区的局势，把部队调往希腊，从而命令魏内尔停止进攻，否则英军完全可将意大利人逐出北非。

遭受打击的墨索里尼只好向希特勒求援。1941 年 2 月 6 日，希特勒召见埃尔温·隆美尔，任命他为非洲军军长，去救援意大利人。这个非洲军实际上只有 2 个师，即第 5 轻快师和第 15 装甲师。

2 月 12 日，隆美尔到达的黎波里。两天后，一艘德国运输船成功避开英国海军的视线，将两个营的兵力运抵非洲，上岸 26 小时后便抵达前线。为弥补兵力不足，隆美尔虚张声势，把汽车伪装成坦克，于 3 月 31 日突然向英军发动攻击，占领阿格海拉瓶颈地带，隆美尔的虚张声势，鱼目混珠的计策产生了奇效。

4 月 2 日，隆美尔再次发起进攻，第二天占领班加西。

4 月 6 日，曾战胜意大利 10 万大军的阿康纳将军赶往前线帮助尼姆指挥战斗，但在夜间，俩人不幸跑进德军警戒线内，被德军轻松俘虏。两个星期内，隆美尔已把英国人重新赶回埃及边界。此时，意军的全部失地只剩后方的多布鲁克一座孤城还在英军手中。4 月 11 日，德军攻打多布鲁克无功而返，英军也无法突围，

隆美尔的装甲部队

战事进入僵持阶段。

从 4 月底开始，英国人源源不断地增援非洲，5 月中旬，魏内尔不等增援全部到达，便发动进攻，代号充分体现出他的意图：简短作战。他攻克了意大利人把守的哈法亚隘道，但仅仅 12 天后就被德军夺回。到了 6 月中旬，英军又发动了一次代号为"战斧作战"的进攻，丘吉尔对这次进攻充满信心，不料隆美尔在英军必经的哈法亚隘道设下 88 毫米高射炮，用各种野战炮和坦克组成的密集的火力网，将英军的坦克主力消灭殆尽，而隆美尔只损失了 12 辆坦克。在另一场坦克交战中他又击败了英军第 7 装甲师，这支部队的队徽是沙漠之鼠，这正合"沙漠之狐"的胃口。直到战争结束后，心有余悸的英军士兵还将哈法亚隘道称为"地狱火隘道"。

"战斧作战"失败四天后，魏内尔被免职，由奥金莱克接任中东军总司令，北非的各路英军组成第 8 军团，孔令汉将军任司令。丘吉尔下了狠心，一定要在短期内击溃隆美尔的非洲军，他向北非运送了大批增援部队，甚至将远东问题也暂时搁在一旁。

1941 年 11 月 18 日，英军发动了代号为"十字军作战"的进攻，在德军后方困守孤城多布鲁克的英军也从海上获得增援，准备里应外合，一举击破德军的围困。

此时隆美尔正准备向多布鲁克发动新一轮的进攻，英军第 8 军团在孔令汉指挥下抢先发动了"十字军作战"，这是一场结果都出乎双方意料之外的混战。起初隆美尔误认为是一次英军试探虚实的行动，并不打算放弃对多布鲁克的围攻，而英军意在彻底击溃德军，解多布鲁克守军之围。11 月 21 日，英军第 30 军的第 7 装甲师、南非师、第 22 警卫旅出发到西迪拉杰格，向多布鲁克进军，城内英军向外突击也获相当进展。就在内外两支英军快要会师之际，隆美尔方才认清形势的严峻，他决定调回第 21、第 15 装甲师，首先歼灭援救多布鲁克的英军。

11 月 22、23 日，双方在西迪拉杰格展开坦克会战，德军经验老到，技高一筹，两天激战的结果是德军付出高昂代价后获胜。第二天，也就是 11 月 24

日，隆美尔放弃战场控制权和即将到手的主战场的胜利，亲自率其全部机动兵力向英军后方塞卢姆攻击前进，意图切断对方的交通补给线，困死英军。

见此举动，第 8 军团司令孔令汉似乎认为大势已去，正准备下令全面撤退，就在此时奥金莱克来到前线，他认为隆美尔向英军后方的"冲刺"毫无价值，不必理会。他派里奇将军从已丧失斗志的孔令汉手中接过第 8 军团指挥权，命令按原方案继续作战。

在之后一年的时间里，德军几乎在撤退中度过，隆美尔转进有序，不断突施反击，几次重创拖拖拉拉的英军追击部队，终于在布雷加港站住了脚，开始集结力量，等待增援，准备反攻。

1942 年 1 月 20 日夜晚，德军放火烧了布雷加港的村镇和停泊在港口的一支货船队，以便给英军造成继续撤退的假相。1 月 21 日下午，德军发起突袭，里奇的第 8 军团猝不及防，仓皇后撤，隆美尔乘机追杀，至 2 月 6 日攻占了昔兰尼加，英军被迫退守加查拉防线。

1942 年 3 月到 5 月期间，隆美尔一心想在英军元气未恢复之前，将其彻底击溃，并且攻入北非重镇多布鲁克，但这时德意两国首脑和部分高级将领在对马耳他岛进攻的日期上出现了分歧。德国海军元帅雷德尔、空军元帅凯塞林、意军总参谋长卡伐里罗都认为要将英国人赶出北非，就必须占领马耳他这块"地中海的踏脚石"，希特勒同意了这个方案。

4 月 2 日起，凯塞林指挥德意两国空军联合实施攻击，对该岛进行了一个月的轰炸，使英国在该岛的海、陆、空三军处于瘫痪的边缘。在 4 月 2 日至 5 月 10 日期间，德军向阿拉曼迅速挺进时，隆美尔的非洲军团得到来自地中海上的增援补给。通往阿拉曼的一连串胜利也都得益于这次对马耳他岛的轰炸。

4 月 29 日，希特勒和墨索里尼在希特勒的山间别墅会晤，意大利人虽然明白表示要把英军赶出中东必须占领马耳他，但又明确表示意大利在今后 3 个月恐怕无法参加此项作战，而没有意大利人陆海空的支援，德国人孤掌难鸣。两国首脑讨论后决定：隆美尔于 5 月底发动进攻，如可能攻取多布鲁克，就前进到埃及边境一线为止；至迟在 6 月中旬或 7 月的月圆时，发动代号为"大

力士"的登陆作战，一举夺
取马耳他，保障隆美尔继续
向埃及境内深入作战。但是
早在 3 月，隆美尔就向希特
勒和墨索里尼明确表示，如
果 6 月份不能发动对马耳他
的进攻，他就在 5 月底发动
新一轮攻势。

隆美尔在他的指挥车上

5 月 26 日，隆美尔向加
查拉发动打击，进攻计划较
简单，以意大利 2 个步兵军在北面近海岸的正面佯攻，他亲率非洲军和意
大利的几个装甲师组成真正的攻击部队，绕过加查拉防线的最南端，然后向北
面进攻英军加查拉防线后方，直到进至海岸公路，切断对方退路，将其全部
围歼，然后乘胜攻取多布鲁克重镇。

5 月 26 日下午 14 点，意大利步兵军正面佯攻开始，同时德军也将 2 个坦
克团投入正面，到下午将坦克部队悉数撤出，加入隆美尔的攻击部队。为欺
骗敌人以掩护坦克撤出，又在加查拉正面进攻的步兵后面，用许多卡车装上
飞机螺旋桨在沙漠上来回开动，旋转的螺旋桨扬起漫天沙尘，给对手一种坦
克部队正在增援上来的假相。而当月亮升起来时，10000 多辆各种战斗运输车
辆向南移动，绕过英军防线最南端的比尔哈克门据点，折向北方，向英军加
查拉防线后方攻击前进。但其后 3 天纵队一直受阻，在 28、29 日两天里纵队
的情况简直到了毁灭的边缘。由于意军正面佯攻不力，英军得以把坦克部队
迅速从正面调来对付他，英军掩杀过来的坦克是美国人援助的威力巨大的"格
兰特"坦克，隆美尔的补给车队被冲得落花流水，就连隆美尔本人也差点当
了俘虏。

度过危机的隆美尔，在"锅底型"地带建立了一个防御阵地用来消耗英
军的坦克攻击。这时，奥金莱克将军一再嘱咐英军第 8 军团司令里克：不要

分散使用坦克部队，而要以师为单位使用坦克。但里奇却没能接受上司这个意见，分批将坦克部队投入"锅底"周围的进攻。隆美尔巧妙地实施战术，把它们一口一口地吃掉了。等英军坦克部队实力消耗殆尽时，隆美尔便从防御阵地中冲了出来。为使以后进一步作战时运输补给线畅通，隆美尔的部队从6月2日起开始围攻比尔哈克门，但遭到法国第1旅守军的顽强抵抗，经过10天从地面到空中的猛烈攻击，才在6月11日占领比尔哈克。

隆美尔被困在"锅底"地带遭受英军攻击时，他面临的形势相当险峻。表面上是他绕过加查拉防线，突入英军后方，实际上他已陷入重围。5月底的一天，英国一家新闻机构报道说"隆美尔已钻进猎套被牢牢地套住，这只狐狸的尾巴尚在摆动"。事实也的确如此，他同其他部队的无线电通讯已中断，几天后才恢复，司令部也被英军坦克冲散。他属下的几个意军坦克师也很滑头，两天里不知躲在哪里，部队里谣言四起："非洲军被包围了"，"英国兵缴获了我们全部的给养"，"英军包围了我们并占领了德尔那"，"隆美尔、奈宁、克鲁威尔都死了"……失去联系的德国空军向隆美尔地面部队乱扔炸弹，自相残杀，一片混乱，非洲军军长、能征惯战的克鲁威尔将军在5月29日，因座机被击落而被英军生俘。但英军指挥官里奇没有利用这一转瞬即逝的机会，他手中的几百辆机动坦克都无所事事，最终让隆美尔缓过劲来。

攻占了比尔哈克门之后，隆美尔重新掌握了战场主动权。接着他乘胜追击，接连歼灭140辆英军坦克，英军在战场上只剩下70辆作战坦克了。隆美尔再接再厉，经激战于6月13日攻占加查拉防线后方重要据点骑士桥，第8军团第二天仓皇溃退，加查拉防线遂告崩溃。隆美尔乘胜冲向海岸，6月17日包围多布鲁克，就在英国《伦敦时报》报导"多布鲁克的防御现在比过去任何时候都更坚固"的第二天，德军非洲军团攻占该城。英军多布鲁克要塞司令克洛普将军率35000名官兵投降，德军俘获大量军用物资。6月22日上午10点，隆美尔被一阵欢呼声惊醒，收音机里传来德国广播员的声音："元首大本营，6月22日，元首晋升非洲装甲军团司令官隆美尔上将为陆军元帅。"

双方兵力分析

同盟国

在"轻足行动"的名义下，蒙哥马利计划用两支突击队穿越德军在北部布设的雷场，之后装甲部队会经过这里去打败德军装甲部队。同时一些部队会在南方佯攻，这样剩余的轴心国部队就不会北上增援。蒙哥马利计划用12天的时间分"闯入，混战，击败"这三步来取得胜利。

第一阶段进攻的计划是：四个步兵师会推进到一个叫"酢浆草线"的地方，摧毁轴心国外部防线。与此同时，工兵会在雷区中清除地雷并划出安全通道，而装甲师会从这里经过并且推进到"峇嗇鬼线"，在那里他们会检查自己任务的完成进度并向后方报告，他们还会夺取"皮尔逊线"，在那里他们会暂时停留并巩固自己的位置。这两条线都位于轴心国防区深处。在战役发生几个月前，英联邦军队使用了一些欺骗战术，为的是使轴心国在开战时措手不及。他们不仅要在战斗地点上欺骗他们，还要让他们获得错误的发起时间。这些欺骗的代号为"柏特来姆行动"。9月，盟军在北部倾倒了一些废弃物品（比如拆掉的旅行箱）并将它们伪装起来，使它们看起来就像弹药库和粮仓。轴心国军很自然地发现了它们，但是在此之后盟军没有发起大规模攻击，而且一段时间过去后那些"弹药库"和"粮仓"的位置也没有改变，于是轴心国军也就没把它们放在眼里。这就使第八集团军能在夜间于前线将那些废弃物换成真正的弹药库、油罐和粮仓，而不被敌人发现。与此同时，盟军还开始建造一条假的输油管，这将会使轴心国军认为战役将会在盟军计划的开始时间以后开始，而地点会在南方。为了更进一步地迷惑敌人，盟军在南方用胶合板来覆盖住吉普车，使之看起来像坦克，而北方的坦克也被盖上了胶合板，看起来就像运输队。

轴心国

经过阿拉穆·哈尔发一战，轴心国军队损失惨重。德军与意军的士兵都变得很疲惫，并且他们只能靠缴获的盟军给养来维持生活。在 8 月时，隆美尔的部队在人员和装备上仍然具有优势。但是在此之后，英联邦军队从英国、印度和澳大利亚得到了大批人员和装备，并从美国获得了一些坦克和卡车，而隆美尔的部队没有得到任何支援，他的优势很快就失去了。他一直在向国内请求支援，但是当时苏联的顽强抵抗使德国战争机器的注意力都集中在了东线战场，只有很少量的支援到达了北非。

隆美尔预料到英联邦军队很快就会强大到能对他的部队发动进攻。他唯一的希望就是在斯大林格勒作战的德军能够迅速打败苏军，然后通过外高加索向南移动，威胁波斯（伊朗）和中东地区。这将会使大量的英联邦部队从埃及被送到波斯去帮助英军防守，因此英联邦军队对德军的攻击也将会延迟。在这个时候，隆美尔就可以催促德军高层指挥官为他的部队提供支援。最终，他的非洲军团就会和位于苏联南部的德军联合起来，打败位于北非和中东的英联邦军队。

隆美尔的部队正在等待英联邦军队的进攻和德军在斯大林格勒的胜利。他们布设了 50 多万颗地雷，它们主要由反坦克地雷组成，还混有人员杀伤雷。

隆美尔将德军与意军交替部署在前线。他的部队包括了两个德军装甲师和一个德军摩托化步兵师，还有一支同样大小的意大利部队。由于盟军的欺骗战术迷惑了轴心国，使他们不清楚英联邦会在哪一点发起攻击，因此隆美尔在整个前

德军坦克

线都部署了军队。这就延长了他们集中兵力抵抗英联邦进攻的时间，并且这样也会消耗大量油料，而这正是隆美尔所缺乏的。

战役进程

隆美尔攻占多布鲁克之后，立即对溃逃的英军发起追击。6月25日，英军第8军团退守至梅尔沙马特鲁，当天夜晚，奥金莱克赶到前线，亲自接管第8军团指挥权。

6月28日黄昏，隆美尔的装甲部队攻占弗卡，30日黄昏抵达阿拉曼一线，此时他距亚历山大港这个著名的非洲古城只剩60英里路程了。

当隆美尔的先头部队进抵阿拉曼时，亚历山大港的英国海军已经经苏伊士运河向红海逃去，开罗火车站挤满了逃难的百姓，军事机关拼命焚烧档案，灰白纸屑漫天飞舞，英军士兵幽默地将这恐怖的一天称为"纸灰星期三"，此刻埃及地下抵抗组织领导人也抵达北非与隆美尔会晤。

但事实上，隆美尔的攻势已过顶峰，开始走向低潮，而表面低迷的英国人其实正在积蓄力量，准备发动反击。

1941年6月30日，隆美尔发起进攻，第一次阿拉曼战役拉开序幕，到7月3日为止的4天中，隆美尔不断变换战术和进攻方向，向英军几个阵地发动了4次极具规模的进攻，但全部以失败而告终。非洲军团只剩下26辆坦克。7月3日夜晚，隆美尔被迫下令转入防御。7月4日晨，奥金莱克指挥英军向德军发动反攻，此后，奥金莱克共发动6次进攻，而隆美尔也发动了3次进攻，非洲军团几次几乎被消灭，但最终都转危为安。英军也几次胜利在望，但也都功亏一篑。奥金莱克最终还是没有把隆美尔从阿拉曼击退。而隆美尔也未曾到达埃及首都开罗，实际上从5月26日以来，他发动的攻势就再也没有取得实质性进展。

7月26日以后，双方都感到谁也无法在近期取得决定性的胜利，战场进入了僵持阶段。从双方的补给情况来看，时间拖得越长，形势就越对英军有利，马耳他岛基地已恢复元气，一支潜艇部队和远程轰炸机部队已进驻该岛，轴心国的运输船队从 7 月开始屡屡被击沉，在 8 月最后一个星期里，英军获得 50 万吨补给品，而德意军队拥有的只不过 1 万吨。只有两条路可供隆美尔选择：（1）退出埃及回到昔兰尼加地区，以便固守利比亚，在北非维持一个长期僵局；（2）虽然自身已处劣势，但英军目前肯定比几个月后得到进一步补充时要虚弱得多，不如孤注一掷，全力进攻，或许凭借德军战术技巧和人员素质上的优势，侥幸打胜。但是倘若既不主动进攻，又不主动后撤，无疑是坐以待毙。

英军女兵在人面身狮像下游玩

隆美尔将方案提交柏林，希特勒当然不会轻易向英国人低头，所以，隆美尔只能在不利的处境中发动进攻。然而，隆美尔觉得实在没把握，他的燃料已不足以发动一次像样的进攻，故而他坚决要求在没有解决燃料问题前不能贸然行动。于是意军总参谋长卡伐里罗向他保证，当他在 8 月 30 日月圆时发动进攻后几小时，一艘 6000 吨油轮将抵达北非，凯塞林也向他保证：在所有努力都失败之后，他将提供 700 吨汽油。对此隆美尔将信将疑。

英军的情况正相反，他们只要拖延时间，便可在实力上获得对德军的压倒优势。由于加查拉防线的崩溃和多布鲁克的陷落，丘吉尔在国内遇到很大压力，他要求奥金莱克的部队发动进攻，以缓和国内舆论，并在国际上挽回点面子，但奥金莱克坚决抵制这一命令，他认定要等一切准备好，即在实力上取得压倒性优势时，才发动进攻，丘吉尔盛怒之下将他罢职，由亚历山大将军接任中东军司令，原第 3 军团 13 军军长高特将军升为第 8 军团司令。但高特因飞机失事不幸身亡，蒙哥马利中将临危受命接任第 8 军团的指挥。但蒙哥马利和奥金莱克一样拒绝丘吉尔立即发动进攻的要求，他也要等一切准备好，有了必胜的条件后，才发动对德军的打击。

尽管隆美尔明知处境不利，胜利没有多少把握，并且怀疑卡伐里罗和凯

德军炮兵

塞林的保证，他还是觉得与其坐以待毙，不如孤注一掷。他决心按计划在 8 月底月圆时分发起第二次阿拉曼战役，力求全歼英军第 8 军团。

当时双方实力对比是：隆美尔有 440 辆坦克，其中意大利军的 200 辆是老式陈旧的；蒙哥马利有 760 辆坦克，其中有美国最新式的"格兰特"坦克 300 辆。英军空军对德军空军的战场比例是 5：1，占绝对优势。在人数上，隆美尔 9.6 万人，蒙哥马利 10 万多一点。因为是沙漠坦克战，决定胜负的主要是制空权，坦克、火炮和海陆补给线的畅通，所以，人数上略有差异，不足以影响大局。

隆美尔的进攻计划是：由北向南依次部署德军第 164 步兵师，意军第 21 军，1 个德国伞兵旅和意军第 10 军中的布里西亚师，用这些第一线兵力在北面海岸地区发动佯攻，在中部作一个牵制性攻击，他亲率非洲军第 21、第 15 装甲师，第 90 轻快师，意大利第 20 军，包括 2 个装甲师和突斯提步兵师组成主力突击集群，在英军阿拉曼防区南端的地雷场实施突破，然后北上攻取阿拉姆·哈勒法山岭，直扑阿拉曼英军防线后方，并且在那里与英军主力决战，全歼第 8 军团，此外还有 3 个意大利师留在梅尔沙马特鲁·巴尔地区充当总预备队。

隆美尔计划的前提是建立在德军高超的战术技巧和指挥官灵活机动的应变能力，以及英军反应迟钝三个条件之上的。但是，英国人早就能利用艾尼格马密码机破译德军最高机密，但规定只有到大英帝国生死攸关的时刻，才可以使用它。这次阿拉曼会战关系到大英帝国海外殖民地心脏地区的安危，故而再次起用艾尼格马密码机，都破译了德军全部作战机密，隆美尔进攻计划的每一个细节，英国人都一清二楚。

8月30日夜晚，隆美尔带着他的"突击群"开始了一场豪赌。他手头现有的汽油只够他突破地雷场，进到海岸公路的英军后方。所以他无力像在加查拉那样绕过阿拉曼防线的布雷场，直扑英军后方，而不得不硬着头皮从英军地雷场闯开一条通道。他没料到蒙哥马利将英军地雷场安排得异常密集，难以通过，他的排雷工兵在前面拼命地排雷，他的"突击群"被困在布雷区，挤作一团，英军照明弹将夜晚照得如同白昼，轰炸机群在非洲军团头上狂轰滥炸。卡车、装甲运兵车、坦克一辆接一辆被烧成灰烬。

第二天上午8点，隆美尔驱车赶到前线，被自己部下的遭遇所震惊。因为，按计划非洲军团的先头部队应于夜间通过地雷场，在第二天拂晓，攻下阿拉姆·哈勒法山岭。而此刻非洲军参谋长拜尔莱茵上校向他报告，第21、第15装甲师刚刚前进至地雷场的尽头。前进的道路已打开，情况出乎意料的严峻，时间表已被打乱，隆美尔开始对继续进攻犹豫不决。但拜尔莱茵认为已经付出这样大的代价就应毫不犹豫按计划进攻。于是，隆美尔无法选择，只得前进。下午6时，隆美尔的"突击群"抵达阿拉姆·哈勒法山脊，面对132高地，他已是蒙哥马利的瓮中之鳖。非洲军的"突击群"在此之前穿越了一片软沙地带，消耗了大量的汽油，现在他的"突击群"车队所剩汽油只够再行驶30英里，无法实施战场机动。因而，无力按原计划继续东进迂回阿拉姆·哈勒法山脊后方，迫使守军放弃防御，只好硬碰硬地向英军正面发起攻击，而这正中蒙哥马利的下怀。

英国空军完全掌握了制空权，夜以继日的轰炸，使隆美尔处于进退两难的困境。这时的隆美尔一直在等着汽油运来，卡伐里罗答应在进攻发起几小时便可到达的油轮，已在8月31日被英国人在多布鲁克悉数击沉。凯

一辆英军重型坦克在前进中受到德炮轰击

塞林并没有开空头支票，他确实提供了 700 吨汽油，但在运往前线途中已被运输车队自身消耗殆尽了。

9 月 1 日，隆美尔的部队在地面遭到了蒙哥马利的强大阻击，空中又有英国空军的火力压制，损失惨重，而且汽油储备也已消耗殆尽，9 月 2 日早晨，隆美尔决定撤退，但缺乏汽油，不能大规模行动，"突击群"只能坐以待毙，9 月 3 日，隆美尔不得不抛弃 50 辆坦克、50 门野战炮和反坦克炮等重火力装备，原因是它们已经失去了前进的燃料，全力以赴向东撤退。到 9 月 6 日，隆美尔且战且退，通过了原先出发时的英军南端的地雷场。所幸由于蒙哥马利的过于谨慎，没有尽全力堵截。

阿拉姆·哈勒法之战以隆美尔失败而告终。它也是阿拉曼会战中的第二次交战，同时也是该次会战的转折点，如果说阿拉曼会战是北非战场的转折点，那么更准确地说，双方在北非战场的命运正是在阿拉姆·哈勒法之战中决定的。德军进军开罗，跨过苏伊士运河，穿越中东，与苏联境内的克莱斯特装甲军团会师高加索的美梦破碎了，隆美尔不可战胜的神话也破灭了。

9 月 9 日到 10 月底这段时间里，各种作战物资源源不断送到蒙哥马利手中，他的实力大为增强，通过训练，部队的战斗素质也提高了不少，而这段时间里，隆美尔却因病回德国休假，非洲军团的指挥权暂由施登姆将军代理，北非的部队也只获得极为可怜的补给。在英军 10 月底发动强大攻势前几个星期里，没有一艘油轮到达北非。

10 月 24 日，希特勒直接打电话给正在奥地利山庄里养病的隆美尔，急令他立即飞回非洲，指挥作战。10 月 25 日黄昏，隆美尔飞抵非洲军团的指挥总部，并向部队发出告示："我再次担任全军指挥。"

令隆美尔头痛的第一件事就是汽油

德国伤兵

的极度缺乏，当他确信英军主力在北面时，冒着极大风险将后备队和南面的第21装甲师、炮兵主力部队调往北面，因为一旦判断错误这些部队将再也没有燃料运送到其他地区了。由于隆美尔判断准确，到了10月26日，蒙哥马利的进攻受挫，死伤枕藉。10月28日，蒙哥马利再度发动进攻，第二天又被阻止。英军和德军坦克损失比例是4∶1，但英军实际优势反增加到11∶1。隆美尔只剩90辆坦克，而蒙哥马利尚有800辆坦克。11月2日，蒙哥马利第三次进攻，虽收获甚微，但隆美尔已无力再战。11月3日中午，隆美尔的无线电侦察部门截听到蒙哥马利强大的坦克部队准备迂回海岸公路，截断非洲军团的道路。

11月4日下午3点30分，意大利第20军全军覆灭，意大利第10军全面溃败。英军在防线上已打开12英里宽的突破口，坦克如潮水般涌入。在这即将全军覆没的时刻，隆美尔不等希特勒下达命令，冒着上军事法庭的危险，断然下令撤退。第二天隆美尔接到希特勒的电报："既然木已成舟，那么我同意你的要求。"终于，隆美尔带着残余部队，带着曾经百战百胜的非洲军团，从阿拉曼开始了艰苦的2000英里大撤退。

1942年11月8日，英美盟军在摩洛哥和阿尔及利亚登陆，虽然这支登陆部队尚与蒙哥马利的部队相距遥远，但隆美尔的非洲军团已处于被两面夹击的态势，他已意识到北非的失败只是迟早的事。11月中旬，隆美尔燃料不济，陷于不能行动的绝境，幸亏凯塞林给他空运来80吨汽油，又恰逢两天暴雨大作，英军前进受阻，他再一次绝处逢生，逃脱英军的围歼。11月21日。他燃料用尽，在利比亚的阿杰达比亚又陷停顿。这时被英军鱼雷击沉的"阿尔普"

盟军坦克向敌阵冲击

盟军俘虏了大量德、意官兵

号油船上的箱子和油桶成百上千地漂浮到阿格拉到布雷加一带海岸，命运之神再一次挽救了隆美尔和他的非洲军团。

12月中旬，隆美尔退到突尼斯境内，他开始酝酿一个新的想法。他想同在突尼斯先前登陆的阿尔尼姆的德军第5装甲军团合兵一处，给毫无沙漠战斗经验的美国人一个下马威。

1943年2月中旬，隆美尔突然向锡迪—布齐德发动进攻，美军A战斗群被打得措手不及，落荒而逃。2月17日，美军全线溃退。

2月20日，隆美尔的部队在凯塞林隘道重创美军第2军主力，大获全胜，但他手下的第21装甲师的指挥官希尔德布兰特愚蠢地不去乘胜攻占战略要点特拉镇。假如及时攻占该镇，英美军队就无法阻止德军的前进。当隆美尔侦获到英军指挥"不准以任何借口向后撤退一步"的命令后，便因指挥上的一连串不顺手和阿尔尼姆拒调装甲部队的缘故，判定自己的攻势已到极限，断然决定收兵。

现在，隆美尔决定回到东面的马里斯防线，跟蒙哥马利算一次总账。隆美尔破天荒地建议来一次两面夹击，以第10、第21装甲师从海岸附近的北线出击，第15装甲师和第164轻快师一部从南线穿山而出，但计划遭到梅斯等人的反对，隆美尔只好采取经常惯用的"右肘弯击"战术。然而蒙哥马利再一次通过艾尼格马密码机，得知了隆美尔全部进攻计划细节，包括进攻的地点、途径、时间，他又一次布下陷阱，等待德军的进攻，这场被称为"卡普里行动"的梅德宁战役，在1943年3月5日打响，德军3个精锐的装甲师突然跃出，后面是几百辆运载步兵的卡车跟随其后，向蒙哥马利的铁壁铜墙撞去。中午，新任非洲军司令汉斯·克拉默将军向隆美尔报告说："坦克部队没有取得任何进展。"下午 5 点，损失了 350 辆坦克的隆美尔被迫取消了进攻。这也是他在北非的最后一战。不几天，患病的他便决定回国治疗，而且一去就再没回来过，终于结束了他在北非的战斗生涯。

隆美尔离开非洲后 2 个月左右，5 月 13 日，25 万北非德意军队经抵抗后，在弹尽粮绝的情况下由阿尔尼姆将军和梅斯元帅率领，向英美盟军投降。其中德军 15 万人，只有 633 人从海上逃走，该日下午 2 点 15 分，英军总司令亚历山大将军向丘吉尔发出电文：

"首相阁下，职正式报告突尼斯战役已完全结束。敌军一切抵抗均已中止。我军已为全部海岸的主人。"

阿拉曼战役终以同盟国的胜利，轴心国的失败而告终。

战役影响

此次战役，英军以其海空优势，封锁和破坏对方后勤补给线，使德军难于在沙漠地区机动兵力和持久作战。英军根据地形、敌情及时改变部署，集中优势兵力，实施正面进攻，以德意步兵阵地和有生力量为打击重点，使德军坦克部队因缺乏步兵支援难以固守阵地只得退却。德军则利用沙漠草原地带布雷迅速的特点，广泛设置雷区，依托高地进行防守，以近战火力重创英军（杀伤英军 1.3 万人，击毁坦克 500 辆），对阻止英军集群坦克进攻起了很大作用。但由于德意联军兵力、兵器、油料、弹药、粮食和饮水都得不到补充，终于被英军击败。

阿拉曼战役，英军歼敌 5.5 万人，击毁坦克装甲车 350 辆。但因英军冲击不果敢，行动迟缓，未能全歼德意联军。尽管如此，此役仍是第二次世界大战非洲战场的转折点。从此，战争主动权落入英军手中。

双方主将

蒙哥马利

伯纳德·劳·蒙哥马利（1887—1976），出生在伦敦肯宁敦区圣马克教区的一个牧师家庭。1901年14岁时才正式上学，文化成绩低劣，但体育成绩极棒。1907年奇迹般地考入了桑德赫斯特皇家军事学院。1908年12月毕业后，加入了驻印度的皇家沃里克郡团，当了一名少尉排长。

第一次世界大战期间，蒙哥马利曾在法国、比利时战场服役，身负重伤，差点送命。1918年大战结束时，任师司令部中校一级参谋。

蒙哥马利

1920年1月，蒙哥马利跨进坎伯利参谋学院的大门，同年12月毕业后，参加过爱尔兰战争。1926年1月，被调回参谋学院任教官。1934年调任奎塔参谋学院主任教官。

1937年起调任第9步兵旅旅长，因带兵有方，得到当时南部军区司令韦维尔的赏识。1938年10月任驻巴勒斯坦第8师师长，参与镇压巴勒斯坦人的武装暴动，被晋升为少将。1939年8月，调回国内接任以"钢铁师"著称的第3师师长。

第二次世界大战爆发后，蒙哥马利率第3师随同英远征军横跨英吉利海峡，进入法国。1940年5月，德军闪击西欧时，他与法、比军队并肩作战，后被迫随英远征军从敦刻尔克撤回英国。蒙哥马利曾参加指挥敦刻尔克大撤退。1940年先后任第5军、第12军军长。12月又升任英格兰东南军区司令，负责选拔、调整、培养各级指挥官，严格训练部队，提高军事素质。

1942年7月，北非沙漠中的英国第8集团军，被"沙漠之狐"隆美尔的德国非洲军团击败，退守埃及境内的阿拉曼地区。1942年8月4日，丘吉尔任命蒙哥马利将军为第 8 集团军司令。蒙哥马利的到来改变了一切。他得到丘吉尔的支持，英国的密码破译专家向他提供隆美尔的战术计划的全部概况。蒙哥马利精心积聚力量，1942 年 10 月 23 日至 11 月 4 日在阿拉曼地区率部与德、意军队激战，挫败德国"沙漠之狐"隆美尔，从而扭转了北非的战局。他由此声誉大振，被人们称之为捕捉"沙漠之狐"的猎手。随后第 8 集团军与盟军配合于 1943 年 5 月在突尼斯全歼北非残敌。阿拉曼战役后，蒙哥马利受封为爵士，并晋升为陆军上将。

1943 年 7 月，他率英军第八集团军在意大利西西里岛登陆。9—12 月，协同美军实施进军意大利南部的战役。

1944 年 1 月，调任第 21 集团军群司令兼地面部队司令，参与诺曼底登陆战役的计划制定工作。1944 年 6 月，蒙哥马利协助艾森豪威尔指挥诺曼底登陆。9 月 1 日晋升为陆军元帅。此后，率领英国和加拿大部队转战法、比、荷、德。1944 年 9 月制定并指挥"市场花园行动作战"，没有达到最终的目的。

1945 年指挥第 21 集团军群横渡莱茵河进入德国本土，5 月代表盟军在吕讷堡荒原接受德军北方兵团的投降，任驻德英国占领军司令和盟国对德管制委员会英方代表。

1946 年成为嘉德勋爵士并封子爵。1946-1948 年任帝国总参谋长。1948-1951 年任西欧联盟常设防务机构主席。1951-1958 年任北大西洋公约组织军队副司令。

1958 年，蒙哥马利结束了 50 年的军旅生涯退休。他是英国历史上服役最久的将领。

蒙哥马利曾两次访问中国。1960 年 5 月 24 日，蒙哥马利访华。5 月 27 日晚上，毛泽东主席在上海会见了蒙哥马利。1961 年 9 月蒙哥马利第二次访华。这一次中国外交部做了周密安排：他于 9 月 9 日至 20 日访问包头、太原、延安、西安、三门峡、洛阳、郑州、武汉，回北京后由周恩来跟他会谈，然后再同毛泽东见面。

1976 年 3 月 25 日，在英格兰汉普郡奥尔顿逝世。终年 89 岁。

隆美尔

埃尔温·隆美尔（1891—1944），二战中德国最负盛名的将领，也是希特勒最为宠爱的将领。稍对世界军事史有了解的人都会知道他那个著名的绰号——"沙漠之狐"。由于他在北非沙漠战场的一系列惊人战绩（隆美尔率领2个师的军队在北非仅仅用了2个星期就让英军之前2个月的战果丧失殆尽）和德国及盟国媒体的疯狂宣传，他在世时就已成为一个具有传奇色彩的军人和德国人崇拜的偶像。

隆美尔

隆美尔曾经参加过第一次世界大战，在第一次世界大战中，隆美尔就展现出了卓越的军事才华。1918年，德国十一月资产阶级革命时期，他任警卫连连长。从1919年起，他历任连长、德累斯顿步兵学校战术教员、戈斯拉尔市猎骑兵营营长、波茨坦军事学校教员、维也纳新城军事学校校长、希特勒大本营卫队长等职。1940年2月任坦克第七师师长，参加了对法战争。在第二次世界大战中，他对作战经过作了详细的日记，保存了大量的文献资料，为后人研究第二次世界大战提供了依据。

第二次世界大战爆发后，隆美尔作为德国最高统帅部的指挥官之一，受到希特勒的器重。1940年2月，希特勒任命他为第7装甲师师长，并赠予《我的奋斗》一书。5—6月间，在德军闪击西欧的侵略战争中，隆美尔指挥装甲第7师冲在最前面，先克比利时，接着是阿拉斯、索姆，最后直捣法国西海岸，被法国人称之为"魔鬼之师"。

1941年2月，希特勒又任命隆美尔为"德国非洲军"军长，前往北非援救一败涂地的意大利军队。他到达北非的黎波里前线后，立即作了一次侦察飞行，得出了"最好的防御就是进攻"的结论。于是他便改变"固守防线"的命令，指挥他的装甲部队冒着沙漠风暴勇猛穿插，全速前进。英军猝不及防，节节败退。德军直逼亚历山大和苏伊士。隆美尔因此名声大振，赢得了"沙漠之狐"的美名，并被晋升为元帅。后来，德军主力被牵制在苏德战场，希特勒不肯抽兵援助北非前线，致使隆美尔不得不停止进攻而在阿拉曼进行防守。

1942年11月，隆美尔以其仅有的5万军队和550辆坦克在阿拉曼地区抗击蒙哥马利的19.5万军队和1029辆坦克，终因寡不敌众而惨遭失败。1943年3月，隆美尔奉召回德国大本营。同年7月，调任驻北意大利的陆军"B"集团军群司令。1943年12月至1944年7月，他率陆军"B"集团军群在法国组织防御，指挥抵抗诺曼底登陆战役。随后，德国发生了行刺希特勒未遂事件，隆美尔株连其中。1944年10月14日，由于希特勒派人逼迫，他在一辆小轿车中服毒自尽，而对外宣布的消息，则是"隆美尔陆军元帅在途中中风去世"。

战争中的故事

蒙哥马利对阿拉曼战役的总结

纵观蒙哥马利的职业生涯，阿拉曼战役无疑是他的杰作，在他的回忆录中，他这样总结了阿拉曼战役：

任何战役都令人从中得到许多教训，在英国陆军中，我们往往一味注意细节，反而忽视了细节所依据的基本原则。

这场战事有三个明显阶段，作战行动即依此进行。

第一阶段，冲进，这时要争夺阵地，换句话说就是争取战术上的优势。这阶段结束时，我们必须已经占好集团，并把兵力"适当编配"，以便可以立即开始第二阶段，换言之，我们必须实在取得战术上的优势。

第二阶段，混战，我选用这名词来描述冲进后必然发生的艰苦血战，在这阶段中，我们必须大大削弱敌军的实力，使他们在我们发动最后攻击时瓦解。

第三阶段，冲出，要冲出就要在一选定地点猛击敌人，在混战阶段中，我们已使敌人相信我军会在北面的沿岸地区冲出，敌人于是把德国部队集中于北面，严阵以待，把意大利部队留守南翼，我们却在德国与意大利部队之间猛攻，偏向意大利军的防线推进。坚决果敢的领导人在各阶层的指挥部都很重要，特别是较高的阶层。如果敌人和你交战，且被彻底击败，你将占尽优势，正如梅林津所说，阿拉姆·哈勒法一役注定了隆美尔的命运，成为沙漠战事的转折点。隆美尔后来在阿拉曼大败，在此之前，他是从未打败过的，只是时常要"退回去补充汽油"。现在他被彻底击败了。只要我们不再犯错，轴心国军队在非洲的末日是注定的了。

战争遗迹

阿拉曼战役公墓

阿拉曼战役公墓坐落在阿拉曼村的第二次世界大战疆场旧址上，是阿拉曼战争中牺牲的盟军兵士的坟场。阿拉曼战役，是第二次世界大战北非战场上，轴心国司令埃尔温·隆美尔所指挥的非洲装甲军团与英国中东战场司令克劳德·奥金莱克所统领之英联邦军队在埃及阿拉曼进行之战役。战役以英军胜利告终。交战各国都在这里建有阵亡将士公墓。"对于世界，你只是一名普通士兵；对于家庭，你却是我的全部。"

阿拉曼战役公墓

这句雕刻在一块墓碑上的话语似乎告诉人们，一位母亲在埋葬牺牲的儿子的同时，也埋葬了她的全部希望与欢乐。

名人论战

蒙哥马利曾经这样评价对手隆美尔："隆美尔在黎明时开始向我进攻，他真是个大草包。我在那里设下3500门可以发射6磅重炮弹的反坦克炮，而且还有400辆坦克和占据着要冲的英勇善战的步兵，此外还有大批的重炮。这真是天赐的礼物，那家伙一定是疯了。"

德军"非洲军团"指挥官托马浮军在阿拉曼战役最后一天被俘，这是他向蒙哥马利将军敬礼

德军侦察兵

阿登战役

战役简述

阿登战役是第二次世界大战期间纳粹德国在 1944 年西线最大的阵地反击战，德军伤亡 10 万人，损失坦克和重炮约 700 辆、飞机 1600 架。盟军损失约 8 万余人（包括 1 万人死亡，4.7 万人受伤，2.3 万人失踪），其中 7.7 万人是美国军人。阿登战役之后，希特勒再无后备力量可以补充，德军在西线再也无力阻挡盟军的前进了。所以阿登战役当之无愧地被后人称为历史的转折。

战前形势

1944 年 6 月 6 日，在盟军登陆诺曼底后，战局对德国来说已经是不可收拾了。东线的苏军也在 D 日（即诺曼底登陆）的 16 天后即 1944 年 6 月 22 日（3 年前"巴巴罗撒"的日子），用 4 个方面军，在 1000 多公里的战线上对德军实施全面反攻。在 12 月份，历经半年东西夹击的德军就要顶不住了。

此时的东普鲁士也岌岌可危，因此从波兰撤退的德军也不能被抽调到西线而只能增援东普鲁士的防御。斯大林甚至在战后说，防御东普鲁士的决策"简直莫名其妙"，他甚至有些可怜希特勒的"愚蠢"——抽调兵力去一个被隔断的半岛型的阵地，还不如早点退守本土更有利于防御，进入袋形阵地的增援部队一到来就立即成为了包围圈里的牺牲品。

东线兵败如山倒，苏联凌厉的攻势使得希特勒不得不一次次的抽调党卫军师前去压阵。装备精良的武装党卫军起到了一定的作用，暂时和苏军在东欧形成了对峙。此时的问题就是西线越来越迫近的盟军，其前锋直指德国本土，一路杀来，解放了西欧北欧的大片国土，充足的给养和补充使得他们马不停蹄。

希特勒深知一定要趁东线僵持的这个机会喘口气，把西线的一边倒的战局阻止住。尽管武装上策的几个精锐师被反复的拆来拆去，到处补洞，但在11月，德国传说中的神圣的不可能被敌人踏上的国土还是被占领了——亚琛，德国西部的一个小城。希特勒渐渐悟出了盟军得以步步进逼的命门——由出自安特卫普放射状的补给线，一直延伸至最前线，而两侧由美英的两个集团军来护航。一定要捣毁这个给养站才能把盟军制止住甚至将其重新赶回海里。可此时的德国航空兵大部分已经失去了战斗力，因为国内的给养和生产基地早已被盟军炸得一塌糊涂，缺少燃油和飞行员的空军，连本土防空都难以保证，雷达预警线已经收缩至国境线以内。此刻空军已经不能像过去那样横扫长空了，派空军去捣毁安特卫普简直是不可能的，只有用地面部队了。

当希特勒终于发现这个问题的时候，防御西线的龙德施泰特元帅却反对出兵进攻，理由是现在的兵力和国力，已经承担不了这样规模的进攻战了——要一口气杀到安特卫普谈何容易。万一突进盟军阵线的进攻部队再被盟军包抄吃掉，那整个西线就真的武力枯竭了，当务之急是要在东线拖住苏军，而在西线尚有筹码的时候和盟军讲和，然后和盟军一起作为西方阵营全力对抗"共产主义的威胁"。

这种想法遭到希特勒和部分将领的反对和斥责。支持反攻的将领都一致认为，要由阿登森林杀出一路奇兵，杀到巴斯拖尼直捣安特卫普。可现在有三个障碍摆在面前：

1. 盟军的突击集团战斗力太强，己方兵员严重不足，仅在诺曼底战役至

恶劣的天气使盟军前进艰难

今就在西线折损了近100万部队；而东线也吃紧，从战争开始至今也损失了约400多万部队，所以各战线的正面部队不能抽调；

2. 盟军的空中优势太明显了，地面部队一有动作，立刻会招来盟国空军的打击，到时候德军连集结的机会都没有；

3. 战略物资的严重不足，使得德军不能做过多的调动和参与长途进攻。有的部队的燃油仅够坦克直线开出40公里。

最高统帅部长官凯特尔却认为以战养战是最有效的方法，通过沿途之上缴获盟军的油料和弹药来继续开道。关于部队的抽调问题，他和约德尔上将一致认为应该从东线和德国南部调人来。

无论如何，此时德军想扭转乾坤也只有拼死一搏了，希特勒下令各部要全力协助这次行动。终于，在11月中旬，居然真的东拼西凑了20个师约50万人以及1000多辆坦克，由B集团军群司令莫德尔元帅指挥。右翼是狄特里希指挥的第6SS党卫装甲集团军，辖有4个装甲师、5个步兵师。大约有640辆坦克。中路是曼特菲尔指挥的第5装甲集团军，辖有3个装甲师、4个步兵师。大约有320辆坦克。左翼是布兰登堡指挥的第7集团军，辖4个步兵师。其任务是负责掩护第5装甲军团的侧背，保障中央进攻。

现在的问题就是，要等盟军的空军无法发挥优势的时候，就能进入预定地点集结了。于是德军开始等待一年一度的圣诞雾月的来临。终于，在12月14日下午，德国气象预报部门带来了这个好消息——从12月中旬至次年1月10日左右，德比交界地区将有连续25天的阴沉大雾天气，并伴随着多场暴雪。

机会终于来了！

12月14日起，在浓重的雪雾中，德军的进攻部队开始日夜兼程的从各个方向赶往比利时边界的阿登林区，各部队车辆开着大灯不分昼夜的急行军，终于于12月17日在当年进攻法国的出发地集结完毕。几个主力师如帝国师，霍亨施陶芬师，骷髅师等部队都有部分部队参加，他们是各师从东线调回后方休整的某几个团或战斗群。另外还有第一伞兵集团军的两个师，其中包括戈林空军伞兵装甲师的残部和第10山地伞兵师的大部。德国陆军B集团军群的一部也在换防中被抽调过来。几乎四分之一的西线原齐格菲防线的空军高炮部队被遣散作为步兵前来支援，并带来了他们的180门88毫米高炮，炮口统一调整为水平。第19重坦克大队和503重战车营也配置了近200辆虎王前来助战。大量的308毫米口径的自行臼炮和"猎虎"，"猎豹"等重型坦克歼击车也从德国内地的生产线上直接开过来，驾驶员和炮手们几乎都是不满20岁的青少年，但是在狂热的信仰驱使下，拥有勇猛顽强的战斗力。

这样大规模的调动和集结，盟军起先也注意到了，但是根本不相信德军还会进攻，而是认为他们仅仅是做防御调整，而且估计这支德军的人数顶多不会超过8万人，而且重装备，技术兵器应该也不会多，他们始终相信，东线旷日持久的混战和长期的对德国本土的轰炸，已经使得威震一时的德国航空兵和装甲兵元气大伤，在还要应付东线苏军的情况下，是不可能有如此规模的装甲群和突击集团的。加上天气恶劣，盟军料想德军也不会有所动作，况且飞机也拍不到什么清晰的照片表明德军尚有进攻能力和技术兵器的集结，于是就轻松的准备过圣诞了。

在阿登地区是霍奇斯的美第1集团军和巴顿的美第3集团军的结合部，北侧由霍奇斯负责，南侧有巴顿负责，两个集团军之间大约85英里宽驻扎着包括101空降师在内的6个美国师近8万人，他们是在此地休整待命。这些快乐的美国大兵正享受着恶劣天气带给他们的"轻松一刻"，丝毫没有想到在白雪皑皑的黑沉沉的森林的另一头，已经秘密的渗透过来8个营级战斗群，他们的任务是在12月18日拂晓前进入进攻阵地。他们将在离美军第2步兵师防线 2 公里远的正面发起攻势。

还有一个插曲就是: 德军在进攻前实施了"格赖夫"的作战计划。"格赖夫"一词在德语中指北欧神话中鹰头狮身长有翅膀的怪兽, 而就这次行动在盟军中造成的巨大的混乱而言, 这个名子取得恰倒好处。德军组织了一支约 2000 名的会讲英语的突击队, 全部乔装成美军, 并使用美制装备, 由党卫军中校斯尔策尼指挥 (此人在 1943 年指挥了空降营救墨索里尼的行动), 专门负责搞破坏活动: 倒置路标, 乱标雷区, 剪断电话线, 胡乱指挥交通甚至袭击过路美军, 一时间, 在美军中造成巨大混乱, 50 多万美军人人自危, 相互盘问猜疑。尽管事后还是将这些制造混乱的德军俘获并枪决了, 但是这给美军的调动造成了极大的影响, 并拖延了美军日后增援的时间。

双方兵力分析

德军

在希特勒的坚持下, 德军最高指挥部 9 月中决定向阿登地区进攻, 如同 1940 年的法国战役, 不过当时德军是先穿越阿登再接战, 而这一次的计划则要求在森林内开战, 主力部队将向西挺进至默兹河, 然后向北到安特卫普和布鲁塞尔, 阿登的狭窄地形将使快速移动的难度增加, 但一旦突破默兹河, 开阔的平原为将为德军成功冲刺到海边提供良好的条件。共四个军参与这次作战

德国武装亲卫队第 6 装甲军团, 由泽普·迪特里希率领。此军团在 1944 年 10 月 26 日刚成立不久, 其中包含武装卫队第 1 装甲师和第 12 希特勒青年团装甲师。它是此次作战的主力部队, 负责占领安特卫普。

德国第 5 装甲军团, 由哈索·冯·曼陀菲尔率领, 负责进攻中路, 占领布鲁塞尔。

德国第 7 军团, 由埃里希·布兰登贝尔格率领, 负责进攻最南路和保护侧翼。但是此军仅由 4 个步兵师组成, 且没有可做矛头的装甲集群, 因此在

整场战役都没什么成果。

德国第15军团，由古斯塔夫·阿道夫·冯·查根率领。此军最近在此前经历过惨烈的战斗因而重整，此次战役被部署在阿登战场最北端，负责牵制美军部队移动，若情况有利就自己进攻。

作战总指挥是德国B集团军司令瓦尔特·莫德尔和西线总司令格特·冯·龙德施泰特。

盟军

德国精锐部队

在美军受到严重威胁的情况下，欧洲盟军最高司令艾森豪威尔采取果断措施，将被切断联系的阿登以北的美军第12集团军群的两个集团军划归英军第21集团军群司令B.L.蒙哥马利统一指挥。同时，急调大批增援部队坚决阻击德军进攻，并积极准备反突击。到24日，美、英军已有24个师60万人参战。天气转晴后，占据优势的美英空军发挥了重大作用。南部交通枢纽巴斯托涅城解围之后，第21集团军群和布雷德利指挥的第12集团军群于1945年1月初实施全线反突击，16日在乌法利兹会师。东线苏军也提前发动强大攻势，配合美英军行动。

战役进程

为配合德军大部队的行动，德军统帅部计划在正式进攻前一天的夜里使用伞兵部队，空降到美军后方占据一个桥头堡，一来切断美军地面交通、阻击其增援部队，二来在美军后方制造混乱，接应正面进攻的大部队。此次行动代号为"鹰"，这将是德军在二战中进行的最后一次空降作战。

12月初，德军统帅部任命伞兵部队中久经沙场的冯·德·海特上校指挥

空投补给的美 C-47 运输机群

"鹰"行动。二战初期，德国伞兵从天而降，出其不意地发动了多次奇袭：在丹麦和挪威谱写历史上第一次大规模空降作战的篇章；空降攻占所有荷兰机场，为德军迅速占领荷兰提供保证；突袭比利时埃本·埃马尔要塞创下二战中最大胆空降行动的纪录；

克里特岛战役被算作二战中唯一一次以伞兵部队为主实施的攻坚战。这些空降作战为德军"闪击战"的胜利提供了重要保障。二战中后期，由于希特勒以伞兵空降作战伤亡过大为由禁止进行空降作战，德国伞兵被当做普通步兵投入地面战斗。因此，海特上校在接到这次久违的空降任务后心中十分激动，他将"鹰"行动视为重振德国伞兵威望的荣誉之战。

海特立即着手组建一支 1200 人的伞兵突击队。连年的征战使有空降经验的老兵损失殆尽，他只得在严重缺员的第 2 空降军中勉强找到了一些军官和士官，但招集的伞兵大都是刚刚经过训练的新兵。再加上冬季阿登山区的恶劣天气、夜间空降的难度较大以及运输机驾驶员经验不足，使得准确进行空降成为一大难题。为此，海特想出了一个办法：在空降地区先由轰炸机投下燃烧弹指示位置；从出发机场到空降地区一路上由地面探照灯指示航线，没有探照灯的地方用高射炮发射曳光弹加以指示；伞兵空降时由运输机投放照明弹，确保伞兵准确着陆。

12 月 9 日，海特的伞兵突击队在阿尔屯集结进行空降前的准备。12 日，他们接到了具体作战任务：16 日三时，在德军正面部队发起主攻前，在党卫军第 6 装甲集团军进攻方向上的巴拉格米奇尔地区空降，夺取并扼守当地的公路交叉点，接应正面进攻部队。由 90 架容克 -52 型运输机担任空中输送，出发机场为德国境内的帕德博恩和利普施塔机场。

15 日夜里，因为部分负责运送伞兵突击队的卡车没有及时赶到，致使半数伞兵未能按计划准时到达出发机场，"鹰"行动被迫推迟。16 日拂晓，德军 B 集团军群兵分三路，向美军发起进攻，第 1 梯队的装甲师当即突破了美军防线。原本担心就此无事可做的海特在 16 日下午接到急令，党卫军第 6 装甲集团军在进攻中突然受阻，伞兵突击队按原计划空降接应。

17 日零时三十分，运载伞兵突击队第 1 批 10 架容克 -52 型运输机起飞，在地面探照灯和高射炮的引导下，于三时到达预定地区上空并进行伞降。但在第 1 批运输机过后，沿线的探照灯关闭，高射炮也停止发射曳光弹，导致其后的几批运输机失去引寻而偏离航线。其中部分飞至盟军高射炮防区上空，遭遇密集炮火拦截，被击落 10 架。其余运输机队形散乱，加上阿登上空的风速超过每秒 6 米，大约 200 名德国伞兵在着陆后发现自己身处远离目标 50 公里以外的波恩。最终到达目标的只有 450 人。

海特随首批运输机准确降落到巴拉格米奇尔，到 17 日上午 8 时，他只集合到 150 人和一门迫击炮。由于人数太少，海特命令部队隐蔽进树林，等待其他伞兵前来。这天夜里，其余 300 人终于先后赶到，但所有通讯兵和无线电台都在后续空降时不知去向。在无法同指挥部取得联系的情况下，海特仍然决定攻下原定目标。于是，400 多名德国伞兵在海特的指挥下，用 FG-42

大量的美军装备落入德军手中，增强了德军的作战实力伞兵步枪和MP-40冲锋枪杀入巴拉格米奇尔公路交叉点附近的美军驻地，将对方打得措手不及。

到18日晨，巴拉格米奇尔公路交叉点已经完全处在德国伞兵的控制之中。巧合的是被袭击的是美军第101空降师的一个连，其中有40多人被德军俘虏。但战斗中同样有不少德国伞兵受伤，由于没有任何药品，他们生命垂危。为了给这些伤员一线生机，海特叫来了被俘的美军，要求他们将德军伤员带回美军阵地并给予治疗。

在释放美军战俘时，海特特意给美军第101空降师师长泰勒将军写了一封信。信中写道："阁下曾与我指挥部队在诺曼底的卡朗坦地区交过手，从那时起我便得知您是一位勇敢、豪爽的将军。现在我把抓到的贵军战俘全部奉还，同时还将我们的伤员交给您。如果您能给予他们急需的治疗，我将不胜感激！"泰勒将军后来果然妥善安置了那些德军伤员，即使是处于德军重兵包围的危急关头，美军第101空降师的医护所依然为他们提供了细心的医护。

海特十分清楚，在放回美军战俘的同时，必然招来美军的大举反攻，他命令部下立即在美军驻地和公路两侧的树林中布防。几小时后，赶往增援巴斯托尼的美军第101空降师部队向海特的部队发起了进攻。于是，在阿登战役初期德军大举进攻时，在主战场以外的巴拉格米奇尔，一支德国伞兵部队却面临着数倍于己的美军的进攻。由于此处是通往巴斯托尼的必经之路，美军的攻势相当凶猛。公路两侧的地区几经易手，遍地是双方阵亡官兵的尸体。

美军医疗车

战斗进行到 19 日，海特身边只剩下不到 200 人，而且弹药和口粮即将耗尽。正面进攻的党卫军第 6 装甲集团军仍未赶到，海特预感到这次由元首下令发动的反击前景不妙。

20 日，海特被迫作出决定，主动放弃巴拉格米奇尔公路交叉点，将剩余部下分散转移，向东撤回 13 公里外的德军防线。然而，许多德国伞兵在转移途中迷失方向，先后被美军歼灭或俘虏。21 日，在美军的追击下，与海特随行的卫兵们纷纷中弹而亡，只剩下受伤的海特独自一人逃进了蒙绍镇，躲在一所民宅内。22 日早上，美军开始在蒙绍镇大举搜查，毫无抵抗能力的海特把自己的银质伞兵突击奖章送给了镇里的一个小男孩，让他给美军带口信说自己准备投降。当天中午，美军前来将海特上校带走。

至此，二战德国伞兵的最后一次空降作战"鹰"行动以彻底失败而告终。

希特勒此时已经罢免了与他意见不合的曼斯坦因。他试图从东线抽调部队形成西线的部分局部优势，突破阿登山区美军霍奇斯将军美军第一集团军和巴顿指挥的美国第 3 集团军的结合部之间 85 英里宽的薄弱防区。"现有部队肯定能突破的地方……防线单薄，他们也不会料到我们会发起突袭。因此，充分利用敌人毫无防备的因素，在敌机不能起飞的气候下发起突然袭击，我们就能指望取得迅速突破。"为此德国发布了关于建立"人民近卫军"的命令，应征年龄从 16—60 岁，训练时间只有短短不到两个月。

12 月 16 日拂晓，在密集炮火准备后，德军兵分三路发动突袭：左翼是布兰登堡指挥的第 7 集团军（辖 4 个师）；中路是曼特菲尔指挥的第 5 装甲集团军（辖 7 个师）；右翼是狄特里希指挥的党卫军第 6 装甲集团军（辖 9 个师）。总攻前，德军还实施了两个特别行动以配合正面进攻。一是代号"鹰"的空降作战行动，目标占领美军后方的公路交通枢纽；另一代号"格里芬"行动则由德军特种部队——第 150 装甲旅执行。他们装扮成美军，在德国大部队到来之前潜入盟军阵地，尽可能地制造混乱和破坏，占领战略要地。

17 日，美军第 106 师的两个团 7000 多人被德军包围后投降，成为美军在欧洲战场上遭到的最严重失败。18 日，中路德军第 5 装甲集团军逼进公路交通枢纽巴斯通；右翼党卫军第6装甲集团军占领了马斯河渡口；左翼第7集团军渡过奥尔河。至12月20日，德军已撕开美军防线，形成一个宽约100公里、纵深30公里至50公里的突出部。

17日早上，盟军最高指挥部急调美军第82和第101空降师火速增援；19日，

美军狙击手

又命令巴顿将军指挥的美军第3集团军北上驰援巴斯通。坚守阿登地区的美第1集团军则接到命令不惜一切代价顶住德军进攻，坚守到援军到来。

22日，德军交给坚守巴斯通的美军第101空降师一封劝降信，希望他们放弃抵抗。第101空降师代理师长麦考利夫准将只回答了一个字："呸！"此事后来在二战史上传为趣谈。

25日圣诞节，那一天，德军第2装甲师与美军第2装甲师在塞勒斯展开

被击毁的德军坦

激战。德军阵亡2500人，被俘1050人，所有坦克损失殆尽。美军第2装甲师由此获得了"活动地狱"的绰号。26日，美军第4装甲师先头部队终于杀开一条血路，冲进了巴斯通，加强巴斯通的防御力量。由于天气转好，盟军

航空兵开始支援地面作战，给德军第 5 装甲集团军以致命打击，德军强渡马斯河的希望落空。

1945 年 1 月 1 日德军出动 1000 多架飞机，对法国、比利时和荷兰境内的盟军机场进行空袭，炸毁盟军飞机 260 架。德军地面部队趁机向阿尔萨斯北部发起了进攻。1 月 3 日，盟军也发起大规模反攻，巴顿的第 3 集团军和坚守阿登地区的美第 1 集团军同时出击。德军也在这一天对阿尔萨斯发动了最猛烈的攻势，从而展开了阿登战役中最激烈的战斗。经过了整整 5 天血战，德军损失惨重，被迫退却。

1945 年 1 月 6 日，丘吉尔向斯大林求援。为了支援西线盟友，苏联红军比原定日期提前 8 天于 1 月 12 日在东线发起了维斯瓦河－奥得河战役。德军被迫把准备派往阿登地区的后备兵力 6 个装甲兵师调往东线。这使得德军再也无力在阿登地区继续维持进攻了。

1 月 8 日，希特勒终于下令德军撤退。1 月 12 日，在德军抽出兵力对付东线苏联红军后，英美盟军趁机发起追击。1 月 28 日，在盟军的一路追杀下，德军被全部赶回了阿登战役发起前的位置。至此，整个阿登战役结束。

战役影响

阿登战役是西线规模最大的一次阵地反击战，有 60 多万名德军、近 65 万名盟军参战。美军伤 81300 人亡 19000 人，英军伤 1400 人亡 200 人，德军则有超过 10 万人伤亡、被俘或失踪。阿登战役使德国消耗了最后的精锐部队，再也没有后备力量可以补充，因而成为在西线德军发动的最后一次进攻。4 个月后，法西斯德国战败投降。

双方主将

龙德施泰特

格尔德·冯·龙德施泰特（1875-1953），1875 年出生在一个军人世家，据说，其家族的军人生涯已经延续 850 年之久了。他的父亲出身贵族，青年时当过骑兵少尉，后来升到少将。

1892 年，17 岁的龙德施泰特从格罗斯利希费尔德的高级军校毕业，被派到驻卡塞尔的步兵第 83 团任见习军官，一年后晋升为少尉，开始了正式的职业军官生涯，在第一次世界大战之前以及大战期间，由于没有特殊的机遇和优异的表现，他提升得相当慢，大战开始时，他任预备第 22 师的上尉参谋，1916 年晋升少校，任喀尔巴阡山某军首席参谋官。

龙德施泰特

第一次世界大战后，于 1920 年以中校军阶加入共和国陆军，任骑兵第 3 师参谋长。1923 年晋升上校，1926 年任第二集团军参谋长，1927 年晋升少将，1928 年任骑兵第二师师长，一年后升为中将，1932 年任第 3 师师长及柏林第 3 军区司令，半年后又任下辖 6 个师的柏林第 1 集团军司令，这时候他已经是上将了。

1939 年 8 月下旬，德军入侵波兰的前夕，龙德施泰特被重新征召服役，希特勒任命他为南方集团军群总司令。这时，他遇到了一个得力助手——德国陆军中的干才曼施泰因，此人被任命为南方集团军群的参谋长。在入侵波兰的行动中，他们没有完全按照最高统帅部的计划执行，而是根据实际战况，毅然把第 10 集团军调到华沙北面阻止波军主力向东撤退，使波军大部遭到围歼。为表彰其卓越的指挥，希特勒授予他武士十字勋章，并任命他为东线总司令。10 月 18 日，他又调任新职，任西线 A 集团军群总司令。

1940 年 5 月 10 日，德军在西线对法国、比利时、荷兰、卢森堡以及英国远征军发动了大规模的进攻。这次代号为"黄色方案"的作战行动的实施，是按曼施泰因提出的"镰割"计划进行的。龙德施泰特指挥的"A"集团军群作为攻击主力，越过阿登山脉，直趋英吉利海峡沿岸，从马其诺防线后进至瑞士边界，完成大包围态势。而"B"集团军群以古德里安的装甲部队开路，在航空兵协同下向阿登地区急进。"镰割"计划获得惊人的成功。英、法、比、荷、卢都溃不成军。卢森堡、荷兰、比利时先后投降，英国远征军侥幸从敦刻尔克撤回本土，法国也被迫于6月22日投降。7月19日，龙德施泰特被希特勒提升为元帅。

1941年3月，希特勒在布雷斯劳召集会议，部署对苏联的入侵、龙德施泰特又被调到东线，出任南方集团军群总司令，他指挥的部队除德军外，还有罗马尼亚、匈牙利、意大利等国的部队。6月22日，德军发起全线进攻，苏军节节败退，龙德施泰特指挥的南方集团军群，围歼了当面苏联元帅布琼尼部队的主力，于8月24日进至第聂伯河河口，突入苏联国土纵深达500多公里。8月到9月下旬，德国南方集团军群又在其中央集团军群的支援下，攻占了基辅，俘虏苏联红军60余万人。

11月，龙德施泰特又指挥第1装甲集团军和第17装甲集团军沿亚速海北岸继续东犯，一度曾攻占了罗斯托夫。龙德施泰特由于积劳过度，在其指挥部因心脏病突发而昏倒，后经抢救才脱离了危险。此时严冬来临，他意识到后勤补给线过长，缺乏冬季装备的德军难以在当地长期坚守，于是建议将部队后撤100公里，希特勒没有批准，于是他以心脏病为理由要求辞职。伦德施泰特以为希特勒会表示挽留并接受其意见。不料希特勒却立即答复道："我批准你的请求，请你马上交出指挥权。"龙德施泰特把指挥权交给了德国陆军元帅赖歇瑙，但防线并没有守住，不久就被苏军赶到了米亚斯河一线。

1942年3月15日，希特勒再次起用龙德施泰特，任命他为西线总司令。1942至1943年，西线无大战事，龙德施泰特主要是在其总部所在地巴黎，与德国的傀儡贝当保持接触。由于希特勒认为他对构筑沿海要塞工事态度消极，遂将此事交给了B集团军群总司令隆美尔。

斯大林格勒战役之后，战争形势急转直下。龙德施泰特此时已看到德国在军事上是必败无疑了。1944年6月6日，盟军在强大的海空军支援下，出动大量地面部队在诺曼底登陆。盟国的空军夺取了从沿海到内陆纵深地区的

美军沦为德军的战俘

制空权，切断了德军所有交通线，使德军在白天无法采取作战行动。在这种情况下，龙德施泰特主张的"机动防御"已毫无意义。7月2日，希特勒授予龙德施泰特一枚栎树叶骑士十字勋章，同时任命克卢格接替了他的职务。龙德施泰特回到德国休养，希特勒送他一张25万马克的支票，他把这笔钱如数存入银行，一直不曾动用。7月20日，暗杀希特勒的事件败露后，龙德施泰特认为这是一种叛逆行为，他说："作为一个军人，要受宣誓效忠的约束。"正因为如此，他才奉希特勒之命担任了"德国荣誉军人法庭"的主席，负责审理反抗希特勒的案件。

希特勒为了利用龙德施泰特的影响以鼓舞士气，于1944年9月1日请他三度出山，再次担任西线总司令之职。10月18日，龙德施泰特代表希特勒主持了隆美尔的国葬仪式，当然他并不知道隆美尔是被迫服毒自杀的。1944年12月16日，德军在西线发动了所谓"龙德施泰特攻势"，但实际上龙德施泰特并不同意这次反攻，甚至根本不管，只是让他的部下们尽力而为之。他把自己的司令部仅仅作为传达希特勒指示的通讯站。虽然德军在反攻初期取得了较大进展，但由于后续力量不足等原因，在损失了大量兵力、兵器之后，至1945年1月底又被盟军赶回原出发阵地。1945年3月9日，在美军渡过莱茵河之后，他又一次被解除了西线总司令职务，奉命永久退休了。

1942年3月15日希特勒重召龙德施泰特接替身体原因离职的埃尔温·冯·维茨莱本元帅成为西线总司令。负责大西洋壁垒—沿着海岸线一条1700英里长的防御带的建造工作。然而此时的龙德施泰特认为德国气数已尽，所谓的大西洋壁垒不过是欺骗国民的一种宣传手段。在上任后龙德施泰特将指挥部设在巴黎并着手组织从其他战场抽调兵力打击西线的盟军，并收到一定成效。期间最值得一提的是 8 月 19 日在地厄培击败英加联军（第厄普突击战）。后因对大西洋壁垒的建造态度消极，督造工作被 B 集团军群总司令隆美尔接替。不久在西岸防线的战略方针上与隆美尔发生巨大分歧，而希特勒则接受两人意见采取折中办法。 1944 年 6 月 6 日，盟军发起代号为"D 日"的诺曼底战役，仓皇且准备不足的德军很快失去了制空权。在龙德施泰特和隆美尔联名向陆军总部发出救援报告，以求动用被希特勒亲自掌握的四个装甲师预备队。陆军参谋长约德尔大将却以希特勒正在休息而拒绝报告并认为这只不过是盟军声东击西的策略，对此多次在公开场合称希特勒为"波希米亚下士"的龙德施泰特暴跳如雷。在次日 9 点希特勒得知盟军进攻消息而动用预备队时，失去空中保护的装甲部队显得毫无作为。龙德施泰特和隆美尔严厉批评空军部队缺乏支援，随后德军节节败退，不到 10 天时间盟军已登陆超过 50 个师合计约 100 万人。此时龙德施泰特主张希特勒与同盟国进行和谈，遭到拒绝。1944 年 7 月 1 日早上威廉·凯特尔在电话中向他询问该如何作战，他失控大叫："你这白痴！求和！"而后隆美尔建议将部队撤离敌人空中及地面炮火火力范围之外重新整编，组织一场保卫战，同样遭到拒绝。不久后

伦德施泰特在希特勒一封授予其橡树叶骑士铁十字勋章的客套书信中被解除职务，并由克鲁格元帅接替他的工作。

随后的 7 月 20 日阴谋案令龙德施泰特感到震怒，认为这是一种叛国行为。并同意与威廉·凯特尔和

阿登战役中被俘的德军

古德里安等人加入荣誉军人法庭，由龙德施泰特担任主席负责审理谋杀希特勒的叛乱案。审理中开除了数百名怀疑反对希特勒的军官军籍，被开除军籍的人随即被军事法庭移交到由罗兰德·弗莱斯勒担任主席的人民法庭进一步审理，其中大部分都被判处死刑。

9月1日希特勒第三度重召龙德施泰特并任命为西线总司令，虽然此时龙德施泰特知道德国败局已定。他很快就重整了部队参与了盟军代号"市场花园行动"的战役并取得胜利，而后的突出部之役的阿登反击战亦获得局部胜利。虽然龙德施泰特是突出部战役时的西线总司令，却由于最初反对突出部战役计划，所以基本上完全没有涉足指挥这场战役，指挥权大部分由另一位指挥官莫德尔元帅负责。他在1945年3月再次对威廉·凯特尔提出希特勒应该与盟军和谈而不是继续这场没胜望的战争后又一次遭到免职。

随后龙德施泰特在同年5月1日被美军第36步兵师俘获，后被引渡前往英国。在审问期间再度心脏病发，被送往英国囚禁。虽然他被列为战犯，但因健康欠佳而从来没有接受审判。在他等候审判期间他的妻子和儿子均先后离世。1948年7月获释前往汉诺威的一间养老院居住直到离世。死后葬于斯托肯墓园。

1945年5月1日，龙德施泰特在他的休养地巴特特尔茨被美军俘获，后来又被引渡给英国人。他在英国度过了数年监狱生活，1949年因健康状况不佳而获释。从那以后，他在一所养老院里度过余生，1953年3月24日死于心脏病。

巴顿

乔治·史密斯·巴顿（1885—1945），1885年11月11日出生在美国加利福尼亚州一个具有文韬武略的传统家庭。18岁时进入私立弗吉尼亚军事学院学习，一年后获得入西点军校的保送资格。1909年6月，巴顿军校毕业，随即以少尉军衔赴美国第一集团军骑兵部队服役。

1939年9月，第二次世界大战全面爆发，美国面临战争。巴顿的军事才

巴顿

能得到陆军参谋长马歇尔的赏识，认为他是能在战场上战胜快速机动的德军的优秀将才。1940年7月，马歇尔批准组建装甲师，巴顿受命组建一个装甲旅，并被晋升为准将。同年，巴顿被任命为第2装甲师师长，晋升为少将。

1941年12月"珍珠港事件"之后，美国对德日意宣战。1942年1月，巴顿升任第1装甲军军长。11月，巴顿率领美国特遣队4万多名官兵横渡大西洋，在法属摩洛哥海滨登陆，经过74小时的激战，终于迫使驻摩洛哥的德军投降。北非登陆的成功，为盟军顺利地完成北非战局部署创造了有利条件。随后，巴顿被任命为美国驻摩洛哥总督。

1943年3月5日，巴顿临危受命，接任被隆美尔击败的美第二军军长，他从到达第二军的那天起，便全力以赴地整肃军纪。迅速改变了全军涣散的软弱状态。3月17日，面目一新的美第二军向德军发起进攻，一路猛攻猛打，进展迅速，很快与英军在突尼斯北部完成了对德军的合围。

突尼斯战役不久，巴顿晋获中将军衔，升任美第7集团军司令。1943年7月9日，盟军发起西西里岛登陆战役。巴顿率美第7集团军攻取巴勒莫，随后抢在蒙哥马利之前拿下了墨西拿城。盟军占领了西西里岛，德军退到意大利本土。

1944年任第三集团军司令，作为第二梯队参加诺曼底登陆，指挥装甲兵团横扫欧洲，直至奥地利，9个月间，歼敌140万，解放大小城镇1.3万座，且相对伤亡最小。1944年12月，巴顿率第3集团军在阿登地区击退德军的大反扑，解救了被围的盟军部队。1945年3月，巴顿再次抢在蒙哥马利之前渡过了莱茵河。1945年5月初，巴顿的第3集团军一直推进到奥地利边境方才住脚。在9个月的推进过程中，巴顿部队歼敌140余万，取得了惊人的战果。

4月16日，巴顿被晋升为四星上将。

1945年5月8日，德国投降，欧战结束。巴顿被任命为巴伐利亚州军事长官。第二次世界大战后巴顿晋升四星上将，任巴伐利亚洲军事长官，15集团军司令。战争后期，巴顿因殴打士兵遭到媒体抨击（即"打耳光事件"），引起盟军总部的反感。战争结束不久，他又在正式场合出言不慎，被媒体加以利用，使他在军中的地位更受到影响。

1945年12月9日，巴顿在外出打猎时突遇车祸而受重伤，12月21日在德国海德堡一家医院辞世，享年60岁。

战争中的故事

阿登战役中的巴顿

1944年12月，欧洲的盟军士兵们在风雪中企盼着圣诞节的到来，盼望着假期、礼物以及好天气，冰冷潮湿的衣服安在身上可真是要命。盟军的第3集团军司令乔治·史密斯·巴顿一边诅咒着鬼天气，一边让牧师写祷文——他需要好天气，在这种天气里空军无法出动，巴顿的装甲部队在缺乏空中掩护的情况下推进缓慢。与巴顿的焦急相反，德军官兵们正为这恶劣的气候叫好，他将利用这一机会实施元首一直在期待的大规模反击。他的目标是——阿登。

阿登山区位于盟军霍奇斯中将的第1集团军和巴顿的第3集团军的结合部，正面宽约80英里，地形崎岖复杂，由米德尔顿缺编的第8军负责防守。盟军的首脑们并没有意识到在这里潜伏着巨大的危机，反将其辟为在零星战斗中受挫的各师人员的休整地。在第8军阵地的对面，德国人已经乘着夜幕悄悄地集中了14个师的庞大兵力（其中7个为装甲师）。巴顿觉察了近期德军异常的举动，12月12日他要参谋长盖伊拟订一个计划：第3集团军停止东进，做一个90度的大转弯，向北直插卢森堡。12月13日巴顿向欧洲美军总司令布莱德利（也是巴顿长年的战友）发出了警告，并提醒他：第8军处境十分危险，必须尽快采取行动。但布莱德利并没有采纳巴顿的意见。

12月15日夜，德军的无线电台开始沉默，巴顿敏锐地感到战斗即将来临。他命部队立即进入战斗状态，随时准备迎击德军。

12月17日拂晓5时30分，2000门德军的大炮打碎了第8军的好梦，德国3个满员的集团军（党卫军第6装甲集团军、第5装甲集团军和第7集团军总计兵力20万人）在龙德施泰特元帅的指挥下潮水般向美8军扑来。第8军由第101空降师及其特遣队、第28步兵师（缺2个团）、第9装甲师和一些炮兵部队组成，完全不是德军的对手。很快，德军就将其包围在巴斯托尼等几个狭小地域，向美军的纵深推进了30—50英里。

12月18日，盟军总司令艾森豪威尔在布莱德利的司令部召开紧急会议，研究应付德军进攻的对策，决定于南部向德军发起反击，解救被围困的部队。当艾森豪威尔问巴顿何时可以发起进攻时，巴顿毫不犹豫地回答到："12月22日早晨。"与会将领都以为他在信口开河，巴顿却不动声色地说："这不是胡闹，我已经做好了安排，我的参谋人员正在拟订作战计划。我可以在12月22日投入3个师——第26、第80步兵师和第4装甲师。几天后可以投入6个师。但我决定用手头的兵力发起进攻，我不能等待，否则会失去出其不意的效果。"艾森豪威尔同意了巴顿的计划。会议结束后，巴顿立刻给参谋长盖伊打电话，发出了行动命令：第4装甲师经隆维向阿尔隆挺进，第80师经过

美军寻找死难战友的尸体

蒂翁维尔向卢森堡进攻，第26师已做好一切准备待命出发。根据巴顿的命令，第3集团军的指挥部在最短的时间内（20日至22日）完成了大量艰巨的工作，其中包括：

1. 作战处做出了新的部署，将3个军有北向南的战线改为4个军由东向西的伸展，整个战线来了个90度的大转弯；

2. 佩里上校组织了1338辆各种运输车辆，夜以继日的将部队和补给支队从前线转运到进攻阵地。总行驶里程达160万英里；

3. 马勒上校领导后勤处建立起一套新的补给系统，在100小时内转运了62000吨物资；

4. 科克上校的情报处绘制和分发了几十万张新战场的作战地图，做出了敌情分析报告，及时的改变了战斗序列。

巴顿自己也没有闲着，他和米姆斯中士开着他那辆油漆铮亮，挂着大号将星的吉普车跑遍了全军，独自完成了需要一个连的参谋人员才能做到的复杂工作。大雪中，大衣上沾满了泥浆和雪花的士兵在巴顿煽动性演说的刺激下顶着凛冽的寒风前进。指挥官站在坦克的指挥塔上调度和指挥部队的行进。第3集团军就这样在巴顿的指挥下，面对着德军的阻截和恶劣的天气在短短的几天内把一支十几万人的军队从萨尔地区快速调往阿登山区，实现了战线由南向北的全面转移。12月22日晨6时，第3集团军所属的第3军准时发起了进攻。

巴斯托尼是一个人口不足4000的小镇，坐落于比利时东部的一个狭小平原上，四周为稀疏的林地和丘陵。由于阿登南部公路网中有7条公路通过此地，所以其战略地位尤显重要。德军原估计巴斯托尼防守兵力薄弱，计划让战斗力不是很强的第26民兵师顺道去占领它，但101空降师的顽强抵抗使德军的进攻受挫。随着战斗的推进，德军统帅部发现巴斯托尼不但成了整个德军战线的"钉子"，而且直接关系到德军的后勤供应，牵制着德军的有生力量。这一切使德军下决心拿下巴斯托尼，他们派出了拜尔林和冯·卢特维茨将军率领2个军的兵力前来进攻。

12 月 23 日，天气终于放晴了。盟军的 7 个战斗轰炸机群、11 个中型轰炸机群、第 8 航空队的一个师以及皇家空军的运输机飞抵巴斯托尼上空。机群猛烈地轰炸了德军的目标，运输机投下各种补给物资。轰炸给德军造成了巨大的损失和心理压力，迫使德军放弃了 24 日进攻巴斯托尼的计划。

巴顿指挥的第 4 装甲师在空军的掩护下，于 24 日强行突破马特朗格浮桥，占领了沃纳克村进而沿公路向阿尔隆发起突击。第 5 师将德军赶过了绍尔河，为进攻巴斯托尼做好了准备。

巴斯托尼的战斗也同样艰苦，101 空降师的士兵们顶着德军的炮火，趴在积雪的散兵坑里坚守阵地。12 月 26 日 16 时 30 分，第 4 装甲师第 37 坦克营 C 连连长查尔斯—博格斯中尉驾驶的 M—4 坦克第一个冲进了巴斯托尼。在他的后面，美军的装甲部队如钢铁洪流涌入 101 空降师的阵地。身体疲惫却精神饱满的 101 空降师师长麦考利夫准将连连称赞巴顿麾下"铁轮地狱"的速度和力量。在第 9 装甲师和第 80 步兵师的增援下，第 4 装甲师打通了阿尔隆通向巴斯托尼的公路。29 日，美军彻底击溃了围攻巴斯托尼的德军，准备集中兵力攻向德军的前进基地——赫法利策。

1945 年就要到来了，巴顿给德军精心准备了一份"礼物"。他命令：第 3 集团军所属的所有炮兵在 12 月 31 日午夜 12 点整，用最猛烈的火力集中向德军阵地齐射 20 分钟。在炮火的轰鸣和德军的哀号中巴顿以其特有的方式迎接新的一年。

1945 年 1 月，巴顿已经完全控制

德军士兵尸体

了战场的主动权，德军的进攻已完全被遏制，胜利就在眼前。1 月 16 日，巴顿命令部队从南北两翼采取钳型攻势，全速向赫法利策推进，将德军拦腰斩断。巴顿部队所向披靡于 23 日攻占圣维特，27 日第 3 集团军的前锋已攻至乌尔河一线，29 日巴顿召开记者招待会，宣布阿登战役以美军的胜利而结束。

对于第 3 集团军在这场战役中的表现，巴顿在 1945 年 1 月 29 的日记中这样写道："这次战役期间，第 3 集团军比美国历史上，或许是世界历史上的任何集团军都前进得更远，速度更快，并在较短的时间内投入了更多的兵力。只有如此出类拔萃的美国军官、士兵和装备才可能取得这样的战绩。没有一个国家能与这样的军队相抗衡。"

名人论战

尽管丘吉尔为英军在此役中无所作为进行辩解，但他无法不盛赞美军在阿登战役中的英勇："毫无疑问，这是美国人在战争中最伟大的一役，并且我相信，这将被认为是美国人永垂不朽的胜利。"

格林纳达战役

战役简述

1983 年 10 月 25 日凌晨，美国出动"快速部署部队"，采用突然袭击手段，对加勒比海岛国格林纳达发动了一场海空联合入侵，这是自越南战争失败以来美国最大的一次军事行动，一时间，格林纳达这块过去几乎无人知晓的弹丸之地成为全世界瞩目的中心。

战前形势

格林纳达是世界上最小的国家之一，在常规的世界地图上，它小得甚至不足以标下国名。但在世界政治家、军事家的眼中，它的分量绝不低于马六甲、直布罗陀、福克兰等世界战略要塞，几百年来，法国人、英国人为它争得不可开交，直到 1974 年 2 月，才独立成为"英联邦"成员，由英国女王派去了一位总督——72 岁的保罗·文德温·斯库恩。

1980 年 1 月，格林纳达和古巴投票反对联合国关于谴责苏联侵略阿富汗的一项决议。

1980 年 10 月 27 日，格林纳达国防部长与苏联在古巴首都哈瓦那签署了一项主要军事武器援助协议。后来，格林纳达与苏联、保加利亚、东德和捷克斯洛伐克签订了贸易协议。美国对格林纳达和苏联的日益亲近深感不安。

在古巴和苏联的援助下，格林纳达成立了"人民革命军"，建立了民兵队伍，并由古巴派工程兵和建筑工程人员在主岛西南端的萨林斯角修建了一座大型现代化国际机场，在美国入侵前，这个机场已大部分竣工，机场跑道长达 4000 米，造成后，可降落大型飞机，一旦改为军用，苏联、古巴各型作战飞机就可进驻，届时必将扩大苏、古在该地区的影响，威胁到美国在加勒比地区海上运输线的安全。美国向来认为加勒比海是它的"内海"，尤其不能容忍苏联插手这一地区，不能容忍眼皮底下的格林纳达与自己作对。

当里根总统听说格林纳达正在修筑一条 4000 米的机场跑道时，着实吃了一惊："我真不明白，这么个小岛修近 4000 米的机场干什么？"美国密切注视着这个岛国上发生的一切，为了稳定自己的所谓"后院"，遏制苏、古在这里的影响，摆脱自己的被动局面，美国一直在寻找机会除掉这一"隐患"。

美国总统在一次广播讲话中说："格林纳达已成为苏、古的殖民地，准备用来作为输送恐怖和破坏民主的重要军事堡垒。"并曾多次声称，美国准备采取"一切必要的行动来教训格林纳达"，以表明自己的态度。

在美国的重重压力下，格林纳达不得不开始调整对外政策，在继续同苏联、古巴保持密切关系的同时，努力同欧洲共同体和加拿大等国发展经济合作关系。1983 年初，格林纳达领导人莫里斯·毕晓普亲赴华盛顿会见里根，试图缓和与改善关系。这对里根和毕晓普来说，都是一次机会，但它过于短暂。从华盛顿回到圣乔治，毕晓普打算在改善同西方和美国关系方面来点实质性举动，并召集几位亲信进行彻夜商谈。

政府内的强硬派公开对毕晓普谋求改善同西方和美国关系的政策表示反对，苏联和古巴对毕晓普的猜忌日渐加深，他们放出话：如果毕晓普不行，那就换掉他。

1983 年 10 月，格林纳达发生了旨在推翻毕晓普的政变。小岛之国风雨飘摇，人心惶惶。毕晓普在格林纳达面临着副总理科尔德的政治挑战。科尔德

МОРИС БИШОП

1944·1983

1984

ПОЧТА СССР. 5

莫里斯·毕晓普

属于激进派领导人，被看做是持强硬路线的马克思主义理论家。他试图削弱毕晓普在中央委员会中的权力，指控毕晓普没有对国家经济进行社会主义改造，没有巩固革命，并使用独裁专制的手段管理国家。

10 月 12 日，中央委员会通过决议软禁毕晓普。清脆的枪声打破了加勒比海这个岛国的宁静，以政府军司令奥斯汀为首的军官，领导了格林纳达的军事政变，叛军攻占了总理府。奥斯汀宣布，成立以他为首的革命委员会。叛军的公告通过电台播出后，全国立即陷入恐慌，局势动荡不定。拥护毕晓普的民众举行抗议示威，要求恢复他的地位，严惩政变组织者。在许多格林纳达人看来，毕晓普为人亲和，上台几年来确实为民众办过不少事情。出于对毕晓普和其政策的支持，他们对毕晓普进行了声援。

10 月 19 日凌晨，几千名群众聚集在圣乔治市，他们闯入政府官邸并救出了毕晓普。重获自由的毕晓普站到追随者们的中间，慷慨激昂地发表了演说，然后率领队伍继续上街游行。他相信，他的存在就是一种力量，他的声音可以唤起整个国家，他要用自己的方式击败对手，重新夺回政权。

既然毕晓普的存在足以危及到新政权的存亡，那么对于奥斯汀，解决办法只有两条：或者是叛军投降，携手交还政权；或者是清除毕晓普，一劳永逸地铲掉这个对手。奥斯汀自然选择了后者。中午过后，3 艘受革命政府指挥的 BTR—60 型战舰在圣乔治市东部的弗勒德里克要塞出现。一接近要塞，便用重机枪和 RPG—7 型火箭开火，工会领导人维斯特·洛尔死在要塞前沿。至少有 4 名士兵在和毕晓普支持者的战斗中被打死，一大群人在逃跑中被打死或打伤。

毕晓普大声叫："天哪！他们竟然向群众开枪！"士兵们停止射击，命令毕晓普和他的追随者离开要塞。当他们出来时，士兵又强迫一些人返回要塞，其中包括毕晓普。显然，士兵要在要塞里用自动武器处决他们。10 分钟后，毕晓普倒在血泊中。与他同时被枪决的，还有几个最坚定的支持者。

第二天，武装部队政治部宣布在平息"反革命分子"、"人民叛徒"、"反对社会主义的机会主义分子"的斗争中取得了决定性的胜利。事实上，派别斗争仍在以各种方式继续。10 月 19 日晚，奥斯汀发布了 24 小时戒严令，凡是不遵守戒严令的人将遭到枪击。

美国极其密切地注视着格林纳事态的发展。事实上，早在毕晓普上台之后，美国情报机构和军方就高度注视着这个不安分的邻居了。国防部长温伯格是美国有名的鹰派人物，他把格林纳达的所作所为看作是对美国利益的极大挑战。他时常收到有关格林纳达局势的情报摘要，其中包括那个大型机场，温伯格向里根总统提供了机场的照片。

1983 年 3 月 23 日，在一次全国电视讲话中，里根总统向公众展示了这些照片，并毫不掩饰地谈到了格林纳达问题。他说："格林纳达这座小岛处于加勒比海链条的南端。古巴人在苏联的财政援助和政治支持下，在这里修筑了一座跑道有一万英尺长的飞机场。格林纳达连一支空军部队都没有，修这么大的机场用来做什么？加勒比海是美国国际贸易和军事运输的最重要的通道，美国石油输入现在有一半以上通过加勒比海。在格林纳达这个只有 10 万人口的岛国，这种迅速发展的军事潜力，与它想要抗衡可能受到的威胁这一目的是不相称的，而且，对周围其它加勒比地区的国家来说，也是不适当的，因为这些国家大部分没有军队。"

10 月 21 日，里根及其夫人乘飞机到佐治亚州的奥古斯塔国家高尔夫球场打高尔夫球，总统希望能有一两天休息放松的时间。星期六清晨 4 时过后不久，里根被巴德·麦克法兰打来的电话吵醒，他请求马上见到里根。

几分钟后，里根在他下榻的艾森豪威尔别墅起居室里见到了舒尔茨和麦克法兰。两人虽都穿戴整齐，但从他们脸上的倦意可以看出，他们也是刚刚从酣睡中被叫醒。"总统先生，我们不得不打扰您。"麦克法兰手里拿着一份电话记录，声音有些紧张，"刚刚接到华盛顿的电话，格林纳达发生政变之后，莫里斯·毕晓普曾请求美国援助，但是前天，毕晓普已被叛军枪杀。与格林纳达相邻的几个国家都开始感到不安，联合敦促美国进行干预。正式要求已于昨晚提出。"

听到这里，身着睡衣的里根睡意全消，从麦克法兰手中拿过电话记录本。舒尔茨向前略略欠了欠身子，向里根报告说，他已指示国务院同几个西方主要国家联系，了解他们对格林纳达政变和毕晓普被杀事件的反应。当时，还有 800

名美国学生在格林纳达的一所医学院上学，他们可能成为人质，美国政府不能坐视这一危险。里根以及助手们很快打定主意：满足东加勒比地区国家的要求，为营救美国学生采取一切可以采取的行动。

就在美国政府秘密制定入侵计划的时候，设在格林纳达布鲁克林区的医学院办公室宣布说，在格林纳达的美国学生没有受到什么威胁，那些要求美国出兵的建议是不会受欢迎的。医学院院长查尔斯·莫德卡发表谈话，期待医学院能继续与格林纳达政府保持友好关系。尽管如此，美国参谋长联席会议仍在讨论入侵计划。而且就在 10 月 20 日，毕晓普被枪杀的第二天，温伯格同意了维塞将军的建议，命令"独立"号航空母舰以及去黎巴嫩接防美军的海军陆战队补充舰队改航朝南行进，到达格林纳达附近后，随机待命。在北卡罗来纳州的布拉格要塞和南卡罗来纳州的卡姆伯尔要塞，还部署了警戒部队和警戒空降师，这些军队随时听从里根总统的召唤。参谋长联席会议修改、补充了出兵格林纳达的方案，其入侵的目的是不仅要关闭小岛东站的珍珠机场，而且要尽快关闭萨林斯角的新机场，同时，要安全护送小岛西南部医学院的美国学生回国，救出监狱里的原格林纳达总督和其他政治犯。

里根总统在佐治亚州的奥古斯塔期间，副总统布什于 10 月 20 日凌晨 4

里根

点 45 分，主持了国家安全委员会特殊情况小组会议，决定按原计划命令军队
处于战备状态。维塞将军立即通知大西洋舰队总司令做好准备，以确定战时
怎样在敌对形势下撤走格林纳达的美国公民。

10 月 23 日凌晨 2 点半，里根又一次被电话叫醒，他得到报告说，一个与
车同尽的投弹手开着满载炸药的汽车绕过美军岗哨，冲进贝鲁特机场海军陆
战队营房，制造了一起爆炸事件。后来统计表明这次共炸死美国海军陆战队
员 241 人。里根立即给五角大楼打电话，要求采取一切可能的措施，确保贝
鲁特其余的海军陆战队员的安全，接着，里根同随行的舒尔茨、麦克法兰紧
急会晤了几小时。

清晨 6 点 30 分，里根一行前往机场，登上空军一号飞机，飞回华盛顿。
他召开了关于格林纳达局势的秘密会议。这是里根就任总统以来保密程度最
高的一次会议，参加者除了总统、国务卿和国会领导人外，只有里根的几位
高级助手。这次会议上没有军方负责人，甚至连白宫的新闻发言人斯皮克斯
也毫不知情。

"外界对这件事有什么反应？"里根问国务卿舒尔茨。

"欧洲国家对毕晓普被杀一事普遍感到震惊。"舒尔茨说，"毕晓普被
处决的第二天，牙买加总理爱德华·西加就公开警告说，格林纳达新的统治者，
是古巴训练的马克思主义者。东加勒比海各国都发表声明，对政变一事表示
谴责。安提瓜、巴巴多斯、圣卢西亚、圣·文森特、多米尼加和牙买加这 6
个国家，早就对古巴在格林纳达的活动感到不安。他们经过磋商后，已正式
向我国提出要求，请我们对格林纳达直接进行干预。"

"是请我国出兵吗？"国会领导人问。

"是的，"舒尔茨望了望里根，说，"我认为应该这么理解。"

动用军队对别国进行武装干涉，这在美国不是第一次，也肯定不是最后
一次，但它所引起的种种内政外交问题，以及美国在国际社会中的形象问题，
不能不引起决策层的忧虑。这时候，有人顾虑重重地说，世界上最强大的国
家对世界上最弱小的国家动用武力，胜利了，不会给美国增添光彩，而一旦

失败，后果不堪设想。无论胜败，都会招致国际两大阵营间严峻的政治反应。

持强硬立场的舒尔茨和麦克法兰强调说，对格林纳达的处置方案必须从以下几点加以考虑：一、在格林纳达的圣·乔治医学院内，有好几百名美国学生，要是他们发生意外或是被扣作人质，政府无法向全国人民交代；二、美国不能坐视古巴人把格林纳达建成一个反美堡垒；三、格林纳达局势的变化，已经危及了加勒比地区的安全，从而威胁到了美国在加勒比的利益。如果在 6 国政府敦请美国出面干预后美国毫无作为，那势必会削弱美国在该地区的威信。再说，在毕晓普被枪杀之前，也曾经代表合法政府，呼吁美国进行援助。国务卿和国家安全事务助理的立场，在相当程度上也代表了总统的立场。

两人话刚完，里根便对出兵的后果申明了态度："我知道后果如何，我心里有数。作为美国总统，我个人愿意承担任何后果。"里根坚定地说。

经过一阵磋商，里根罗列出三点出兵理由：一、保护在格林纳达圣·乔治医学院的几百名美国学生；二、保护在岛上的英国总督保罗·戈德温·斯库恩；三、根据前领导人莫里斯·毕晓普合法政府的请求和加勒比 6 国政府的紧急要求。

他决定，由国务卿舒尔茨向西方盟国讲明情况，取得谅解，并保持同加勒比海国家的联系。为了使出兵一事在政治上具有合法性，要求美国干预的加勒比 6 国也应派出军队，哪怕是几名警察。

最后，里根站起身来，望着国防部长卡斯珀·温伯格："卡斯珀，具体行动就委托您了。从现在起，我每时每刻都在这间办公室里等候您的消息。"

"明白了，总统先生。"温伯格严峻地点了点头。

"具体行动时间——"里根拖长声调，望了望日历，"定于 10 月 25 日，届时召开新闻发布会，宣布美国的立场。"

在这之后，温伯格再一次会见了维塞将军，温伯格充满信心，对维塞将军说："相信我们有足够力量。"并授权维塞，如果遇到比预料中更强大的抵抗劲敌，可动用 82 空降师进行增援。

与此同时，圣乔治的奥斯汀将军和他的古巴顾问们正忙着应付国内的动荡和接管政权，对即将到来的灭顶之灾毫无察觉。

"黑鹰"直升机

从里根总统的提问和讲话中，可以很清楚地看出他早已决定出兵格林纳达，除非格林纳达方面能够采取有力措施，保证美国学生的安全。实际上军方早已下令做好准备，包括下令改变军队原来的任务，如：推迟了轮换在黎巴嫩的海军陆战队；让接防部队从前往黎巴嫩的途中改航格林纳达，着手准备后勤支援工作。

温伯格指示，参谋长联席会议在实施作战计划时，应尽力考虑到最大限度保证安全和这次行动成功所需的兵力和军用物资。参谋长联席会议主席维塞将军建议，总统一下达命令就开始行动。海军中将约瑟夫·麦特卡夫在他的直接上司、大西洋舰队司令麦克唐纳上将的支援下，提出一项强烈要求：在格林纳达登陆时，不允许任何新闻记者和其他类似人员尾随。

里根总统决定将格林纳达行动计划在星期一晚上通知国会领导人。出于多种原因，他要他们到楼上的家用客厅去，使这一切看起来更像是一次私人聚会，从而尽量避免在这个非常时刻召集国会和军队的领导人开会而引起谣言。

温伯格简明扼要地又一次谈论预定第二天出兵的计划方案，提到军队可能会取胜和遇到危险等一些情况。温伯格向总统报告说已派海军特遣队在选定的海岸登陆进行事先侦察，并特别嘱咐他们尽量不让人发觉或觉察到他们的意图。实际上，他们此刻正在行动，只不过要在几小时后才能得知他们行动的情况。里根总统对此很感兴趣。

过了一会儿，一些国会领导人进来了。他们至少觉察到正在讨论重大问题——晚上聚集在白宫家用客厅里绝不是寻常事情。里根总统简要而又全面地谈了谈形势，强调美国学生的危险处境，担心可能会被扣为人质或发生比这更坏的事情。总统谈到了来自东加勒比邻岛国家的强烈呼吁，他说："我认为我们只有答应这项请求，别无选择。不行动比采取行动更为冒险。"然后，他让温伯格简要讲述了一下军事计划。维塞将军详细而又干脆有力地描述了这一行动方案。总统告诉了国会领导人第二天登陆的时间，自然也要求他们严守机密。这些国会领导人很少发表意见，众议院议长奥尼尔沉思了一会儿才说："总统先生，我只说一句话，上帝与你同在，祝我们大家好运气。"参议院民主党领导人比尔德对出兵方案提出了几个问题，诸如派多少部队，美国将遇到多少格林纳达兵和古巴兵，苏联是否在那里部署了军事力量，等等。里根一一作了回答后，其他人没说什么。

10月24日晚，当国会领导人走出白宫二楼家用客厅时，里根总统抬腕看看表，他刚刚接到撒切尔夫人打来的电报，撒切尔夫人对迫在眉睫的行动"深表关切"。里根总统想：他应该与撒切尔夫人协商一下，虽然这时伦敦也很晚了。里根总统走进隔壁一间房子。从伦敦传来的是撒切尔夫人不满的声音。里根总统认真叙述了计划方案的详细内容和那些惹人恼火的事情，提到格林纳达没有一个能控制局势的政府，英王的代表保罗·斯库恩总督本人也被囚禁起来了，而且斯库恩本人也请求援助。

里根总统强调说，面对邻国的请求和美国公民前途未卜的命运，他没有别的选择。撒切尔夫人十分生气，她说，她刚刚听到就要采取的这次行动，她代表整个大不列颠强烈地要求美国取消这次行动。她毫不客气地提醒里根说，格林纳达是英联邦一部分，美国无权干涉它的事务。撒切尔夫人的强硬态度使里根很为难，他知道，撒切尔夫人取消这次行动的要求不可能得到满足，因为此时，行动已经开始。此刻，古巴和格林纳达岛上的气氛同样令人不安。

古巴领导人卡斯特罗，曾经领导过光荣的"7·26"运动，靠7条步枪攻打过政府的兵营。到1959年，他终于推翻旧政府。从那时起，他便一直担任古巴武装部队总司令，后来又将党、政、军大权集于一身。60年代初，他领导古巴同美国的侵略、封锁、干涉进行坚决斗争，沉重打击了美国及其追随者的势力。他曾向世界宣称："古巴正在建设共产主义。"在他眼里，古巴已不是过去的古巴，古巴是要为整个世界做事的。

曾有人奉劝卡斯特罗，要他在格林纳达小心从事，"美国可能会进行干预的。"卡斯特罗对此不屑一顾，他向来不把美国放在眼里。20年前，面对单兵作战的古巴，美国尚且没有好办法，更何况今天不仅有古巴，而且有尼加拉瓜和格林纳达。实际上，

卡斯特罗

美国人对于他的态度，卡斯特罗心中早已有数。就在 10 月 23 日晚，卡斯特罗还向其部下打气说："别担心美国人会干预我们在格林纳达的革命，那不可能。美国人没有那个胆量，也没有那个力量！"

可是到了深夜，一个加勒比国家组织的成员告诉他：美国即将出兵格林纳达！整个夜晚，卡斯特罗在屋内走来走去，毫无睡意。尤其值得玩味的是，此时给卡斯特罗打电话的这个国家，恰恰是对格林纳达政变深感不安，并于两天前同东加勒比国家组织的另外几个成员国一道，要求美国武装干涉的国家。一个弱小国家在国际事务中举步维艰、战战兢兢的苦状，由此可见一斑。

尽管美国进行了严格的新闻封锁，但其即将出兵的消息还是传到了格林纳达。政变之后，格林纳达的新统治者曾警告说，所有人都必须服从政变当局颁布的戒严令，若有人违令擅自外出，一律惩处。实际上，政变当局并没有对圣·乔治医学院的美国学生有过任何威胁或伤害之举。对于一个几乎完全依靠旅游业为其外汇来源的岛国来说，医学院是个主要收入来源。政变领导人并不想在自己执政后给经济上带来灾难。因此，即使是在局势最为动荡的时候，政变军队也没敢动医学院一个手指头。慑于美国的威力，格林纳达的政变领导人给美国政府发了一封电报，表示任何愿意离开格岛的美国公民

都可以自由离开，既可以坐正常航班，也可以包机。政变领导人奥斯汀一点不想，或者说一点不敢得罪美国。此时离美国计划入侵时间还有 12 个小时。

10 月 24 日晚 10 时 15 分，这时离入侵只有 8 个小时的时间了，舒尔茨这才发了一封电报给距格林纳达最近的巴巴多斯美国大使馆，让大使通知格林纳达的军事领导人：美国拒绝接受他们的电报，因为美国怀疑这个政府的合法性。

美军士兵登陆格林纳达

舒尔茨还向政变领导人发出了含蓄的警告："我们将与他们的邻国接触，而且十分重视他们的意见。"实际上，当天下午 5 点，美国总统里根已在那份批准入侵行动的文件上庄重而利落地签上了自己的名字：罗纳德·里根。进攻时间：10 月 25 日清晨 5 时。代号"暴怒行动"。

相关链接

格 林 纳 达

格林纳达位于东加勒比海向风群岛的最南端，南距委内瑞拉海岸约 160 公里。属热带海洋性气候，年平均气温 26℃。原为印第安人居住地。1498 年被哥伦布"发现"。1650 年归属法国。1762 年被英国占领。1763 年根据《巴黎条约》，法国将格转让给英国。1779 年被法国重新占领。1783 年根据《凡尔赛条约》正式确认为英国所有，从此沦为英国殖民地。1974年2月7日宣布独立，同年加入联合国。主要宗教是天主教，官方语言为英语，为英联邦成员国。农业和旅游业是经济的基础，主要农产品肉豆蔻产量约占世界总产量的三分之一，仅次于印度尼西亚居世界第二位。

格林纳达海景

双方兵力分析

美军

美军入侵行动的总指挥是坐镇于华盛顿的大西洋舰队司令威廉·麦克唐纳海军上将；第2舰队司令约瑟夫·麦特卡夫海军中将为战场指挥官。美军先后投入的主要作战兵力为：各型舰船15艘，主要包括航空母舰1艘（关岛号，排水量7.8万吨，载机85架）、导弹巡洋舰1艘、导弹驱逐舰1艘、驱逐舰2艘，以及包括1.83万吨的两栖攻击舰"关岛"号在内的两栖舰船5艘；各型陆基与舰载飞机和直升飞机共230架；地面部队主要包括陆军第82空降师1个旅部率4个营（5000人）、特种部队第75团2个营（700人）、海军陆战队1个加强营（1900人）等。上述部队均来自美"快速部署部队"。另外，巴巴多斯、牙买加、圣文森特、圣卢西亚、多米尼加和安提瓜等六国还派出

396 人的分遣队配合美军行动，这支分遣队实质上是两支警察部队。

　　战争爆发前，"独立"号航空母舰编队和"关岛"号两栖攻击舰编队已于 10 月 23 日到达格林纳达周围海域，并在格岛周围建立了半径为 50 海里的海空封锁区，对格林纳达实施全面封锁。24 日，美军又将部分陆军别动队员和武器装备运往距格岛只有 250 公里的巴巴多斯。同日，配合美军行动的加勒比国家的部队也集结于巴巴多斯。与此同时，美国本土的参战部队也进入临战状态。

格林纳达守军

　　格林纳达政府军有 2 个步兵营、1 个野炮连、1 个高炮连，共约 2000 人，主要装备步兵轻武器，包括冲锋枪、机枪、火箭筒、120 毫米迫击炮、23 毫米双联高炮等，另外还有少量苏制 BTR—60 型装甲输送车，没有海空军，也没有坦克、大口径火炮等重武器；格方民兵约 2000 人；不过，格林纳达还有负责在格修建机场的一个约 700 人的古巴工兵营，据美方在战后发表的缴获的花名册透露，在格林纳达的该营内含 2 个步兵连、1 个迫击炮连和 1 个机枪连，由托尔托洛上校指挥。据美方实战体验，这部分古巴人的战斗力颇强。

　　格政府军部队主力部署于首都圣乔治周围以及格岛西南海岸地区，一部部署于珍珠机场，格方的 2000 民兵多分散部署。古巴工兵营则主要部署于萨林斯机场及其附近地区，以及从该机场到首都的公路线上。

战役进程

　　1983 年 10 月 25 日拂晓，随着格林纳达珍珠机场的第一声爆炸，格林纳达战争正式爆发。

　　25 日晨 4 时 30 分，美军舰载航空兵对珍珠机场实施航空火力准备。5 时，来自 84—1 陆战队两栖戒备六队的 400 名海军陆战队，从集结于珍珠机场以东水域的"关岛"号两栖攻击舰搭乘直升机，直接在珍珠机场跑道上垂直登陆，接着，后续部队约 800 人分别搭乘直升机和登陆艇登陆。美军在珍珠机场只受到了极其轻微的抵抗。仅用两小时，美军便完全控制了珍珠机场。之后，美军继续向机场附近敌据点进攻，占领了格伦维尔。美军在这一方向上的战斗行动十分顺利，基本上是按原计划进行的。

美军伞兵

与之相比，美军在格岛西南方向的行动却比预想中要困难得多。

在攻击珍珠机场的同时，美陆军特种部队第75团2个别动营约700人，分乘18架C—130型运输机，在AC—130E型武装运输机的掩护下，低空飞行横跨加勒比海，抵达格林纳达上空，准备在格岛西南端的萨林斯机场实施伞降。在飞机到达目标之前，机上别动队指挥官了解到机场及其附近高地有大量的防空武器，为了避免在空中消耗过多的有生战斗力，美军决定将跳伞高度由原计划的1200英尺（约366米）降至500英尺（约152米），这是自二战以来美军最低的跳伞高度。伞降前，从"独立"号航空母舰起飞的A—6和A—7型舰载攻击机对机场守敌实施了航空火力准备，5时36分，伞兵乘坐的运输机到达萨林斯机场上空，并立刻开始伞降。地面火力非常强，以至第1连跳伞后，美军不得不暂停伞降活动。AC—130E飞机被临时派来压制守军的防空火力，15分钟后，伞降活动才得以继续进行。在伞降过程中，机场守军对空火力基本上没有中断，美军部分伞兵伤亡，许多降落伞上弹洞累累。别动队员着陆后，立即投入地面交战，经过激战，美军于7时15分控制了机场。此时，机场周围的守军抵抗力量还比较强，致使机场上美军不断遭到火力袭击。美军别动队队员冒着密集的狙击火力清理机场跑道，同时向机场周围的格方抵抗力量进攻，占领了位于机场附近的圣·乔治医学院校园，以"保护"那里的大约500多名美国学生。下午2时，后续部队第82空降师2个营和多国警察部队共约1500人陆续到达，

美军占领萨林斯机场

并立即投入战斗。美军在航空火力支援下，继续打击机场附近的抵抗力量，巩固了机场，占领了弗里昆特。随后，除留多国警察部队保卫机场以外，主力兵分两路：一路向北，沿滨海公路向首都圣乔治方向发展进攻；另一路东进，经特鲁布卢、圣·乔治医学院，向卡尔维尼格兵营方向发展进攻。

在萨林斯机场激战的同时，美军"海豹"突击队的一个11人小组顺利伞降于位于圣乔治的总督官邸，营救斯库恩总督。但当队员准备携总督一家撤离时，3辆古巴人操纵的BTR—60装甲车将总督一家连同美军"海豹"小组成员一起包围在总督官邸内。为解救被围的总督，同时为配合南路美军迅速攻占圣乔治，麦特卡夫将军调整了作战计划：珍珠机场方向美军不再从陆路向圣乔治进攻，而是改走海路。

为此，除部分海军陆战队员留在珍珠机场方向担负警卫任务外，其余240名海军陆战队员返回"关岛"号，并乘该舰从格岛北面迅速绕到格岛西海岸圣乔治以北约一公里处的大马尔湾附近海域。19时30分，陆战队员乘登陆艇登陆，随同登陆的还有坦克和装甲车共18辆。登陆后，经12小时的通宵战斗，终于歼灭围困总督府的守军，救出了总督及"海豹"小组成员。鉴于格方抵抗比预想的要强得多，美军又紧急从国内增调部队和作战物资，以求速战速决。26日，美军在格林纳达的地面部队总数已达6000余人，形成了3倍于格军的优势。西路美军继续以优势兵力南北对进，逐个攻击沿途格方据点，向首都圣乔治逼近，东路美军则向卡尔维尼格兵营攻击前进，陆战队攻占格军司令

行进中的美军第82师，队伍前边一黑一白两名机枪手在对记者打手势

部所在地弗雷德里克堡。

27日，陆战队占领卢卡斯堡和军事要地里奇蒙山监狱；东路美军在卡尔维尼格兵营遇到激烈抵抗，经苦战，攻占了该兵营，缴获了大量武器和文件。

28日，南北两路于圣乔治会师，彻底占领圣乔治。

至此，美军基本完成了对格林纳达的控制，整个入侵行动的主要战斗结束。格军溃散，零散武装人员退往北部和中部山区，继续抵抗。参战的古巴人部分伤亡，其余被俘。针对格方残余抵抗力量孤立分散，隐藏地地形复杂等情况，美军化整为零，以连排为单位，空地配合，清剿残敌，搜捕政变主要领导人。

10月29日，美军在圣乔治郊区抓获政变主要领导人之一前副总理科尔德。30日，前"革命军事委员会"主席奥斯汀被俘。11月1日，"关岛"号两栖攻击舰编队奉命驶抵格岛以北32公里的卡里亚库岛，搜索残敌。登陆兵力共2个连（300人），其中1个连乘20架直升机在该岛首府哈维以北的野战机场垂直登陆，另1个连乘13辆登陆车在哈维以西的海湾登陆。登陆人员经7小时搜索，俘获15名格军，并发现一军火库，别无其它收获，于是便返舰离岛。

至11月2日，美军顺利完成了清剿任务，并缴获了大量武器弹药和文件，美军完全控制了格林纳达，战争遂告结束。战争结果，美军仅18人阵亡，90人受伤，损失直升机10余架。格军亡40余人，被俘15人，其余逃散。古巴人亡69人，伤56人，被俘者达642人。

战役影响

这场战争是美国对一个主权国家发动的侵略战争，遭到了包括美国的西欧盟国在内的世界绝大多数国家的反对，美国的国际形象因此而大受损害。战争刚爆发不久，美洲国家组织常设理事会在华盛顿召开紧急会议，会上，绝大多数国家都认为美国在格林纳达的行为严重破坏了"不干涉原则"，要求美国立即撤军。10月28日，联合国安理会表决尼加拉瓜提出的"美国侵略"案时，有11票赞成，以致美国不得不行使其否决权以阻止提案的通过。

这场战争是一场以大凌小的战争，但是格林纳达方面失利的原因不仅仅在于其小，还有其对外政策、战略和战术等方面的原因，即：

在对外关系上片面执行亲苏古的政策，不善于在大国之间纵横捭阖；对战争危险反应迟钝，战争准备不足；在战争中，新上台领导人只知藏身自保，全国失去统一指挥和团结御敌的核心，部队各自为战，民众也没有发动起来；部队主力以连排为单位分散坚守各个要点，不互相支援，不善于集中一定兵力进行机动作战，以力争歼灭敌有生力量。

美军接管岛上的一间警察局

格林纳达亲苏派被牙买加和
巴巴多斯军警逮捕

双方主将

约瑟夫·麦特卡夫

美国海军中将。

托尔托洛

古巴上校,是古巴在格林纳达部队的最高指挥官。他被古巴政府派到格林纳达指挥战斗工兵营训练格国的士兵,同时紧急修建萨林斯角的军用机场,后接管格林纳达的对外防务。

战争中的故事

"海豹"突击队占领圣乔治

1983年的格林纳达战争中,就在空中和海上的登陆作战激烈进行的时候,两支秘密小分队已利用拂晓前的暗夜偷渡上岸,直插格林纳达首都圣乔治。这就是美国海军的特种部队——"海豹"突击队。"海豹"这一名字,早已名扬四海。"海豹"是一支执行近乎自杀使命的秘密突击队,队员是一群胆识过人,独来独往,富于冒险精神,令人闻风丧胆的勇士。这次,"海豹"突击队的出现,是去执行两项特殊使命:攻占格林纳达电台,解救被围困的英国驻格林纳达总督。

这两支分别由11人组成的突击队行大路,绕小路,斩关夺隘,到中午时分,已静静潜伏于圣乔治市郊的一片丛林之中。到了市郊后,突击队不能找向导,仅凭手中的几张旅游图,结果搞错了方向,误攻了另一座楼房。待他们匆匆赶到电台大楼跟前,发现这里被守军严密守卫,并有装甲车巡逻。10来个人的突击队有天大的本事也无能为力。就在这时门前的守军出现混乱,一队队

海豹突击队队员

撤离而去。

　　实际上这是美军在圣乔治周围实施了又一次空降，迫使守军撤退。突击队趁此混乱之机冲进大楼，控制了格林纳达广播电台。不久，这里就响起了美国音乐。第二支突击队没有犯第一支突击队的错误，他们准确地找到了位于圣乔治北部的总督府，并且得以全部潜入。当已被囚禁很长时间的英国总督保罗·斯库恩见到这些操着同一种语言的士兵时，激动得上前拥抱他们。这时，总督府外枪声大作，几辆古巴装甲车已经封锁住总督府。要撤出此地，特别是带着总督撤走已不可能；唯一的办法就是顽强抵抗，等待援军。

　　艰苦对抗持续 10 多个小时。由于不敢伤害总督，古巴人只好用轻武器与美军突击队交战。突击队员伤亡较大。25 日中午时分，一支 250 人的陆战队乘"关岛"号两栖攻击舰，从格岛以北绕到西海岸的大巴尔湾海域。下午 2 时，陆战队开始登陆。一部乘直升机垂直登陆，一部换乘 13 艘登陆艇上岸，在飞机的支援下，占领了大马尔。此后，陆战队员仅用 10 分钟就攻占了总督府，用直升机将总督一家及被困了一天的"海豹"队员送到"关岛"号两栖攻击舰上。

　　晚上，美军陆战队员营救出美国学生。当陆战队员们一手端着枪，一手打着"V"形手势赶来时，学生们一个个热泪盈眶，欢呼雀跃，几个女学生跑上前，同陆战队员们紧紧拥抱，热烈亲吻。经过 25 日一整天的交战，美军基本形成了南北两路对格首都实行夹击的态势。战至翌日，美军在格岛上的地面部队总数达 6000 余人，形成 3 倍于格军的优势。随即，美军凭借优势兵力，继续南北夹击，逐个摧毁格军据点。26 日上午，美军充分利用古巴人新修的萨林斯角机场，得到了大批物资和增援部队，使岛上直接作战的部队人数有较大增加。美军在这时，很快攻占了格林纳达军队的司令部所在地弗雷德里克堡。

名人论战

格林纳达战争后，面对国际社会的普遍质疑，时任美国国防部长的温伯格表示："我认为这不是'战争贩子的行径'，特别是当我们不仅受到邀请，而且受到再三的恳求去进行干预、控制那座岛上的局势，恢复那里民主政府的时候。一旦人民选举的政府开始行使政权，我们就不会在那里多待一分钟。"

获救的美国学生

美军士兵与格林纳达儿童

海湾战争

战役简述

　　1991 年 1 月 17 日—2 月 28 日，以美国为首的多国联盟在联合国安理会授权下，为恢复科威特领土完整而对伊拉克进行的局部战争。1990 年 8 月 2 日，伊拉克军队入侵科威特，推翻科威特政府并宣布吞并科威特。以美国为首的多国部队在取得联合国授权后，于 1991 年 1 月 16 日开始对科威特和伊拉克境内的伊拉克军队发动军事进攻，主要战斗包括历时 42 天的空袭，在伊拉克、科威特和沙特阿拉伯边境地带展开的历时 100 小时的陆战。多国部队以较小的代价取得决定性胜利，重创伊拉克军队。伊拉克最终接受联合国 660 号决议，并从科威特撤军。

战前形势

　　关于科威特，历史上一直都存在一些争议。第一次世界大战前，科威特是隶属于奥斯曼土耳其帝国的伊拉克的一个自治省份。第一次世界大战期间，英国占领科威特并促使其独立，但是伊拉克始终没有承认科威特的独立。

　　二十世纪八十年代的两伊战争几乎摧毁了伊拉克在波斯湾的所有港口的

对外输出能力。许多伊拉克人认为，两伊战争再次爆发是必然的，所以为了安全起见，伊拉克需要更广阔的土地，尤其是在离战场较远的比较安全的地区占据海港。因此科威特就成了一个目标。

1990年8月2日凌晨1时（科威特时间），在空军、海军、两栖作战部队和特种作战部队的密切支援和配合下，伊拉克共和国卫队的三个师越过科威特边境，向科威特发起了突然进攻。由1个机械化步兵师和1个装甲师编成的主攻部队，沿萨夫万—阿卜代利—科威特市之轴线实施进攻，在350余辆坦克的引导下，首先向南攻占贾赫腊山口，然后折向东进攻科威特市。由另1个装甲师编成的助攻部队，在主攻部队西侧向南进攻，在贾赫腊山口与主攻部队会合后，继续南下，在通往沙特边界的主要通道上建立阻击阵地。5时30分，主攻部队与特种作战部队在科威特市会合。经过约14小时的城市战斗，下午7时，伊军完全占领了科威特首都。随后继续发展进攻，后续部队源源不断地进入科威特。8月3日中午，伊军占领了科威特全境。至8月6日，进入科威特的伊军达到约20万人，坦克2,000余辆。科威特势单力孤，加上对伊军的突然袭击毫无准备，只进行了微弱的抵抗。约20,000人的科军，只有5,000余人撤到了沙特阿拉伯，其余部队全部溃散或投降。科威特埃米尔贾比尔·萨巴赫及部分王室成员乘直升机逃往沙特阿拉伯。到8月8日，伊拉克总统萨达姆便宣布"收复"科威特，将其划为伊拉克的"第19个省"，并称它"永远是伊拉克不可分割的一部分"。

伊拉克武装侵占科威特，引发了海湾危机，成为海湾战争的直接导火索。

海湾地区之所以牵动美国及其他许多国家的神经，主要是该地区拥有极丰富的石油和天然气资源。截至1990年1月，海湾地区已探明的石油储量为6,517亿桶，占世界已探明石油储量（10,015亿桶）的65%，天然气24兆立方米，占世界天然气资源总和的13.7%。日产石油约1,450万桶，约占世界石油日产量（6,360万桶）的23%；每天出口石油约1,200万桶，约占世界石油日出口量（2,800万桶）的43%。中东的五大产油国（沙特、科威特、伊拉克、伊朗和阿联酋）均在海湾地区。世界20个特大的油田，有11个在海湾地区。

海湾地区生产的石油主要供出口。美国、西欧、日本进口的石油，相当大的一部分来自海湾地区。据美国能源情报统计，1990 年第一季度美国日净进口石油量为 766.1 万桶，其中 206.4 万桶来自海湾地区，占 26.9%；西欧日进口石油 823.5 万桶，其中从海湾地区进口 427.6 万桶，占 51.9%；日本日进口石油 548 万桶，其中从海湾地区进口 354 万桶，占 64.6%。

可以说，一旦伊拉克控制了海湾地区，就等于控制了西方主要发达国家的生命线，这是这些国家绝对不能容忍的。

也许感觉到自己的利益受到了威胁，就在伊军侵入科威特的第一天，美国便作出了强烈的军事反应：2 个航母战斗群在伊入侵科后不到 1 小时即受命驶向海湾。布什总统主持召开国家安全委员会全体会议，在会上他发表讲话，谴责伊拉克的行动是"赤裸裸的侵略"，对美国的国家利益"构成了真正的威胁"，并宣布冻结伊拉克和科威特在美国的所有资产。会议最终决定，采取大规模军事部署行动，以迫使伊拉克撤军，并为必要时采取军事打击行动做好准备。根据这一精神，负责中东地区防务的美军中央总部拟定了"沙漠盾牌"行动计划。"沙漠盾牌"行动计划拟分两个阶段向海湾地区部署部队。第一阶段用 3 至 4 个月时间（17 周）部署 24 万人的部队及其建制装备，以使该地区美军和其他出兵国家部队兵力达到同伊军大致相抗衡的水平。第二阶段将视形势发展继续增兵，以使兵力达到足以将伊军赶出科威特的水平。第一阶段部署，又将根据伊军有可能在短期内向沙特发动进攻的形势，首先在沙特的朱拜勒和宰赫兰一线部署快速反应部队和空中打击力量，建立机动防御，采取"以空间换时间"战略，挡住伊军可能的进攻，保证后续部队陆续抵达和部署。8 月 7 日凌晨 2 时（美国东部时间），布什总统正式批

"沙漠盾牌"行动期间，一名穿戴防化装备的
叙利亚士兵在散兵坑内警戒

准了该计划。

在此有必要交代一下美国和伊拉克的恩怨。

在伊朗伊斯兰革命以前，美国和伊拉克的关系就已经十分恶劣。伊拉克是苏联在中东地区的主要盟国。1979 年美国将伊拉克列入支持国际恐怖主义的国家名单。两伊战争期间美伊关系逐渐改善。随着革命后的伊朗在 1982 年深入伊拉克，为了防止伊朗获胜从而将革命思想输出到其他阿拉伯国家，美国开始对伊拉克进行援助，将其从支持国际恐怖主义的国家名单上撤除，并销售武器给伊拉克。除了公开渠道的援助，关于美国中央情报局秘密指导伊拉克军队的猜测也广泛流传。

两伊战争结束以后，美国议会内有在外交和贸易上孤立伊拉克的趋势。这样做的理由包括伊拉克国内的人权状态不佳、伊拉克对其军备的快速加强和它对以色列的敌对等。许多美国左派政治家和一些新保守派政治家如保罗·沃尔福威茨反对伊拉克政府。但美国一些有声望的议会政治家却错误地低估了这个改变。比如美国参议员罗伯特·多尔对伊拉克总统萨达姆·侯赛因说"议会并不代表美国总统乔治·H·W·布什和美国政府的意见，布什将否决所有对伊拉克采取制裁的行动。"

美国总统布什召开国会会议，会上国会授权美国军队将
伊拉克逐出科威特境内

1990 年 7 月末伊拉克入侵科威特之前，萨达姆·侯赛因与美国大使阿普里尔·格拉斯皮进行了一次谈话。在这次谈话中，萨达姆表达了他对科威特的气愤但表示在进行再一次谈判之前，他不会对科威特动武。格拉斯皮表示美国对伊拉克在伊科边境上的武装力量集中表示关注，但一些伊拉克人将格拉斯皮的言谈误解为美国允许伊拉克入侵科威特，格拉斯皮说美国"对阿拉伯内部的争执如伊科之间的边境争执表示中立"。为了强调这一点，她还说"詹姆斯·贝克（时任美国国务卿）指示我们的发言人强调这一点"。虽然格拉斯皮此后不久就离开了外交界，但美国声明她对一切按规则处理，她没有向萨达姆·侯赛因总统表示美国赞同伊拉克入侵科威特。但是萨达姆此时可能错误地理解了美国的观点。因为在此之前，美国也同意两德统一，对萨达姆来说，这同样是取消一个本来就是错误的国内边境。其他一些分析家则认为这种错觉并不存在。萨达姆只是低估了美国的实力，因此没有认真考虑美国的态度。

包括苏联在内的世界其他绝大多数国家或国际组织都对伊拉克的入侵作出了迅速的反应，普遍强烈抵制和谴责伊拉克的侵略行为。

联合国安理会和各成员国对海湾危机的反应前所未有的一致。8 月 2 日，联合国安理会就以 14 票赞成，0 票反对，1 票弃权，通过了旨在谴责伊拉克违反联合国宪章，要求其撤军的第 660 号决议。之后，从 8 月 2 日至 11 月 29 日，联合国安理会先后通过了 12 个谴责和制裁伊拉克的决议。这些决议，使伊拉克处于极端孤立的地位。

美军在开始执行"沙漠盾牌"计划时，即已估计到伊拉克拒不撤军的情况，随后便拟定了代号为"沙漠风暴"的军事打击行动计划。12 月 20 日，美国国防部长切尼和参谋长联席会议主席鲍威尔批准了这一计划。该计划的要点是，实施进攻作战，以达到：一、瘫痪伊拉克国家指挥当局；二、将伊拉克军队赶出科威特；三、消灭伊拉克共和国卫队；四、尽量摧毁伊拉克的弹道导弹和核生化武器；五、帮助恢复科威特合法政府。

美国为达到以上目的拟定了以下作战方案：实施协调一致的多国、多方向、

空中、海上和地面攻击，首先
以空中战局摧毁伊拉克重要军
事目标，尔后逐步转移空中作
战的重点，在科威特战区实施
地面作战，消灭伊拉克共和国
卫队，用阿拉伯部队解放科威
特市。整个作战过程分为四个
阶段，即战略空袭、夺取制空
权、空袭地面部队、地面进攻
作战。

空军一直是美军非接触作战的主力之一

11 月 29 日，联合国安理会通过第 678 号决议，规定 1991 年 1 月 15 日为
伊拉克撤军的最后期限。在"最后期限"到来之前，国际社会为化解这场危
机作了极大的努力。许多国家的领导人从中斡旋，设计出多种调解方案，联
合国秘书长亦亲抵巴格达做伊拉克的工作，希望伊从科撤军。但所有这些努
力最终都未能使伊拉克改变立场。

西方国家决定将伊拉克逐出科威特还与他们害怕伊拉克会入侵沙特阿拉
伯有关。对西方国家来说，沙特阿拉伯比科威特还要重要。伊拉克军队顺利
地进驻科威特后，它就很容易攻击沙特阿拉伯最大、最重要的油田了。假如
伊拉克控制这些油田，再加上伊拉克对其本土和科威特的油田的控制这样它
便可以给予对全球石油供应形成前所未有的垄断。沙特阿拉伯的抵抗比科
威特强不了多少，而西方国家认为萨达姆的野心不会在科威特停止。全世
界——尤其依靠石油的美国、欧洲和日本——将这个石油垄断看作是一个巨
大的威胁。

伊拉克与沙特阿拉伯有极大的矛盾。两伊战争中伊拉克欠沙特阿拉伯 260
亿美元。两国之间的长长的沙漠边界也有纠纷。萨达姆在占领科威特后就开
始攻击沙特阿拉伯王室。他说美国所支持的沙特王室作为圣城麦加和麦地那
的守护者是不合法的。萨达姆开始使用在阿富汗作战的极端伊斯兰主义者和

伊朗一直用来攻击沙特阿拉伯的语言来攻击沙特。

在伊拉克的国旗上添加《古兰经》中"神是至高"一词和萨达姆在科威特祈祷的画面是吸引伊斯兰原教旨主义者和离间伊斯兰圣战者与沙特的计划的一部分。当西方国家的军队进驻沙特阿拉伯后这些攻击更加加强了。

美国国务卿詹姆斯·贝克组织了一个反伊拉克的 34 个国家的联盟：阿富汗、阿根廷、澳大利亚、巴林、孟加拉国、加拿大、捷克斯洛伐克、丹麦、埃及、法国、德国、希腊、匈牙利、洪都拉斯、意大利、科威特、摩洛哥、荷兰、尼日尔、挪威、阿曼、巴基斯坦、波兰、葡萄牙、卡塔尔、沙特阿拉伯、塞内加尔、韩国、西班牙、叙利亚、土耳其、阿拉伯联合酋长国、英国和美国。在这场战争中的 66 万人军队中美军占 74%。实际上许多联盟国并不愿参加。有些认为这场战争是阿拉伯内部的战争，有些害怕美国在科威特的影响加强。最后许多国家在得到经济援助、免债等优惠条件下才同意参加。

1991 年 1 月 9 日，美国国务卿贝克和伊拉克外长阿齐兹在日内瓦举行战前最后一次会晤，但是，双方都认为没有妥协余地，会谈没有取得结果。1 月 16 日美国东部时间上午 10 时 30 分，布什总统签署了给美军中央总部司令施瓦茨科普夫的国家安全指令文件，命令美军向伊拉克开战。

多国部队的指挥官们

双方兵力分析

多国部队

早在"沙漠盾牌"计划确定后，美军便制定了具体部署方案，最大限度出动了运输司令部所辖战略运输工具，动员了后备和民用运输力量，同时，进行了后备役征召和编组。其他出兵国家也展开了各自的部署行动。经过紧张行动，分别于 11 月 8 日和 11 月底完成了两个阶段的部署。是时，美军在海湾地区的总兵力达到 43 万人，其中陆军 26 万人、海军 5 万人、空军 4 万人、海军陆战队 8 万人。主要武器装备有：坦克 1200 辆、装甲车 2000 辆、作战飞机 1300 架、直升机 1500 架、军舰 100 余艘。

连同其他国家出动的总兵力达 50 万人。部分未出兵国家提供了武器装备、舰船、飞机和医疗队。随着各国部队的部署，建立统一、协调的指挥机构的必要性日益突出。8 月中旬，经协商在多国部队最高层成立了协调性作战指挥机构。原则是，战区内所有部队均接受沙特阿拉伯武装部队司令哈立德中将和美军中央总部司令施瓦茨科普夫上将的统一指挥，但各国部队又分别接受本国最高当局的命令和指示。

美国海军"美国"号航空母舰穿过苏伊士运河前往波斯湾，准备参加武力解放科威特的军事行动

伊拉克

面对美国和其他国家的出兵行动以及国际社会的经济制裁，伊拉克采取了相应对策。总的战略指导思想是，拖延战争爆发，使海湾冲突长期化、复杂化，进而分化以美国为首的军

事阵营，打破对伊拉克的各项制裁，保住既得利益，同时，做好军事上防御作战的准备。为此，它在外交上打出了"圣战"的旗号，并将撤军问题同以色列从阿拉伯被占领土撤军联系在一起，以转移阿拉伯国家的矛头指向；在经济上采取了内部紧缩，对外寻求突破口的政策；在军事上则加紧了扩军备战，恢复和新建 24 个师，使军队总兵力达到 77 个师、120 万人。同时加强了科战区的兵力部署，按三道防线共部署 42 个师，约 54 万人、坦克 4280 辆、火炮 2800 门、装甲输送车 2800 辆。

战役进程

由于伊拉克未能在安理会第 678 号决议所规定的期限撤军，1991 年 1 月 17 日当地时间凌晨 2 时，多国部队航空兵空袭伊拉克，发起"沙漠风暴"行动，海湾战争由此爆发。

1991 年 1 月 17 日至 2 月 23 日，多国部队对伊拉克施行了大规模空袭，空中战役包括战略性空袭、夺取科威特战区制空权以及为地面进攻做好战场准备。1 月 28 日后，多国部队已完全掌握制空权。进入第三周后，空中行动的重点转入科威特战区。至 2 月 23 日，多国部队共出动飞机近 10 万架次，投弹 9 万吨，发射 288 枚战斧巡航导弹和 35 枚空射巡航导弹，并使用一系列最新式飞机和各种精确制导武器，对选定目标实施多方向、多波次、高强度的持续空袭，极大削弱了伊军的 C3I（指挥、控制、通信和情报）能力、战争潜力和战略反击能力，使科威特战场伊军前沿部队损失近 50%，后方部队损失约 25%，为发起地面进攻创造了条件。

地面战役发起前，多国部队成功实施了战役欺骗。美第 7 军和美第 18 空降军从沙特边界以南向西机动数百公里，进抵沙伊边境的进攻出发地域。

多国部队于 1991 年 2 月 24 日当地时间 4 时发起地面进攻，在沙科、沙伊边界约 500 公里正面上由东向西展开 5 个进攻集团：阿拉伯国家东线联合部队，沿海岸向北进攻，占领科威特城；美第 1 陆战远征部队从沙科边界"肘部"向北进攻，夺取穆特拉山口，切断科威特市通往科东北部的道路，将伊

军主力吸引到科威特；阿拉
伯国家北线联合部队从沙科
边界西段向阿里塞米姆机场
方向进攻，协同友邻部队消
灭科威特境内伊军并占领科
威特市；美第7军实施主要
突击，从巴廷干河以西向北
推进，直插伊拉克纵深，尔
后挥师东进，与其左邻第18

集结在沙漠中的英国陆军第一装甲师部队

空降军协同作战，将伊拉克共和国卫队（约8个师）围歼在巴士拉以南地区；
美第18空降军实施辅助突击，从沙伊边境突入伊境至幼发拉底河岸，控制塞
马沃以东通往巴格达的8号公路，孤立科威特境内伊军部队，协同美第7军
歼灭伊军共和国卫队。

地面战役首先由美第1陆战远征部队发起进攻，尔后阿拉伯国家东线联
合部队在波斯湾多国部队海军和两栖部队配合下发起进攻，吸引伊国注意力，

美国海军陆战队士兵乘坐美联航客机自
本土布拉格堡基地飞抵沙特阿拉伯
塔赫兰空军基地

为西部主攻部队发展进攻创造条件。
美第7军于24日午后发起攻击。美
第7军和美第18空降军利用空中机
动和装甲突击力强等优势，在海空军
支援下实施"左勾拳"计划，将伊拉
克共和国卫队合围于巴士拉以南地
区。伊军遭受连续38天空袭后，损
失惨重、指挥中断、补给告罄、战场
情况不明，对多国部队主攻方向判断
失误，防御体系迅速瓦解。在此期间，
伊军继续向沙特、以色列和巴林发射
导弹，使美军伤亡百余人；在海湾布

空袭过后，一名伊拉克妇女走上街头，从街头的垃圾中捡回还可以吃的食物

设水雷 1167 枚，炸伤美海军两艘军舰，但未能扭转败局。1991 年 2 月 26 日，萨达姆宣布接受停火，伊军迅即崩溃。28 日晨 8 时，多国部队宣布停止进攻，历时 100 小时的地面战役至此结束。

1991 年 3 月 10 日，"告别沙漠行动"开始，美军从波斯湾撤离 54 万军队。

据战后统计，在这场战争中，伊拉克方面在参战的 43 个师中共有 38 个师被重创或歼灭，6.2 万人被俘，3847 辆坦克、1450 辆装甲输送车、2917 门火炮被击毁或缴获，107 架飞机被击落、击毁或缴获。多国部队方面共有 126 人阵亡，其中美军 79 人，300 余人受伤，12 人失踪。

关于海湾战争的伤亡数字有争议。盟军死亡人数可能是 378 人，其中美军因战事身亡的有 148 人，非战事身亡的 145 人。英军死亡 47 人，阿拉伯军队死亡 40 人，法军损失 2 人。盟军死亡最多的是在 1991 年 2 月 25 日，该日一颗伊拉克飞毛腿导弹击中一个美国兵营造成 28 个美军预备队员死亡。盟军受伤人数可能少于 1000 人。伊拉克伤亡人数的争议比较大。有些估计说少于 1500 人死亡，有些说约 20 万死亡。大多数学者认为死亡人数在 2.5 万到 7.5 万之间。受伤人数也不清楚。被美军俘虏的伊拉克人为 7.1 万。估计伊拉克平民死亡人数从 100 人到超过 20 万人不等。

此外战后的状态造成更多伊拉克人死亡。比如在炸弹中含有共 300 吨贫铀，铀是一种可能可以致癌的重金属（不过这一点也有争议）。战后伊拉克儿童的癌症率提高了四倍。战后对伊拉克的制裁可能也导致了约 200 万人死亡，其中半数是儿童。从海湾战争结束到美伊战争开始，美军和英军空军几乎每个月都对伊拉克境内禁飞地带及其附近进行攻击。

战役影响

　　海湾战争是第二次世界大战后世界上发生的最大的一场局部战争。这场战争是特定时代的产物。它深刻地反映了 80 年代末期世界的基本矛盾，是这些矛盾局部激化的必然结果；它体现了人类社会生产力特别是科学技术的发展所引起的战争特征的革命性变化；它展示了新的作战手段和作战思想运用于战争而产生的作战样式的诸多新特点。它体现了人类社会生产力特别是科学技术的发展所引起的战争特征的革命性变化，主要是：武器装备建立在高度密集的技术基础之上；打击方式已不再以大规模毁伤为主，而是在破坏力相对降低的基础上突出打击的精确性；整个战争的范围与过程被视为一个完整的系统，战争的协同性和时间性空前突出。它也展示了新的作战手段和作战思想运用于战争而产生的作战样式的诸多新特点，主要包括：空中作战已成为一种独立作战样式；机动作战是进攻作战的基本方式；远程火力战是主要的交战手段；电子战是伴随"硬杀伤"所不可缺少的作战方式；夜战是一种富有新内涵的战斗方式。

　　海湾战争是冷战结束后的第一场现代化局部战争，80 年代末期，随着东欧和前苏联的剧变以及前苏联在全球范围内的战略收缩，世界形势开始发生战后最深刻的变化。东西方两大阵营长达 40 年的冷战局面被打破，作为战后世界战略格局支柱的雅尔塔体系开始瓦解，世界的主要矛盾即美苏争夺世界霸权的矛盾，在国际事务中的主导地位和作用逐渐下降。这种情况，使世界进入了一个新旧格局交替的过渡时期，它一方面给和平与发展创造了有利条件，另一方面也酝酿和产生着新的矛盾与不稳定因素。海湾战争正是在这样一

1991 年 3 月 26 日，伊拉克杜胡克，两名库尔德
民兵站在一处被砸毁的萨达姆画像旁

个大背景下发生的。

双方主将

施瓦茨科普夫

诺曼·施瓦茨科普夫（1934 年—），出生于美国新泽西州特伦顿市。他的父亲是美国陆军准将，1951 年进入西点军校学习，1956 年毕业。毕业后曾在第 101 师空降师任少尉排长，后调柏林旅并晋升中尉。1961 年被选派到本宁堡步兵学校进行步兵军官高级课程学习。1964 年获洛杉矶南加利福尼亚大学机械工程学硕士学位，之后到西点军校担任机械工程系教员。1965 年，他以少校身份任南越空降部队顾问，随后还担任过驻越美军指挥部参谋，第 23 步兵

施瓦茨科普夫

旅 1 营营长。1970 年自越南战场归国后进入五角大楼工作。1976 年，出任美军第 9 步兵师第 1 旅旅长，1978 年调任美军太平洋司令部计划部副部长。在此期间，他参与了陆海空三军联合指挥部的工作。1980 年，晋升为将军，赴欧洲美军第 8 机械步兵师任副师长。1982 年任驻佐治亚州第 24 机械化步兵师师长。1983 年，任美军入侵格林纳达军事行动联合特遣部队副总司令，奇袭格林纳达成功后，晋升为陆军作战副总参谋长帮办。1986 年，任驻华盛顿美军第 1 军军长，并晋升为中将，1987 年任美军陆军作战副参谋长。

1988 年 11 月，施瓦茨科普夫晋升为四星上将，任美国中央司令部总司令。这期间他对地区性冲突、中低强度作战、沙漠作战和特种部队作战进行了研究。施瓦茨科普夫一直关注着海湾局势，他组织了专门班子，对中东和海湾地区的情况跟踪研究，并多次组织部队进行沙漠和海外作战训练演习。

1990 年 8 月 2 日，海湾战争爆发，施瓦茨科普夫很快就制定出了遏制伊

拉克进入沙特阿拉伯的"90—1002"作战计划。

在施瓦茨科普夫的组织指挥下，经过一个多月的战略轰炸和100个小时的地面进攻作战，多国部队以极小的代价，歼灭伊军数十个师，将伊军赶出科威特，使美国获得了第二次世界大战后第一场大规模局部战争的胜利。

海湾战争结束后，施瓦茨科普夫被赞扬为民族英雄。同年晚些时候他退出现役，定居于风景秀美的佛罗里达海滨，与家人一起过着宁静、和谐的生活。

萨达姆

萨达姆

萨达姆（1937—2006），全名萨达姆·本·侯赛因·本·马吉德·阿尔·提克里特，1937年4月28日生于萨拉赫丁提克里特。1957年加入阿拉伯复兴党。1960年2月入开罗大学学习法律。1963年2月复兴党执政后，回国任复兴党伊拉克地区领导机构成员。同年11月阿里夫推翻复兴党政权，1964年10月被捕，两年后越狱。1968年复兴党再次执政后，出任革命指挥委员会副主席、复兴党伊拉克地区领导机构副总书记。1976年1月晋升为上将。1979年任伊拉克总统（同时行使总理职权）、革命指挥委员会主席、武装部队总司令、阿拉伯复兴党伊拉克地区领导机构总书记等职。1979年8月被授予参谋元帅军衔。在他任职期间，1974年爆发政府军与库尔德游击队的战斗，因库尔德游击队得到伊朗和美国的支持，伊拉克政府军在战场上失利，危及到阿拉伯复兴党政权。1975年3月与伊朗签订《阿尔及尔协议》，作出放弃阿拉伯水道的部分传统领有权和部分领土的让步。在伊朗撤销支持后，库尔德游击队的"叛乱"被镇压下去。这一事件埋下了两伊冲突的伊朗祸根。1980年9月，萨达姆趁伊朗政局动荡，派兵进攻伊朗，并宣布废除《阿尔及尔协议》，两伊战争爆发。1987年，鉴于伊拉克军队在战场上已占上风，占领了部分伊朗领土，萨达姆宣布接受联合国安理会关于两伊立即停火的决议。1990 年 8 月 2 日，萨达姆以"消灭腐朽的反动的君主专制政权"、"解放科威特人民"为口号，命令 10 万伊拉克军队越过边界入侵科威特，数小时后占领科威特首都科威特城，海湾战争爆发。8 月 8 日，伊拉克革命指挥委员会宣布，科威特与伊拉克合并。8 月 28 日，萨达姆发布命令，宣布科威特为伊拉克的第 19 省。1991 年 2 月 23 日，美国、英国、法国、沙特阿拉伯、阿拉伯联合酋长国和科威特的军队向伊拉克军队发动联合进攻，伊拉克军队全线崩溃。2 月 26 日萨达姆命令伊拉克军队撤出科威特。27 日宣布接受联合国安理会一切决议。萨达姆发动海湾战争，使伊拉克蒙受重大的人员伤亡和经济损失。海湾战争后，萨达姆采取频繁更换军队要员和任用亲信的手段维护自己的统治。著有《我们建设社会主义的特殊道路》（注；萨达姆所说的社会主义不是科学社会主义而是国家社会主义）、《我们为阿拉伯人和人类而战》、《我们要的是一个独立、解放和社会主义的伊拉克》、《关于革命、妇女和青年》等。

萨达姆自就任伊拉克总统以来，在政坛上纵横捭阖几十载，历经战火，并一直严密地控制着政权。美军 2003 年 4 月 9 日占领伊拉克首都巴格达后，包括萨达姆父子在内的伊拉克前高级官员突然集体"蒸发"。4 月 11 日，美军发布"扑克牌通缉令"，55 名伊拉克前政府高官榜上有名。在美军和伊各政治派别的合力围捕下，萨达姆的两个儿子乌代和库赛 7 月 22 日被美军打死。"扑克牌通缉令"上的大部分伊前政府高官已先后被捕、自首或被打死，但萨达姆一直下落不明。驻伊美军曾悬赏 2500 万美元抓捕萨达姆。

2003 年 12 月 14 日，萨达姆在家乡提克里特被捕。2006 年 12 月 30 日，伊拉克当地时间上午 6 点 05 分（北京时间上午 11 点 05 分），萨达姆因"杜贾尔村案"被处以绞刑。与萨达姆一道被绞死的还包括他同父异母的兄弟以及伊拉克前革命法庭庭长。

战争中的故事

美军屠杀伊拉克战俘内幕

1991 年的海湾战争中，14 辆美军装甲战车曾经屠杀了 300 余名手无寸铁的伊拉克战俘。这一惊人的违反《日内瓦公约》的暴行曝光后立即遭到了美国军方的否认。然而，美国广播公司独家披露了这一事件的真相，并且公布了这一事件真相的惊人铁证。

1991 年 2 月 27 日，美陆军第 24 步兵师第 1 旅第 7 营第 2 连侦察排快速冲刺到伊拉克巴士拉以西 150 公里外的贾里巴斯机场附近。这个由特种兵组成的侦察排的任务是：抢在美军大部队开到之前摸清巴士拉附近地区状况和伊军的行踪。

27 日中午，第 24 师师部直接命令侦察排在贾里巴斯机场附近的伊拉克 8 号公路上设置路障，拦截溃逃的伊拉克小股部队和游勇散兵。正当美国大兵们把武器搁在一边，七手八脚地开始设置路障的时候，公路边上一个隐蔽得连美国侦察兵都没有发现的掩体里突然跳出一个身着制服，挥着 AK—47 冲锋枪的伊拉克士兵。当那名伊拉克士兵哇哇叫着向他们冲过来的时候，美国侦察兵们全都惊呆了，他们实在是太大意了，所有的武器都搁在 50 米开外的装甲巡逻车上！几名美国侦察兵甚至举起了双手，做投降状。然而，意想不到的事发生了，只见那名伊拉克士兵把枪往地下一扔，高举双手继续向美国人靠拢。"天哪，原来他要向咱们投降！"几名反应迅速的美国侦察兵飞也似的奔向装甲兵车，赶紧架起了机枪。

这个名叫穆罕默德·拉拉利的伊拉克士兵战前是一名中学英语老师，会讲一口流利的英语，所以跟美国侦察兵沟通起来没有任何的困难。他告诉美国侦察兵们说，他和他的战友想投降。美国侦察兵爱德华·沃克说："就像神话故事一般，伊拉克士兵和军车突然从我们四周冒出来。车越来越多，人也越来越多，他们都表示愿意向我们缴械投降！"

虽说 30 多名美国大兵面对着越来越多的伊军投降人员有点发憷，但他们知道伊拉克军队开始成批成批地投降，所以一般情况下不会发生什么意外。事实也是如此，当他们开始缴获伊军官兵武器的时候，

丧失斗志的伊拉克军人成批地向联军部队投降

没有遇到任何的抵抗。200 至 300 名赤手空拳的伊拉克战俘把军车停在公路边，驯服地听从美国侦察兵们的命令，老老实实地坐在公路边。美国侦察兵一边收缴伊军的武器，一边向他们的指挥官报告最新的情况。现任一家公司技术人员的詹姆斯·曼切斯特当年便是侦察排的一名士兵。他在接受美国广播公司记者的采访时说："我们随时向上级通报伊拉克战俘的情况，侦察排当时通过无线电明确报告说，伊拉克士兵已经全部投降，并且完全缴械。我们会随时把最新的情况向上级汇报，所以指挥官们十分清楚当时战场上的情况。"

几个小时后，侦察排接到命令开赴另一个地区执行新的任务，只留下几名侦察兵破坏从伊军手里缴获的武器。

在第 7 营的 14 辆"布雷德利"装甲战车突然出现前，一切都进展顺利。来自阿肯瑟州的前侦察兵戴维·科拉特回忆说："我们先是看到了地平线上出现了"布雷德利"战车的炮塔塔顶，接着又清楚地看到了装甲战车两侧显眼的美军标志。突然，那些装甲车在没有任何警告的情况下向伊拉克战俘们开炮射击。"戴维的战友也说。"布雷德利"战车显然是故意那么干的，因为侦察排此前已经在伊军驾驶的每一辆军车上画上了"POW"（战俘）的标志，向即将开赴这一地区的所有美军装甲部队指挥官通报过此地有战俘的详细情况，并且将带有明显美军标志的高速巡逻车停在战俘的周围。正常情况下，

向这一地区开进的每一辆"布雷德利"战车都应该已经接到这一地区有战俘和友军侦察部队的通报的,以免造成误伤,并且绝对看得清停在附近的美国巡逻车。

爱德华·沃克心有余悸地回忆说:"我眼睁睁地看着炮弹和机枪子弹从200多米的装甲车上嗖嗖打来,有的钻进公路边的泥土里,扬起一阵阵的灰尘;多数的炮弹和子弹则落在正静静坐在马路边的伊拉克战俘群中,伊拉克人如同稻草一般齐刷刷地倒下,血肉横飞。惊恐万状的伊拉克战俘们怎么也不敢相信自己的眼睛,直到受伤者痛苦的呻吟声和殷红的鲜血把他们全都惊醒后,他们才跳起来,发疯似的四散而逃。然而,美军的装甲车似乎杀兴未尽,居然加速向战俘们追去,继续疯狂射击,直到视线内再也看不到一个会动的伊拉克人为止!"

同样大惊失色的是美国侦察兵们。他们为了停止"布雷德利"装甲车的屠杀行为,一齐高喊:"停止射击!停止射击!!"

这一野蛮的屠杀战俘事件使美国侦察兵们深受刺激。尽管他们中的绝大多数人在战争结束后对这起严重违反《日内瓦国际公约》的野蛮行为选择了缄默,但负罪感却无时无刻不沉沉地压在他们的心头上。

战争结束后,一名承受不了良心重压的侦察兵断然向美国国防部总检察长办公室控告了这一惊人的战争罪行,并且表示他愿意以自己的人格做担保证实所发生的一切都是真实的。美国国防部当即指令美国陆军立即着手内部调查。时任第24师步兵师师长的巴里·麦卡弗雷少将当即指示第1旅旅长约翰·雷莫伊上校调查此事。身为第7营直接上司的雷莫伊上校很快就有了"结果":"没有人被打死!一个都没有,零个人被打死。从来没有一名伊拉克士兵被打死,当时,成百上千名美国士兵没有看到一具伊拉克士兵的尸体!"

就在美国军方含糊其辞的时候,美国广播公司却拿到了美军战车屠杀伊拉克战俘的铁证———盘录有当时战场通讯实景的录音带。这盘录音带是亲历了1991年2月27日战斗的美国陆军专业技术兵约翰·布拉斯菲尔德提供的。约翰当时的想法是把战场上的实景录下后送给远在美国的妻子听,好让她感受一下战争的可怕和恐怖。这位最近刚刚从科索沃服役回国，退役当上飞行员的美国军人在良心的驱使下决定交出保存多年的录音带，从而揭示了当年战场上美国装甲战车屠杀伊拉克战俘的惊人一幕：

（侦察排通讯网）道格拉斯军士长："50，50，这是57！我们身后的那些装甲车怎么突然向这些军车射击了，天

在"沙漠风暴"行动中，被多国部队摧毁的一处伊拉克炼油设施

哪，我真希望他们看清楚我们坐的这辆美国巡逻车！"（侦察兵们后来告诉美国广播公司记者说，装甲B连开枪开炮时离他们如此之近，他们希望这些美国装甲车能认出伊拉克战俘身边的美国兵来。）

（第7营通讯网）阿伦中尉："我们被流弹击中！他们为什么要射击，他们为什么要射击？"（这位排长后来告诉记者说，他不明白B连为什么要开枪开炮，因为所有在这一地区作战的美军部队都已经接到报告说，这个地区唯一的伊拉克人都已经成了战俘，决没有作战部队。）

（支援通讯网）曼切斯特军士："开枪的是何部？是E连！"

第二段录音是侦察排开始为部分被美军装甲部队打伤的伊拉克战俘进行治疗时录下的：

（侦察排通讯网）穆林军士："这些伊拉克战俘都被打伤了，绝大部分被打死了。那些受伤的伊拉克战俘问我们说：'我们还算战俘吗？你们为什么还要杀我们？'我们无言以对。另一名被打掉一只眼的伊拉克军官痛苦地问我说：'我们已经放下武器，你们难道不知道《日内瓦公约》吗？我们不算战俘吗？'我只能回答说：'你们是战俘，我们会设法保护你们的！'那位伊拉克军官痛苦地说：'感谢真主，那为什么你们还向我射击！？'"

（第7营通讯网）阿伦中尉："B连，B连，我不明白你们为什么要朝战俘们射击，那里没有任何的移动目标，也没有任何抵抗迹象，你们不要继续开枪了，不然的话流弹会误伤自己人的。"

（火力支援网）曼切斯特军士："紧急呼叫B连，立即停止射击！立即停止射击！！"

（第7营通讯网）营长查尔斯中校："B连，这是11N44，下令所有的部队立即停止射击，立即停止射击！！"（此时，装甲战车已经对伊拉克战俘进行了长达4分22秒的屠杀）

第三段录音是美国侦察兵们对兄弟装甲部队对伊拉克战俘遭大屠杀的不解以及装甲部队为什么要屠杀这些战俘的原因：

（战车里）布拉斯菲尔德："他们杀了那么多伊拉克战俘，我觉得根本没有任何的必要，因为他们已经缴械，不会对美国部队形成任何的威胁。如果装甲部队不杀了他们的话，还会有更多的伊拉克人投降的。我不明白为什么要打死他们。"

（营部通讯网）身份不明指挥官："你们为什么要浪费那么多的时间和精力照顾那些狗娘养的，应该全部消灭他们，炸毁他们的装备，打死他们所有的人，不顾他们有没有武器！"

阿富汗战争

战役简述

历史上共发生过两次阿富汗战争，第一次阿富汗战争发生在 1979 年，是指 1979 年 12 月末，苏联入侵阿富汗导致的长达 10 年的战争，这次入侵被认为是苏联对外政策的重大失败。第二次阿富汗战争发生在 2001 年，是以美国为首的联军从 2001 年 10 月 7 日起对阿富汗盖达组织和塔利班的一场战争，是美国对"9·11事件"的报复，同时也标志着反恐战争的开始。联军官方指这场战争的目的是逮捕本·拉登等盖达成员并惩罚塔利班对恐怖分子的支援。在战争初期，苏美两国都希望以速胜告终，但最终都事与愿违。

第一次阿富汗战争

战前形势

据说在沙俄时期，彼得大帝曾经将一份秘密遗嘱保存在保险柜中，直到他死后 50 年，即 1775 年才公布于世。据说彼得大帝在这份遗嘱中说，不论谁继承他的王位，都应该向南推进到君士坦丁堡和印度。因为在他看来，"不管谁在那里统治，谁就将统治世界。"他甚至说："当俄国可以自由进入印度洋的时候，它就能在全世界建立自己的军事和政治统治。"彼得为他的后代设想了俄国南下的三条路线：一条是从黑海经土耳其的博斯普鲁斯海峡到地中海；第二条是从南高加索经伊朗到波斯湾；第三条是从中亚经阿富汗到阿拉伯海。翻开地图就可以发现，在这三条路线中，经阿富汗这条通道是最近的。彼得大帝的后继者们没有辜负先皇的期望，他们拼命向印度洋方向扩张。在 19 世纪下半叶和 20 世纪初，沙皇俄国与老牌殖民帝国英国为争夺阿富汗险些爆发大战。50 年代，阿富汗与巴基斯坦围绕着普什图尼斯坦问题发生了严重的争执，两国战火一触即发。苏联抓住这一有利时机，表示坚决支持阿富汗在这一问题上的立场，趁机打击亲美的巴基斯坦，从而一下子把阿富汗拉入了苏联的怀抱。由此可见，俄国人对于阿富汗的渴望由来已久。

到 70 年代末，苏阿关系闹到了要刀兵相见的地步。70 年代，苏联在与美国的竞争中占据了上风。苏联继承彼得大帝南下战略的衣钵，企图以阿富汗为基地，进而打通陆上通道直捣印度洋，接近中东产油区并迂回包围欧洲，与其太平洋战略互相呼应，最终实现称霸世界的目的。阿富汗是苏联全球战略的关键所在。

1978 年 4 月 28 日，阿富汗国内一批亲苏的人民民主党军官在苏联的策动下发动了政变。人民民主党总书记塔拉基在克格勃的支持下，成立了革命委员会，由他担任主席兼总理，改国名为阿富汗民主共和国。这就是阿富汗历史上所谓的 1978 年"四月革命"。1978 年 12 月，苏阿又签署了重要的《友好睦邻合作条约》，双方开始在军事、经济、文化等方面展开了全面合作，从而使阿富汗进一步"苏化"。

1979 年 3 月在阿富汗西部重镇赫拉特爆发了一次大规模的兵变，政府军一个师反戈一击，成千上万的市民也参加了战斗，6 月份，在哈扎拉地区还爆发了大规模的民众起义。执政的人民民主党有两个派系，一个叫"人民派"，

阿富汗风光

另一个叫"旗帜派",两派之间的争斗一直很激烈。后来"旗帜派"被清洗,但人民派内部矛盾又随之爆发,最终阿明在与塔拉基的明争暗斗中取胜。苏联对阿富汗的精心规划宣告失败,无奈木已成舟,只好硬着头皮对阿明表示"祝贺",称阿明是"苏联的一个忠实朋友"。阿明知道苏联的真实意图,所以他不但不买苏联的账,还坚持要苏联召回大使,因为苏联大使曾经同塔拉基一道密谋策划迫害他。

阿明还不允许苏联操纵阿富汗的情报机关和秘密警察,不让苏联控制其军队。这大大影响了苏联在阿富汗地区的利益。苏联和阿明虽然表面上还维持着友好关系,实际上已是同床异梦。苏联几次"邀请"阿明访问莫斯科,全部被阿明拒绝。凡此种种,苏联感到既恼怒又惶恐,因为阿富汗是一块重要的战略要地,控制不了阿明就等于失去阿富汗。于是,一场大规模的入侵活动就这样开始悄悄地准备起来了。

双方兵力分析

苏联

苏军在苏阿边境地区建立了相当军一级的指挥机构,由国防部副部长索科洛夫元帅担任总指挥。为了加大入侵行动的突然性,苏军采用了就地动员、就地扩编、迅速展开、快速推进的办法。除空降部队外,苏军主要使用了中亚军区和土库曼军区靠近阿富汗边境的 6 个师。12 月 14—15 日,苏军还以远程空运演习为名,将白俄罗斯军区第 103 空降师和南高加索军区第 104 空降师调至中亚,同时,将中亚军区第 105 空降师秘密推进至苏阿边境的铁尔梅兹。

到 12 月 24 日为止,入侵阿富汗的军事准备已基本完成。侵阿苏军共有 6

个摩托化步兵师、2 个空降师、3 个武装直升机团队和 2 个运输直升机团，共12.5 万人；装备有坦克 2000 余辆、步兵战车 1000 辆、各种火炮 2000 门、汽车 2.5 万辆、各种固定翼飞机 200 架、直升机 150 架。作为策应，苏军总参谋部还命令在西线的苏军和东欧国家军队处于高度戒备状态，命令在蒙古的驻军进入全面戒备状态。

与此同时，一支苏联特种部队以"协助剿匪"为名，在贝洛诺夫上校的率领下，秘密进驻阿富汗首都喀布尔郊外的巴格拉姆空军基地。

阿富汗

阿明控制的阿富汗政府军（1 个军团、13 个师，共 10 万人）当时在阿明的控制之下，但在后来的战斗中，这支军队对苏军的入侵基本上没有进行像样的抵抗，大部分缴械投降并归顺了苏联扶植的卡尔迈勒政权。

战役进程

1979 年 12 月初，苏联以帮助阿明镇压反政府武装为由，将一支特种部队空运到阿富汗。但这支部队并没有开赴前线，而是分头占据了阿富汗首都喀布尔周围的巴格拉姆空军基地和另外几个战略要地。此次苏联特意挑选了有中亚血统的士兵，他们的长相跟阿富汗人十分相似，所以没有引起人们的怀疑。

12 月 24 日至 27 日，苏联又打着军事援助的旗号，开始了紧急空运。一架架巨大的运输机降落在巴格拉姆空军基地和喀布尔机场，不仅运来了武器装备，也运来了大批全副武装的苏军士兵。机场上摆满了坦克、装甲车、大炮和弹药。

苏军装甲部队

同时,在苏联的精心策划下,驻守喀布尔的阿富汗四个师"奉命"调往外地,留守的部队也接到了"清点弹药"的命令,纷纷上缴弹药,失去了作战能力。同时,苏联的顾问和专家以保养武器为名,把阿军的坦克、大炮拆得七零八落,根本无法使用。喀布尔成了一座不设防的城市。

12月27日夜晚,苏罕发动了进攻,集结在机场的苏军士兵登上"援助"阿军的坦克和装甲车,直冲喀布尔。这时,喀布尔方向传来巨大的爆炸声,原来早已埋伏城内的苏联特种部队炸毁了电信大楼,切断了首都与外界的一切联系。紧接着,市区里响起了坦克的轰鸣声以及各种轻重武器的射击声。政府机关、电视台、广播电台、桥梁、交通要道的控制权不久便落入了苏军手中。

与此同时,一支特种部队包围了阿明的住所——达鲁拉曼宫。经过短暂的交火,阿明的卫队被击溃了,突击队员攻入了达鲁拉曼宫,一阵枪声之后,阿明和他的四个妻子、二十四个子女以及一些政府官员先后倒在了血泊之中。苏军仅用了三个多小时就控制了整个喀布尔。一时间,喀布尔街头全是手持武器、头戴皮帽的苏军士兵,路口停满了苏军坦克。

早已集结在苏阿边境上的苏联十万大军,在两千辆坦克、一千辆步兵战车、三千辆装甲输送车、几千门火炮、数百架飞机的支援下,以迅雷不及掩耳之势长驱直入,控制了阿富汗的交通要道和重要城市。

短短七天,阿富汗便告沦陷。不久,卡尔迈勒粉墨登场,在苏联扶植之下成立了傀儡政权。可是阿富汗人没有被冰冷的武器所征服,随后风起云涌的抵抗斗争使苏联陷入了战争的泥沼之中。

苏军完成对阿富汗的占领后,将进攻矛头指向以反政府武装为主体的抵抗力量,先后于1980年2月、4月和6月发动三次大规模攻势,对喀布尔、昆都士、巴格兰以及库纳尔哈、楠格哈尔、帕克蒂亚等省的抵抗力量游击队展开全面扫荡。但

苏军抓获阿富汗战俘

游击队利用熟悉地形等有利条件，广泛开展山地游击战，使苏军摩托化部队无法发挥其兵力、兵器优势，被迫停止扫荡。

全面清洗失败后，苏军改变战术，在确保主要城市和交通线的同时，集中优势兵力兵器对游击队主要根据地发动重点清剿，企图切断游击队的外援渠道，歼灭游击队的有生力量。清剿的重点地区有潘杰希尔谷地、库纳尔哈、霍斯特、坎大哈等，其中对潘杰希尔的大规模清剿达八次之多。1982 年 5 月和 1984 年 4 月，苏阿军队出动一个师约 2 万余人，采取全面封锁、饱和轰炸、分进合击、机降突袭等战术，在飞机、坦克、大炮掩护下，向潘杰希尔游击队根据地发起猛烈进攻，一度占领该谷地。苏军和阿政府军的重点"清剿"遭到游击队顽强抵抗，最终虽占领游击队一些根据地但伤亡惨重，并且未能重创游击队的有生力量。清剿结束后，游击队又回到根据地。经过几年战斗，游击队逐步发展壮大，武器装备得到改善，战斗力明显提高。至 1985 年底，侵阿苏军兵力达 12 万人，喀布尔政府军兵力为 7 万人，游击队则发展到 10 万人。在此期间，苏联在国际社会压力下，被迫于 1982 年 6 月同意在联合国主持下举行日内瓦间接会谈。至 1985 年底，喀布尔政权和巴基斯坦政府代表先后举行六轮日内瓦间接会谈，但未

战死的阿富汗士兵

苏军士兵

能在实质性问题上达成协议。

旷日持久、边打边谈的战争将苏联置于政治、外交、经济、军事等重重压力下。战场上的屡屡失利，阿富汗游击队的不断壮大，迫使苏联不得不改变对阿政策。1985年戈尔巴乔夫任苏共总书记后，决定逐步从阿富汗脱身。为实现这一目标，苏积极推进阿富汗问题的政治解决进程，将战争规模保持在较低水平；同时加紧武装并将清剿任务移交给阿政府军，苏军主要负责防守城市和交通线。阿游击队为了把苏军赶出国土，推翻喀布尔政权，对城市和交通线频繁发动攻势，先后对喀布尔、昆都士、坎大哈、贾拉拉巴德、赫拉特等重要城市发起多次进攻。其中对喀布尔的进攻曾出动兵力5万人，时间长达几个月，对苏军和阿富汗政府军造成严重威胁。但由于游击队内部政见不一，缺乏统一指挥，加上武器装备落后，进攻屡屡受挫。阿富汗战场出现了苏军控制主要城市与交通线、游击队控制广大乡村，双方均不可能取胜的僵持状态。在此情况下，苏联被迫接受1988年4月14日达成的日内瓦协议，并于同年5月15日—1989年2月15日分两个阶段撤出全部军队11.5万人。至此，第一次阿富汗战争结束。

战役影响

阿富汗战争旷日持久，历时九年多，给阿、苏两国人民带来深重灾难。阿富汗有130多万人丧生，500多万人流亡国外沦为难民；苏联先后有150多万官兵在阿富汗作战，累计伤亡5万余人，耗资450亿卢布，削弱了国力，从而被迫改变其全球战略，对国际战略格局影响深远。

双方主将

索科洛夫

谢尔盖·列昂尼德维奇·索科洛夫（1911—），他的职业生涯极其辉煌，共获得了2枚苏联英雄金星奖章，3枚列宁勋章，2枚红旗勋章，3枚一级苏沃洛夫勋章，1枚伟大卫国战争一级勋章，2枚红星勋章，1枚"苏联武装力量为祖国服务"三级勋章，18枚奖章（其中包括保卫极圈地区奖章）以及35枚国外奖章勋章。1995年俄罗斯总统颁发给他1枚俄罗斯朱可夫勋章。1992年谢尔盖·列昂尼德维奇·索科洛夫解职后被授予荣誉武器手枪1把。克里木半岛立有他的半身铜像。

1930年开始在共青团工作，任工业联合企业组织书记。后参加坦克学校的培训，1932年加入苏军，然后在坦克部队服役，担任从排长到营长的职位。

1938年在远东参加了哈桑湖作战，时年27岁，1941年6-9月在西方面军担任坦克团参谋长，1941年10月起任卡累利阿方面军装甲坦克部某处第一副处长、处长、参谋长。

1943年1月起任卡累利阿方面军装甲坦克部参谋长，1944年3月任该方面军32集团军装甲坦克和机械化兵司令，参加了保卫和解放苏联北极地区的作战，表现勇敢，并在指挥坦克部队方面显示了高超的才干，深得方面军司令梅列茨科夫赏识。

战后历任坦克师参谋长、师长等职位。1960-1964任莫斯科军区第一副司令兼参谋长，1964年7月起任列宁格勒军区副司令，1965年10月任司令，大将军衔。

1967年4月起任国防部第一副部长，开始在苏联军事领域发挥至关重要的作用。他具备丰富的实践经验和精湛的军事知识，为提高苏军的作战水平、研制致命武器、完善各军兵种，作出了重大贡献，于1978年升为苏联元帅。1979年起授命在阿富汗指挥苏军作战，勇敢坚决，给予阿富汗早期恐怖分子以沉重的打击。由于个人无私忘我的工作，在卫国战争中的卓越表现，和平时期完美的工作表现，对完善和扩大苏联武装力量立下的巨大贡献，而获得"苏联英雄"称号。

1984年接替逝世的乌斯季诺夫担任国防部长。

1987年戈尔巴乔夫对主战派元帅索科洛夫表示不满，利用西德不速之客闯入红场事件给军方施加压力，被迫辞去国防部长职务。

辞去国防部长之后担当了一些无兵权的虚职，1987 年成为国防部总监察组总监，1992 年 9 月成为俄罗斯国防部长特别顾问。在苏联解体之后，俄罗斯军方以特别顾问的身份来看待这位民族的功勋人物。

2011 年，年近 100 岁的谢尔盖·索科洛夫元帅参加了俄罗斯的胜利大阅兵。

枪口下的阿富汗

阿明

哈菲佐拉·阿明（1929—1979），早年留学美国哥伦比亚大学，获硕士学位。回国后任职教育部。1967 年阿富汗人民民主党分裂，他领导的人民派独树一帜。1969 年当选国会议员。1973 年任阿富汗民主共和国政府副总理兼外交部长。1979 年 3 月任政府总理，7 月起兼国防部长。9 月 16 日发动军事政变，杀死塔拉基，任人民民三党总书记、革命委员会主席兼保卫祖国最高委员会主席。1979 年 12 月 27 日，苏联出兵阿富汗，阿明被处决。

第二次阿富汗战争

战前形势

美国东部时间 2001 年 9 月 11 日早晨 8：40，四架美国国内民航航班几乎在同一时间被劫持，其中两架撞击位于纽约曼哈顿的世界贸易中心，一架袭击了首都华盛顿美国国防部所在地五角大楼。而第四架被劫持飞机在宾夕法尼亚州坠毁，据事后调查，失事前机上乘客试图从劫机者手中重夺飞机控制权。这架被劫持飞机目标不明，但相信劫机者撞击目标是美国国会或白宫。

纽约世界贸易中心的两幢 110 层摩天大楼在遭到攻击后相继倒塌，除此之外，世贸中心附近 5 幢建筑物也受震而坍塌损毁；五角大楼遭到局部破坏，部分结构坍塌；袭击事件令曼哈顿岛上空布满尘烟。

在 9·11 事件中共有 2998 人遇难，其中 2974 人被官方证实死亡，另外还有 24 人下落不明。此外共有 411 名救援人员在此事件中殉职。

2001 年 9 月 11 日当天的恐怖袭击对美国及全球产生巨大的影响。这次事件是继第二次世界大战期间珍珠港事件后，历史上第二次对美国造成重大伤亡的袭击。这也是人类历史上迄今为止最严重的恐怖袭击事件。美国政府对此次事件的谴责和立场也受到大多数国家支持，事发现场的清理工作持续到次年年中。9·11 事件让美国以及全世界感到一种恐惧，所有人都担心类似的事件在自己的周围发生。

事件发生后，所有英国军事基地提高警戒状态。所有途经伦敦市区的航班改为绕过市区飞行。而前往美国和加拿大的航班全部停飞。欧洲议会与北约总部进行紧急疏散。北约宣布如果恐怖袭击事件受到任何国家的指示，将被视为是对美国的军事袭击，因此也被认为是对所有北约成员国的军事袭击。这是北约历史上首次启动共同防卫机制。

世界大多数国家都对美国在 9·11 事件中所遭受的巨大牺牲与损失表现出了巨大的同情，法国左翼报纸《世界报》宣称："我们都是美国人。"德国总理施罗德表示愿意向美国提供一切支持与无限声援。韩国小学生在首尔美国大使馆外进行祈祷。成千上万的伊朗民众秉持蜡烛为在"9·11 事件"中遇难的美国人守夜。联合国于 9 月 12 日通过一项决议，谴责"那些为这些恐怖行为的

世贸大厦被撞

罪犯、组织者与支持者提供保护、支持与包庇的人"，授权采取一切必要措施对恐怖行为作出反应。

事件发生后，西方各国政府的民间支持度大幅度上升。在世界许多地方，很多媒体都刊登了评论文章，认为事件是由以色列人、犹太人、犹太复国主义者甚至美国人自己发动的，目的是挑起全球仇视阿拉伯的情绪。还有一些阿拉伯穆斯林则认为事件是由基地组织发起的，旨在报复美国的中东政策。

9·11事件遭到国际社会的一致谴责，一些传统上采取与美国不太友好政策的国家领导人，如利比亚领袖卡扎菲、巴勒斯坦法塔赫领导人阿拉法特、伊朗总统哈塔米、古巴人民党时任主席卡斯特罗以及阿富汗塔利班政权都公开谴责事件并对美国人民表示同情。唯一的例外是伊拉克前总统萨达姆·侯赛因，他评论事件是"美国霸权主义的后果"。

美国政府的各级部门展开了对事件的调查。美国政府在事件发生后立即秘密拘留、逮捕、盘问了至少1200人，大多数是非美国公民的阿拉伯或穆斯林男子。美国司法部也查问了5000名来自中东的男子。政府后来承认，当中只有10到15人与基地组织有关，但是无人牵涉9·11事件。但在10月10日，联邦调查局还是公布了"FBI恐怖分子通缉令"名单。

情报专家们开出一份可疑嫌犯的"简短列表"——所有有能力以及动机发动类似袭击的组织名单。非常肯定的是，所有劫机者都是阿拉伯人，没有一个有阿富汗背景；此外袭击的精心策划、规模以及事件后无人承认责任，这都与阿尔盖达组织以往的作风相近。值得注意的是，劫机者大多来自沙特阿拉伯，但是美国政府并没有对该国采取任何行动。

美国政府在事件发生后宣布将会对发动袭击的恐怖分子以及保护他们的国家发动军事报复。第一个打击目标就是阿富汗塔利班政权，理由是他们拒绝交出头号嫌犯乌萨马·本·拉登。

世贸大厦废墟

双方兵力分析

美军

共派出约 48，000 人，参战部队
包括：

160th SOAR 空降特种团；

各国特种部队编成的第 3 特战
群；

第 10 山地师第 2 旅第 31 步兵团；

第 10 山地师第 1 旅第 87 步兵团；

101 空降师 3 旅 187 步兵团。

美军将领在研究作战方案

阿富汗

塔利班：活跃兵力约 25，000 人（2009 年），阿富汗国民军：100，000 人。

战役进程

早在 2001 年 10 月 7 日，美英已组成联军进入阿富汗境内与当地的北方

激战后的市区

联盟接触。双方其后达成协议：合作推翻塔利班政权，并在当天晚上进行空袭，攻击塔利班和基地组织的多个据点。美国攻击塔利班真正用意是要报复塔利班没有答应美国交出拉登，而当天塔利班随即抨击美国的举动是向伊斯兰世界宣战。

美国在首轮空袭中采用了不同种类的武器，据美国军方公布，共动用了 50 支导弹、15 架战机和 25 枚炸弹。同时美国还在空袭时投下大量救援物资，据美国称这是为了赈济空袭中受伤的平民。

期间一段本·拉登的录音片段公开，片中拉登指责美国这次袭击。

卡塔尔的半岛电视台指称自己于攻击事件不久前就收到了这卷录音带。在录音带中，拉登宣称美国将会在阿富汗之战中失利，并且像苏联一样崩解。同时，拉登号召伊斯兰世界发起反抗非伊斯兰世界之战。

2001 年 11 月 9 日，马扎里沙里夫战役开始。马扎里沙里夫在阿富汗北方是一个大型城市。塔利班在马扎里沙里夫有较强的群众基础存在。美国轰炸机地毯式轰炸塔利班部队的车地。下午 2 时，北方联盟部队攻下了城市的南部和西部，并且控制了城市的主要军事基地和机场。战斗在 4 个小时后结束。到日落时分，塔利班残余部队向南部和东部撤退。战斗结束后，大批塔利班支持者被处决，整个马扎里沙里夫开始出现抢劫。马扎里沙里夫战役后，北方联盟迅速拿下了北方地区的 5 个省份。塔利班在北方地区的势力开始瓦解。

11 月 12 日晚塔利班部队在夜色的掩护下逃离喀布尔市，11 月 13 日北方联盟部队抵达喀布尔市。一组大约 20 人的强硬阿拉伯武装分子被发现藏身于市内的公园，随后被消灭。

喀布尔的陷落标志着塔利班在阿富汗全国的瓦解。在 24 小时内，所有的阿富汗沿伊朗边境各省，包括关键的城市赫拉特，都被北方联盟攻下。当地普什图族指挥官和军阀接管整个阿富汗东北部，包括关键的城市贾拉拉巴德。近1000名塔利班的巴基斯坦志愿者部队死守北方战线。到11月16日，塔利班在阿富汗北部的最后一个据点被北方联盟围困。此时，塔利班主力已被迫撤回到阿富汗东南部坎大哈周围地区。

阿富汗狙击手

但此后，就像第一次阿富汗战争中的前苏联，美国同样陷入了与武装反抗力量的缠斗之中，尽管"海豹突

美军士兵就地休整

击队"在2011年5月1日击毙了拉登，但时至今日，第二次阿富汗战争阴影仍然笼罩着这个不幸的国家。

阵亡美军士兵灵柩回国

战役影响

2001年阿富汗战争是以美国为首的联军对阿富汗盖达组织和塔利班的一场战争，是美国对"9·11"事件的报复，同时也标志着反恐战争的开始。

双方主将

弗兰克斯

汤米·弗兰克斯（1945—），出生于美国俄克拉荷马州温尼伍德。

1964 年，进入得克萨斯州大学奥斯汀分校学习。越南战争爆发时，正在念大学二年级的弗兰克斯中断学业，考入位于俄克拉荷马州西尔堡的军官学校学习，开始军旅生涯。他在 1967 年军校毕业后参加了越南战争，当过作战军官助理。20 世纪 70 年代，他被调到五角大楼的军队总检查官办公室工作，专门负责军队和国会领袖之间的沟通。

汤米·弗兰克斯

1991 年海湾战争爆发时，担任美军的作战师长。海湾战争结束后，任美国驻韩国混合部队司令官，后升任三星中将并担任美军联合作战中央司令部陆军指挥官。2000 年 6 月至 2003 年 6 月任美军中央司令部司令。

拉登

本·拉登（1957—2011），生于沙特阿拉伯首都利雅得一个建筑业富翁的家庭。他的父亲有 52 个孩子，他排行 17。

根据美国情报显示，本·拉登身高约在 6 英尺 4 英寸至 6 英尺 6 英寸之间（约 193—198 厘米高），体重则只有 160 磅（约 71 公斤），高大英挺而清瘦。

拉登

1974 年，年方 17 岁的本·拉登在拉塔基亚迎娶了叙利亚人 Najwa Ghanem。在阿卜杜拉国王大学进修期间他学习了经济学和工商管理，也有消息表明他在 1979 年获得了土木工程学位，并在 1981 年拿到了公共行政学位。有资料显示本·拉登在大学时期非常刻苦，但另有传言说他在就读三年之后肄业离校。大学生的他遇上了两位伊斯兰学者，并从此执迷于伊斯兰教中的《古兰经》教义和圣战论。父亲在早年去世后，他继承家里的大笔遗产，并担任家族企业的总工程师。当时估计他的财产达到 3 亿美元，但是现在一般认为只有 2500 万。

本·拉登数学能力颇佳，其友人以计算器测验之，本·拉登竟然运算得比机器还快。他喜欢园艺，家中禁止玩具和现代家电，宁可不吹冷气，不用冰箱，以炎热而刻苦的生活自勉。传言本·拉登是左撇子，事实上本·拉登是右撇子。另外与众人印象不同的是，他不但能背诵《古兰经》的许多章节，操一口流利英语的他还学习过英文诗，擅长骑术，对其他的交通工具也有兴趣，甚至购买奔驰汽车、跑车与游艇，飙车取乐。

本·拉登出身财阀，家财万贯，但多数时间他几无奢华享受，反而过着教士般刻苦虔诚的生活。基于对伊斯兰世界兄弟国家的支持信念，1979 年苏联入侵阿富汗之后，腰缠银钱无数的他，开始接受美军与美国中央情报局的武力训练，耗尽家资，出钱出力支援阿富汗游击队，抵抗苏联侵略。1988 年他成立盖达组织，抵抗苏联。直至 1989 年苏联军队撤离阿富汗。

1990 年海湾战争期间，本·拉登非常不满美军驻军于科威特。在本·拉登的看法中，美军大多为基督徒，并非穆斯林，进入伊斯兰教的圣地是对伊斯兰的侮辱。他公开演讲，批评和自己家族友好的沙特王室的亲美政策，要求所有欧美人士离开他的国境。一般认为本·拉登是这时候开始忌恨美国的。由于沙特王室和美国政府互相支持，在他的眼中，王室腐败爱财，而且失去了对《古兰经》教义的虔诚信仰宗旨；美国人则是无理的异教徒。到 1991 年，本·拉登被撤销沙特阿拉伯公民资格，被迫逃亡到苏丹重建他的组织。

本·拉登是当代国际恐怖组织最具代表性的人物之一。很多人都认为他

驻阿联军部队宿营地

是当今世界最出类拔萃的恐怖分子，他也被称为恐怖主义的"精神领袖"。沙特阿拉伯的教长曾表示："屠杀无辜平民，只是恐怖活动而并非圣战，亦绝对不是出于阿拉或是穆罕默德的启示，因为真主与先知是慈爱而无私的。"不过法新社评论则指出："本·拉登显然获得了许多阿拉伯人的支持，其盖达组织也日益扩张，美国必须要检讨其对中东与伊斯兰的政策，避免此类恐怖主义的产生。"而美国政府的说法是："针对的是以本·拉登为首的恐怖份子，对伊斯兰教与其教徒并无敌意，但是反恐行动将会永不休止。"

2011年5月1日，本·拉登在巴基斯坦的一座豪宅内，被美国海豹第六分队击毙，终年54岁。

战争中的故事

作家披露拉登击毙细节

美国作家查克·法勒即将出版新书，讲述美国海军特种部队击毙"基地"组织头目乌萨马·本·拉登行动一些不为人知的细节。其中，本·拉登在行动开始90秒后毙命和遭副手艾曼·扎瓦希里出卖的内容最引人注目。

行动90秒击毙拉登

查克·法勒原名查尔斯·帕特里克·法勒三世，是美国海军"海豹突击队"退役指挥官，如今以作家、反恐专家身份活跃在媒体圈。他在《纽约时报》

开专栏，作为评论员参加新闻节目，在两家反恐刊物担任编辑。

新书《海豹突击队目标杰罗尼莫：击毙乌萨马·本·拉登行动内幕》已经出版。法勒采访多名参与行动的海豹突击队成员，获得不少一手资料。就本·拉登死亡细节，新书披露内容与美国官方说法有所不同。

按照官方说法，突击队员与武装人员交火大约45分钟后，本·拉登毙命。法勒写道，双方交火4轮，本·拉登在突击行动开始一分半时遭击毙。"本·拉登死于突击开始后90秒，而不是一场延长的交火后。"

另外，本·拉登的妻子阿迈勒·本·拉登在第二轮交火时企图反抗突击队员，小腿中弹。

屋顶索降没爬楼梯

按照一些白宫官员对行动过程的"还原"，突击队员乘两架"黑鹰"直升机从美军驻阿富汗巴格拉姆空军基地起飞，经停贾拉拉巴德，潜入巴基斯坦。

按计划，一组突击队员经绳索降至本·拉登可能藏身的建筑屋顶，一组队员降至院内。一架直升机因为气温高、空气稀薄而无法获得足够升力，两组突击队员全部降至院内，爬楼梯上楼。

不过，参与行动的突击队员告诉法勒，突击队员借助领头直升机的绳索降至屋顶后进入建筑，没爬楼梯。法勒写道，如果突击队员像官员描述的那样爬梯上楼，势必惊动本·拉登，他就会有足够时间拿武器自卫。

本·拉登遭击毙几分钟后，领头直升机试图寻找降落地点时出现故障，坠入主建筑东侧一片有围墙的场地，尾部先触地。

副手故意泄露行踪

法勒认为，扎瓦希里可能故意泄露本·拉登的行踪给美国情报人员，以便早日取而代之，成

美军在搜查塔利班武装分子

被击毙的拉登

为"基地"头号人物。

书中写道，扎瓦希里经常派一名信使前往本·拉登藏身地点，而这名信使早就在美国中央情报局"视野"中。扎瓦希里巴不得信使引起美方怀疑，使本·拉登早日落网。

以这名信使为线索，美方怀疑本·拉登藏身于一座 3 层建筑。情报人员发现这名信使与一名亲戚住一层，因而推测本·拉登和家人住 2 层和 3 层。监视人员一次看到一名外貌与本·拉登相似的人出现在院中。

按照一名消息人士的话说，扎瓦希里"派一名列入中情局档案的信使（面见本·拉登），实际是引导中情局找到本·拉登"。

扎瓦希里在本·拉登遭击毙数周后由"二把手"升为新"当家"。他多次现身网络视频，号召支持者袭击美国，为本·拉登复仇。

英国《每日电讯报》报道，一些美国官员认为法勒新书部分内容"明显有误"。为避免书中涉及的人物提起诽谤诉讼，法勒已修改英国版的部分内容。

本·拉登儿子对父亲的描述

在我们的文化里，一个男人，不管多富或多穷，同时拥有四个老婆是很平常的事。祖父有钱后，不但娶了四个老婆，还不断地更换人选。

这么多老婆和前妻给祖父生了一大群孩子，所以他不可能同自己的每个小孩都保持亲密关系。根据习俗，他把更多的关注放在几个长子身上，而大多数孩子只能在重要场合见到他。这并不意味着他不知道孩子们的成长情况，他会在百忙之中抽空检查，确保儿子们在学校升级、女儿们嫁得好。

我的父亲乌萨马·本·拉登不在长子行列，所以不常见到自己的父亲。我父亲的生母阿丽亚是叙利亚人，她与祖父的婚姻很短暂。我父亲出生后，阿丽亚又怀过一次孕，可惜流产了，她向丈夫提出了离婚。由于某些原因，离婚很容易就办成了，祖母阿丽亚改嫁了一个叫穆罕默德·阿尔阿塔斯的人，又生育了四个小孩。

虽然这个继父堪称是沙特最好的人之一，我父亲乌萨马的生活却没有像他所希望的那样展开。和许多离异家庭的小孩一样，他感到失落，因为他和亲生父亲家族的关系不再亲密。父亲嘴上从来不抱怨，其实他深感地位的缺失，这种缺失源自缺少父亲的关爱。

我能了解父亲当时的感受。毕竟，我也是其 20 个孩子中的一个。

不管是家族里还是家族以外的人，大家都觉得我父亲是个阴郁的孩子，他越来越对传授宗教方面的事感兴趣。作为他的儿子，我能证明他从来没有变过对宗教的态度。他是个无比虔诚的教徒，总把宗教看得比任何东西都重要。他从不错过祷告，花很多时间研究《古兰经》以及宗教传授。

尽管，大多数男人（不管是什么文化的），常会为生命中所出现的一些女性而心动，但我父亲不会。事实上，当不是本家族的女性出现在他视野中时，他都会避开视线。他认为早婚能够抵制性欲诱惑，所以在 17 岁时就结了婚。

我很高兴，我的母亲纳伊瓦是他的第一任妻子，他们是关系很近的堂兄妹。我们这里，原配妻子具有很高威信，而当她和丈夫有很近的血缘关系、又是长子的母亲后，地位就更高了，穆斯林男人很少会同这样的妻子离婚。我的家庭就有血缘、婚姻和父母身份的三重维系。

我从没有听过父亲对母亲拔高嗓门。他似乎总是对她很满意。事实上，我很小的时候，他们有几次就待在卧室里，几天不露面。我由此知道，父亲深爱我的母亲。

尽管我心里爱着父亲，却不能赞同他的行为。他的一些做法会伤害到许多人，不光是家族里的人，还有他不认识的人，对此，我心中充满愤怒。作为乌萨马·本·拉登的儿子，我真心为所有发生过的可怕的事感到抱歉，为那些被毁灭的无辜生命，为许多颗依旧伤痛的心。

然而父亲以前不是那样的人，也不是被其他人记恨的对象。曾经，许多人说起我父亲时，都带着高度的赞扬。他曾经受许多人的喜爱。虽然如今我与他不同，却不羞于承认，我对父亲的爱，如同一个普通小男孩对父亲的爱一样。事实上，小的时候，我崇拜父亲，觉得他不仅是世界上最聪明的人，也是最高大的人。

我确实拥有美好的儿时记忆。有一个早年的记忆是有关一个男人娶很多老婆的。当父亲和许多男性朋友在一起时，他会把我叫出来陪在一旁。听到他召唤我的声音，我总是很兴奋地跑出去。等我跑进房间，父亲就会笑着问我："奥马尔，你打算娶几个老婆呀？"

我那时还小，搞不清男人和女人之间的婚姻是什么，也不知道他所期望的回答是什么。我常常伸出四个指头欢叫："四个！四个！我要讨四个老婆！"

这时候，父亲和他的朋友们就会哈哈大笑。我喜欢让父亲笑。他笑得太少了。

美国《时代》周刊《拉登之死》特刊的封面

许多人都觉得我父亲是天才，尤其在运算技能方面。据说，祖父就是个数字天才，他能在脑子里进行大数量的加减运算。

父亲出众的运算天赋常引得一些人上门，让他和计算机比赛。有时他会同意，有时候则拒绝。当他接受挑战的时候，一旁观看的我常常格外紧张，几乎忘了呼吸。

每次我都以为他会输掉比赛，每次我都错了。我们惊异于没有计算机能比得过父亲超乎寻常的本领，即使是最复杂的数字运算。当他的朋友们在计算机上拼命按一长串数字时，父亲就在脑子里做运算。我至今仍感到惊讶，心想世上有几人能具有这样的天赋。

他非凡的记忆能力让大家钦佩。他最爱的书是《古兰经》，所以闲暇时，他会应旁人要求背诵经文。这时候，我往往安静地站在后面，手持《古兰经》，仔细核对他的背诵。父亲从来不会漏掉一个字。现在我可以说，那些年我真是太失望了。出于奇怪的原因，我很希望能抓住父亲的错漏，可是他从来没有出错。

有一次，他告诉我，他是在 10 岁时背诵《古兰经》的，那年他的父亲，也就是我的祖父，在一次飞机失事中不幸丧生，给他带来了巨大的心理震荡。不管他的这个罕有天赋来自何处，他的优秀表现创造了许多卓越时刻。

轶事

阿富汗战争的 10 个绝不能公开的秘密

阿富汗战争从一开始就遭到了美国国内许多民众的反对，认为阿富汗将会成为美国继越南之后的又一个战争泥潭。近日，美媒《外交政策》撰文再次质疑阿富汗战争，称其有"10 大不能说的秘密"：

（1）我们不知道阿富汗战争的目的是什么，更不知道如何赢得战争；

（2）阿富汗总统卡尔扎伊腐败无能，而美国却选不出另外一个合适的继任者；

（3）腐败还不是最主要的问题，最主要的问题是我们不断地提供援助供他们腐败；

（4）最后的退兵期限正在临近，现在的阿富汗还是个"烂摊子"；

（5）即使能够和塔利班谈判，战争也不会停止。塔利班能战斗到最后一刻，而美国不能；

驻阿美军黑鹰直升机掀起大片沙尘

（6）从巴基斯坦通往阿富汗的多条公路被塔利班控制，我们必须交付通行费，也就是说，我们一边打击塔利班，一边资助他们；

（7）不支持塔利班的阿富汗人，同样也不会喜欢美国人；

（8）阿富汗人不认为已经取得了什么成功，美军撤退以后，国内战争仍然继续；

（9）美军撤退以后，会有更多的势力进入这里，而只有美国付出的最多，获得的利益最少；

（10）阿富汗战争同越南战争一样，美国希望撤出本国军队，留下当地的盟友控制局势。而当地盟友却有很大的失败的风险，盟友的失败也是美国的失败。

伊拉克战争

战役简述

伊拉克战争又称美伊战争，是美国因伊拉克拥有大规模杀伤性武器（疑似）而发动的全面战争。2003 年 3 月 20 日，以美国和英国为主的联合部队正式宣布对伊拉克开战。澳大利亚和波兰的军队也参与了此次联合军事行动。军事行动是在美国总统乔治·W·布什对伊拉克总统萨达姆·侯赛因所发出的要求他和他的儿子在 48 小时内离开伊拉克的最后通牒到期后开始的。有评论认为可视其为第二次海湾战争，但具体分析可发现不可称其为"海湾二战"。最后美国并未发现传说中的"大规模杀伤性武器"。

战前形势

萨达姆称霸中东的野心由来已久，希望重现昔日巴比伦的辉煌。

为解决边界争端和宗教矛盾，控制整个中东地区，国力强盛的伊拉克趁伊朗国内局势不稳于 1980 年 9 月 22 日发动了对伊朗的侵略战争。1981 年 9 月 27 日伊朗发动全面反攻，1982 年 6 月 10 日伊拉克提出全面停火建议，并实施单方面停火。1982 年 6 月 29 日，伊拉克军队基本撤出伊朗。但是伊朗拒绝了伊拉克的停火建议，伊朗企图推翻萨达姆政权，建立伊拉克伊斯兰共和国。1982 年 7 月 31 日，伊朗 12 万军队攻入伊拉克境内。1984 年 2 月，伊朗攻占了伊拉克南部和北部 1000 多平方公里的土地。此后，伊朗和伊拉克打起了消耗战，战争进入相持阶段。1986 年，伊朗再次力图"速战速决"，到 1988 年 3 月伊朗先后发动 50 多次战役。1988 年上半年，伊朗国内经济危机加剧，国际压力加大，战场形势恶化。1988 年 4 月 17 日，伊拉克发动全面反攻，占领伊朗 2000 多平方公里的土地。1988 年 8 月 20 日，两伊在联合国监督下实现停火。

两伊战争中，两国军费开支近 2000 亿美元，经济损失约 5400 亿美元。这场旷日持久的战争持续了 8 年，伊朗和伊拉克都欠下了巨额的战争债务。

两伊战争后，萨达姆向科威特提出了包括领土要求和免除巨额债务等一系列要求，遭到了科威特的拒绝。1990 年 8 月 2 日伊拉克发动了侵略科威特的战争。1990 年 8 月 3 日下午 4 时，伊军占领了科威特全境。国际社会要求伊拉克立即撤出科威特，并在海湾部署多国部队。1990 年 8 月 15 日，伊拉克从伊朗撤军，全力应对多国部队。联合国规定伊拉克从科威特撤军的最后期限为 1991 年 1 月 15 日，但伊拉克并未撤军。1991 年 1 月 16 日美军向伊拉克开战，海湾战争爆发。1991 年 2 月 28 日，海湾战争结束。伊军损失坦克 3700 多辆，装甲车 2000 多辆。伊拉克遭受两伊战争和海湾战争的重创后，国力极度衰弱，人民生活水平倒退了几十年。美国总统老布什不愿美军背上占领伊拉克的包袱，因此美军没有攻占巴格达，并且还保留了萨达姆政权。

海湾战争后，伊拉克遭受了 12 年的制裁。美国通过设立"禁飞区"、空中打击、武器核查和经济制裁进一步削弱伊拉克。萨达姆政权的权威受到两伊战争、海湾战争和全面制裁的三重打击，萨达姆对国内反对派势力的担心日益加剧，担心部族武装壮大。在 1995 年举行的一次军事战略评估会上，伊拉克将领们曾提出效法历史上俄军击败法国拿破仑，以及后来苏军歼灭德国希特勒武装的战略来应对美国可能发动的进攻。根据这一战略，正规防御部队在战争初期边打边退，主要利用武器装备精良的部族武装去骚扰敌军。而包括共和国卫队在内的装甲师保持相对"低调"，伺机对敌人进行致命打击。萨达姆拒绝了这一建议。因为他担心当地武装势力壮大后会对其政府构成严重威胁。

伊拉克正规军被部署到北方库尔德地区和伊朗边境地区，一方面是因为萨达姆担心库尔德人起义和来自伊朗的威胁，另一方面是因为萨达姆担心军队发动政变。萨达姆认为伊拉克

伊拉克的黄昏

正规军离首都越远越好，只有特别共和国卫队被允许驻防巴格达城内。

伊军一切重要决策由萨达姆本人做出，只有他的两个儿子——乌代和库赛才有资格和他商量。对于其他官员来说，最好什么都不知道。据说萨达姆在伊拉克战争前3个月才告知伊军高官，伊拉克确实没有大规模杀伤性武器。当时将领们全都惊呆了。因为他们在制定国家防御战略时是把生化武器的反击能力考虑进去的。萨达姆是想告诉他们：别指望那些不存在的武器了。

此外萨达姆还直接插手部队行动细节，不允许指挥官们未经允许从巴格达调兵应敌。为减少串通兵变的可能，萨达姆还切断指挥官们的直接通讯联络，这样伊军各部队根本无法协同作战。

12年来，在萨达姆的心中，最大的敌人便是伊朗，他认为伊朗一直在发展核生化武器。伊拉克军队每年都举行旨在防御伊朗入侵的演习。美国的威胁似乎尚比不上伊朗，因为萨达姆相信美国不能像伊朗人那样承受严重伤亡。即使在1991年海湾战争中惨败于美军，萨达姆仍然认为什叶派武装才是他的心腹大患。

在海湾战争中，美国总统老布什因不愿美军背上占领伊拉克的包袱，才下令美军不要拿下巴格达。萨达姆却想当然地认为，美国是害怕承受严重伤亡。萨达姆对美国的担心主要来自美国可能煽动什叶派反叛。萨达姆政府的核心成员认为即使美国进攻，他们也只不过是发动空袭，并且占领南方的油田了事。在伊拉克战争前数周，萨达姆还是认为美国会避免动用地面部队。

自 1991 年海湾战争后，美国就试图全面主导中东事务，控制海湾石油，实现符合美国利益的中东和平。但是以色列和巴勒斯坦的暴力冲突不断，而萨达姆政权又无视美国的权威破坏了美国的计划。美国通过 12 年的全面制裁也没有让萨达姆政权垮台，萨达姆政权的寿命比任何一届美国政府都长。更让美国政府烦恼的是，尽管美国在中东地区投入了庞大的政治、外交和经济资源，但针对美国的恐怖活动却总是来自这一地区。

2001 年 9 月 11 日，基地恐怖分子劫持 3 架美国飞机，分别撞向纽约世贸中心和美国国防部的五角大楼，酿成了美国历史上最为严重的恐怖袭击事件。9·11 后，美国打击恐怖主义和主导全球战略的心情更加迫切。美国发动阿富汗战争推翻了塔利班政权，又把矛头指向了萨达姆政权。9·11 事件的发生表明，冷战后美国的中东政策遭到了失败。

经过一系列的失败之后，美国政府认为在中东地区最好的选择是建立新的秩序。伊拉克的石油储藏量达 1200 多亿桶，居世界第二位。美国打击伊拉克，可以控制能源、重组中东、维护自己的霸权地位。美国对伊动武既是海湾战争的继续，也是美国反恐战争的继续。美国再次出兵伊拉克不是实施惩罚式打击或从军事上打败萨达姆，而是要从根本上推翻萨达姆政权。这正是美国建立"中东新秩序"的开始。美国计划在美军的控制下，对伊拉克进行全面的改造，把威胁美国安全的潜在敌人改造为美国"大家庭"的一员。一旦对伊拉克的"民主改造"获得成功，就将在整个阿拉伯世界树立一个"西化"

战争已经成了伊拉克人生活中的一部分

样板，并由此引起连锁反应，进而逐步实现对沙特阿拉伯、伊朗、叙利亚等国的改造。

因此，以推翻萨达姆政权，实施"政权改变"策略，重建伊拉克，建立"民主政治"的样板，建立"中东新秩序"为目的的伊拉克战争不可避免地爆发了。

美国人为伊拉克遭受两伊战争、海湾战争和 12 项全面制裁的三重打击，已经不堪一击了。从 1980 年起伊拉克的国力每况愈下，到 2003 年伊拉克的国力已经持续下滑了 23 年。在 1980 年就实现了全民免费教育和全民免费医疗的伊拉克到 2003 年时已经极贫极弱了。美国胜券在握，发动伊拉克战争完全符合"胜兵先胜而后求战"的战争指导思想。

2003 年，美国和英国以萨达姆政权和恐怖组织基地有联系，并违反联合国决议，拥有大规模杀伤武器为由，向萨达姆和他的两个儿子下发了最后通牒，要求他们在 3 月 20 日之前离开伊拉克，否则将对伊拉克实施武力打击。

双方兵力分析

联军

战前美军在海湾地区部署的兵力已达到 22.5 万人。美军 101 空降师和第六艘航母前往海湾，B-2 轰炸机也已接到部署命令。另有将近 100 艘战舰部署在海湾和地中海。

美军在海湾地区陆军兵力部署的具体情况如下：

科威特：超过 11.1 万兵力。其中很多士兵都在伊拉克边境的沙漠地区接受过作战训练。其中第三步兵师和海军陆战队第一远征军将是美军从南部进攻伊拉克的主力。驻扎在科威特的还包括 82 空降师的作战旅。

沙特阿拉伯：约 7000 兵力。大部分空军都驻扎在位于利雅得南部的苏丹王子空军基地。据报道，由于沙特默许美军使用苏丹王子基地的空军行动中心，美军派往沙特的兵力显著增加。

卡塔尔：约 7000 名军事人员。大部分驻扎在多哈西南部的乌戴德空军基地和赛利亚军事基地。美军还在赛利亚建立了一个指挥总部。

巴林：5000 兵力，大部分为海军。美国第五舰队总部设在巴林，是美军在红海、海湾和阿拉伯海地区所有军舰的指挥中心。

阿联酋：1200 名军事人员。阿联酋是美国军舰的补给站。

土耳其：2000 名士兵。美英飞机从土耳其南部的因斯里克空军基地起飞在伊拉克北部的"禁飞区"进行巡逻。过去大约有 50 架飞机曾驻扎在此。

约旦：战前约旦表示不允许美国利用其领土攻打伊拉克。但美军将在约旦部署"爱国者"反导弹系统，以防安曼遭受导弹袭击。

吉布提：1600 名反恐特种部队官兵。一个特种部队指挥部设在"惠特尼山号"两栖登陆舰上。

阿曼：3000 名美国军事人员。阿曼的港口和空军基地为美军进军海湾和阿富汗提供了重要的中转站。

阿富汗：1 万美军，部分来自 82 空降师。

此外，另有大约 4000 名美军驻扎在中亚国家和巴基斯坦。

海军：

美军在海湾地区的舰队拥有大约 4.6 万名海军和海军陆战队官兵。"小鹰"号航母已抵达海湾，与"林肯"号航母和"星座"号航母会合。与此同时，"杜鲁门"号和"罗斯福"号航母在地中海待命。美国欧洲司令部的 2.3 万名海军官兵大部分都被部署在这两艘航母上。"尼米兹"号航母于 3 月 3 日从圣地亚哥出发，替换"林肯"号。由"硫黄岛"号直升机航母率领的两栖作战小组也将于 4 日离开弗吉尼亚。基地设在英国的美国第五舰队拥有 24 艘战舰、20 艘两栖战舰和 10 艘供给舰。基地设在意大利那不勒斯的美国第六舰队拥有大约 34 艘军舰，其中包括两艘航母。

另外英国派兵约 4.5 万人。

伊拉克

42.4 万人，其中陆军 37.5 万，空军 3 万，海军仅 2000 人。此外伊拉克拥有一支 4.5 至 5 万人的准军事部队，其中安全部队约 1.5 万人、内务警察约 2 万人、萨达姆突击队 1 至 1.5 万人。但由于战前伊拉克宣称军队已"化整为零"，散落于普通民众当中，所以，数字的真实性无法得到验证。

美军重机枪

战役进程

2003 年 3 月 20 日 5 时 35 分，离美国的最后通牒期限还差 40 分钟之际，美军发射的巡航导弹在伊拉克首都巴格达、南部城市巴士拉等城市爆炸，随后少量 F-117 隐形战斗机对巴格达的目标发动了代号为"斩首行动"的空袭，连续不断的爆炸声为伊拉克战争拉开了序幕。与此同时，美国特种部队潜入巴格达，为美英联军收集情报。

40 分钟后，美国总统布什正式宣布美国解除伊拉克武装的战争打响。"斩首行动"开始三个半小时后，即巴格达时间 2003 年 3 月 20 日上午 8 时 35 分，伊拉克总统萨达姆身着军装在伊拉克国家电视台发表讲话，呼吁伊拉克人民抵抗美国发动的战争。

美方宣布有 7 名伊拉克高级领导人死于"斩首空袭"。而伊拉克电视台则宣布，美军的空袭中伊拉克领导人安然无恙，空袭导致伊拉克一名平民死亡，10 多人受伤。随后，伊拉克总统萨达姆在伊拉克电视台发表了号召伊拉克人民抵抗美英入侵的电视讲话。一直坚信萨达姆已受重伤或已被炸死的美英认为电视上露面的"萨达姆"可能是萨达姆的替身。

直到 3 月 21 日，美英还把希望寄于萨达姆自动出逃或流亡、伊方高层政变以及伊拉克军队的大规模投降和倒戈上。因为美国认为萨达姆对正规军将

进军巴格达

领不信任，任人唯亲，镇压反对势力，伊方高层应该趁机发动政变，伊拉克军队应该哗变、投降或倒戈。

在战争爆发前美英就给萨达姆下了"48小时内流亡国外"的最后通牒，在战争已经爆发了48小时之后，美英又重提允许萨达姆"流亡国外"。在第一阶段的作战行动中，美英作战的主要目的是为了在心理上瓦解和涣散伊拉克抵抗的决心与斗志，而不是通过真正的战斗来消灭对手。

"斩首行动"不了了之后，美英联军对伊拉克发起了更大规模的军事行动。这次军事行动中，美英联军一反以往"先空袭，以空中火力打击为主，最后投入地面部队打扫战场"的常规战法，在空中对伊继续进行猛烈轰炸的同时，长期驻扎在伊科边境的美陆军第3机械化步兵师、101空中突击师一部、海军陆战队第1远征部队、英陆军第1装甲师、第7装甲旅、英海军陆战队第3突击旅从不同方向对伊拉克发动了地面进攻，全力向伊战略纵深内推进，以期达成速战速决的战略意图。

3月21日凌晨2时，美军机械化步兵第3师所属炮兵在科威特沙漠地区向伊南部目标猛烈开火。随即海军陆战队第1远征部队、英军装甲第7旅和英皇家海军陆战队第3突击旅开始向巴士拉方向发展进攻。起初，伊军的抵抗极为微弱，但在一座名叫乌姆盖斯尔的小城，美英联军第一次遭到伊军的顽强抵抗。虽然美军方发言人在21日就宣布已经完全攻占了乌姆盖斯尔，但在3月23日清晨，城内的驻防伊军部队却向已夺占部分城区的美英联军发起了反冲击，并取得了一定战果，夺回了部分失守城区。

此时，美英联军主力部队已绕过乌姆盖斯尔，分别向巴士拉和巴格达方向推进，仅以一部分兵力对付城内的抵抗力量。3月24日，力图迅速结束乌姆盖斯尔战事的美英联军投入了大量兵力，在强大的空中火力支援下，向城内伊军展开猛烈攻击，但在城内伊拉克军队和准军事部队猛烈反击下，仍难以突破。在乌姆盖斯尔的巷战中，伊军士兵采取了灵活的游击战术，在纵横交错的街巷中反复与美英联军周旋，24日的进攻并没有取得实质性进展。

激烈交火

25日，美军被迫放弃迅速袭占乌姆盖斯尔的企图，采取较为稳妥的战术逐街逐巷地清剿城区，伊军殊死抵抗，双方在城内进行着猛烈的交火。直至26日，美英联军才彻底扫清伊拉克南部港口城市乌姆盖斯尔的伊军，并完全控制了乌姆盖斯尔。

伊拉克战俘

巴士拉是伊拉克的第二大城市，是伊拉克最大的港口城市。伊拉克战争地面作战开始后，美英联军东路部队，即美海军陆战队第1远征部队、英装甲第7旅和英皇家海军陆战队第3突击旅，首先向巴士拉方向推进，于22日凌晨陈兵巴士拉城外。

22日，已宣布投降的伊军机械化步兵第51师一部向城外的美英部队展开反击，在巴士拉西部同入侵的美英军队进行了一场极为艰苦的殊死较量。当时，伊军开着20辆前苏联生产的T-55坦克，聚集在位于巴士拉市西部咽喉要道的祖巴亚镇，希望能阻挡美英联军前进的步伐。

战斗打响了，面对比自己多一倍的美国坦克，伊军毫不示弱，双方展开了一场激烈的炮战，虽然伊军火力明显不足，但他们丝毫没有退却。当美军发现难以轻松吃掉对方后，立刻呼唤空中的 AH-1 "超级眼镜蛇" 武装直升机和英军的自行火炮予以支援。随后，在近乎一边倒的猛烈空地火力打击后，数百寡不敌众的伊军几乎全部阵亡。到巴格达时间 22 日傍晚为止，美英盟军已经控制了伊拉克第二大城市巴士拉外围地区，占领了巴士拉北部的机场和多座桥梁，但他们只控制住了巴士拉周边的公路、机场和油田，未曾进入巴士拉市区。而美海军陆战队第 1 远征部队主力调头西去，向巴格达方向前进，将巴士拉地区的作战行动交由英军单独进行，仅留下部分支援兵力保障英军作战。

随后，英军暂时将行动的重点放到乌姆盖斯尔的作战上，仅在 24 日炮击了巴士拉城内的伊拉克守军。25 日巴士拉城外围激战再起，英军在空地火力掩护下，从西、北、南三个方向向巴士拉城区内缓缓推进，战斗中局部地段发生了激烈的坦克战。开始美英联军曾寄希望于巴士拉守军的哗变、投降及城市民众的反叛，但伊拉克人在巴士拉城下的坚决抵抗令他们大感意外。

在经过 26 日一天的对巴士拉城内目标的火力打击后，27 日英军再次开始进攻。隶属英皇家海军陆战队第 3 突击旅的第 3 伞兵营在夜色的掩护下乘卡车跨过巴士拉运河桥潜入了伊军防御阵地的后方。经过整夜的战斗，70 到 120 辆伊拉克坦克和装甲运兵车开出巴士拉，但遭到联军战机和地面炮火的猛烈射击，其中大部分车辆被击溃和击毁。由于当时战场状况混乱，无法分清这支伊拉克军队是在向联军发起反攻还是在向巴士拉城外撤退。

直到 3 月 30 日负责攻打巴士拉的英军已从三个方向包围了该城，伊军方面 1000 多名士兵和武装人员被迫退守城内。大约 600 名英海军陆战队官兵对巴士拉东南郊区发动了猛烈攻击。英军 3 个步兵连企图将伊拉克军队压向阿拉伯河，占据东西两侧阵地的英军则以侧射火力杀伤伊军。伊拉克军队随后发起反冲击，运河中的三艘伊军巡逻艇攻击了一艘英国海军陆战队登陆艇，这艘登陆艇被伊军火箭弹击中后起火燃烧，四名英军船员受伤。英军最后用两枚米兰式反坦克导弹击沉了伊军巡逻艇。至 4 月 1 日清晨英军攻占该城的西部城区。随后，英军调整部署，进行休整并巩固已占领的城区。

4 月 6 日，英军在围困巴士拉两周后发动了大规模的进攻，经过一天的激战，在日落时分，英军才在猛烈的空地火力掩护下攻入巴士拉城内。

攻占巴士拉后，美英联军迅速向巴格达推进。

2003 年 4 月 3 日，美军机械化步兵第 3 师部队渡过卡尔巴拉城北部的幼发拉底河，并控制了幼发拉底河东岸的一些区域，其先头部队出现在巴格达以南仅 30 公里的地方。4 月 3 日晚，美军先头部队进至伊拉克萨达姆国际机场附近，距离巴格达城区仅有 10 公里。美军逼近伊拉克首都巴格达西南的萨达姆国际机场后，伊拉

战火纷飞的巴格达

激战过后

克军队炮轰了巴格达南郊的美军阵地，美军飞机则对巴格达郊区和市区进行了猛烈轰炸。

同一天，一名伊军中将驱车前往巴格达参加伊拉克领导人主持的重要会议。他在会上强烈请求上级加强首都的防御并且获准炸毁巴格达以南幼发拉底河上的桥梁，以阻止美军挺进。然而，萨达姆及其核心顾问对如何打这一仗却另有一番打算。

萨达姆认为对其政权最大的威胁来自内部，他需要伊拉克境内的桥梁保持完整通畅，以便在什叶派武装趁机反叛的情况下，能够迅速调集兵力南下

平乱。这就是美军兵临巴格达，但萨达姆却没有在美军入侵前炸毁幼发拉底河上的重要桥梁的原因。等到美军已经团团包围巴格达时，伊军将领终于得到一个连的特种部队去炸桥。然而，这点兵力根本不足以完成任务，而且已经太迟了。

4月3日晚上起，美军在巴格达的萨达姆国际机场与伊军猛烈交火。战斗持续到4月4日拂晓，战斗中美军摧毁和缴获了伊军31门高射炮、3辆装甲运兵车、23辆卡车、1门野战炮和1辆弹药车。大约有320名伊拉克士兵被打死。

4月4日上午11时30分，美伊双方在萨达姆国际机场内外再次展开激烈的交火。4月4日晚，美英联军占领位于巴格达郊外20公里的萨达姆国际机场，并将其改名为巴格达国际机场，至此萨达姆国际机场争夺战结束。

4月5日，美军继续向巴格达推进。美机械化步兵第3师两个坦克连和一个步兵连5日占领了位于巴格达东南50公里处苏韦拉城的伊拉克"共和国卫队"麦地那师的总部。

4月5日下午，美军机械化步兵第3师第2旅派出20辆M-1A2"艾布拉姆斯"主战坦克和10辆M-2A2"布拉德利"步兵战车沿巴格达南部高速公路突入了巴格达城内，执行侦察任务。美军的这支小分队从南进入巴格达，通过多拉区向北挺进，直到底格里斯河畔才掉头向西回到萨达姆国际机场。他们从机场深入12英里进入到巴格达中心的西南部，又继续深入到距离市中心只有7公里的地方。第2旅旅长大卫·珀金斯上校指出："伊军在这次袭击中的死亡人数估计在1000人左右，目前伊军士兵的尸体堆满巴格达街道。"珀金斯表示，美军部队摧毁了伊军防空系统、坦克、火箭发射架和反坦克导弹在内的约100件武器装备。

4月5日夜间（巴格达夏令时时间5日下午），美国和伊拉克军队在距离巴格达市中心10公里左右地区展开激烈战斗。美国中央司令部证实，有大量的美军士兵和坦克、战车正在向巴格达中心地区行进。另据美国有线新闻网报道，美军已经摧毁了大约40辆伊拉克共和国卫队的坦克。据美联社报道，美军称其陆军第3步兵师已占领位于巴格达以南约50公里的伊拉克共和国卫队麦地那师司令部。美军两个坦克连和一个步兵连逼近伊军师部时未遇到抵抗，随后迅速占领了整个基地。报道称伊军共和国卫队防线显然已经崩溃。

4月6日，美英联军几乎控制了所有通往巴格达的道路。4月9日，美军突入巴格达市区。10日，

攻占巴格达

美军控制了许多伊拉克总统萨达姆的权力象征建筑，其中包括总统官邸、政府各部大楼和议会大厦等，这标志着萨达姆政权终于被彻底推翻。

4月14日，美军攻占了伊拉克最后一个主要城镇提克里特市。14日，美国少将斯坦利·迈克里斯汀在五角大楼说，在伊拉克的主要战斗"已经结束"。英国首相布莱尔也发表讲话说，战斗已经"接近尾声"。

2003年5月1日晚，美国总统布什向全国发表讲话，宣布伊拉克战争中的"大规模作战行动"已经结束。但在此后的七年中，伊拉克却成为了美国的绊脚石，尽管逮捕并处决了萨达姆，但美国却一直无法真正稳定伊拉克的局势，联军死伤惨重。直至2010年，美国新任总统奥巴马才宣布自该年8月31日起从伊拉克逐步撤军。

战役影响

伊拉克战争对整个国际形势和世界格局产生了极为重大的影响。它不仅导致俄美矛盾的加剧，而且导致美欧关系的恶化、欧盟和北约内部矛盾的激化，导致俄法德三国联盟的建立，导致阿拉伯世界与美国的对立，还将导致中东格局的改变。这场战争之后，美国的"单边主义"将更加猖狂，"先发制人"的打击将针对更多的目标，世界和平和联合国的权威将受到更大的威胁，多

极化与单极化两种趋势的斗争将更加尖锐，而双方力量的组成自然也将发生重大变化。

双方主将

弗兰克斯

汤米·弗兰克斯（1945—），出生于美国俄克拉荷马州温尼伍德，出生后不久，就随父母一起迁往得克萨斯州的米德兰。1964年，进入得克萨斯州大学奥斯汀分校学习。越南战争爆发时，正在念大学二年级的弗兰克斯中断学业，考入位于俄克拉荷马州西尔堡的军官学校学习，开始了军旅生涯并参加了越南战争，在战场上他3次负伤、多次获荣誉勋章。之后，在野战部队、参谋部门、大学、军校、海外驻军、国防部等单位的复杂经历，为他日后晋升打下了坚实基础。1991年海湾战争中，作为美精锐部队第1骑兵师副师长，首次进入将军行列，并从此仕途平坦，2000年6月被委任为美国中央司令部司令，晋升为四星上将。

萨达姆

见海湾战争。

战争中的故事

萨达姆

伊拉克战争改变他们的人生

2003年，伊拉克战争爆发，许多人的生活轨迹因此改变。他们的故事、他们经历的悲欢和聚散正是这场战争的缩影。

海德尔·哈利勒——巴格达居民

2003 年 3 月 20 日，当美国人在巴格达投下第一枚炸弹时，我和妻子豪拉刚刚结婚 3 星期。

战争结束了，我们对生活充满了希望。我是巴格达大学数学系的毕业生，满心以为能找到薪水丰厚的工作，成为一家跨国公司的高级雇员。豪拉更是充满了梦想，认为经济制裁会立刻结束，巴格达会成为像迪拜一样的繁华都市。

最初几个月里，我非常努力地工作。当时很多地方都需要重建，我又是搞装修的，所以赚了些小钱。但是情况很快就变得越来越糟，到处都是爆炸、绑架、谋杀。从上个月开始，我再也不敢出去工作。因为我是什叶派，而我居住的地方逊尼派占据多数，我只要外出就随时有可能挨枪子。

我们现在已经没有梦想，只有无休止的担心和害怕。我们最大的愿望是能够像世界上其他地区的人一样，过上正常的家庭生活。

亚历克斯·日波夫——美军士兵

伊拉克战争打响后，我随着部队前往伊拉克参战。记得部队开拔时，一名军官说："我们去伊拉克并不是寻找什么大规模杀伤性武器，我们去那里打仗是为了石油。他还对我们说，作为军人，必须服从命令。"

2003 年 5 月，我从伊拉克回国。一年之后，我离开部队，但是我发现自己患上了因外伤引起的强迫症。现在，我每天晚上都会做噩梦，梦见伊拉克。

我现在和父母住在一起，除了自己的亲人已经一无所有。对我来说，生活变得和以前截然不同，我才 23 岁，但几乎已经成了一个废人。

戴安娜·圣托列洛——美国公民

2004 年 8 月 13 日，我们在美国陆军第一步兵师服役的

美军士兵向阵亡战友致敬

儿子尼尔在费卢杰丧生，当时他只有14岁。

我非常清楚地记得噩耗传来的那个可怕日子。那天我听到了门铃声，然后就传来了可怕的声音，我猛然意识到那是丈夫的尖叫，出事了！

我走下楼梯，看见屋子里有一名牧师、一名警察和一名士兵。当我看见丈夫泣不成声的样子，最初还以为是他的父亲过世了，但我随即知道不是这么回事，不禁也尖叫痛哭起来，因为我知道亲爱的尼尔肯定在伊拉克出事了。如果他仅仅负伤，那么只需要打个电话通知我们就可以了。如果士兵阵亡，就会派一名士兵来通知家人，而现在这名士兵就站在我的家里。

成为一名士兵一直是尼尔的雄心，我们也曾认为参军是件好事，不仅可以报效国家，还能让世界变得更加安全。尼尔因为作战英勇获得了一枚勋章，我们都为他感到自豪。

但是现在，每当我在电视上看见布什的脸就会火冒三丈，尤其不能忍受他在那里傻笑。布什没有为我们的战士哭泣，他都没有掉过一滴泪，终日以泪洗面的是我们这些士兵的父母。

一个巴格达少女的日记：我眼中的战争

（3月17日，星期一）"以上帝仁慈和同情的名义。"我的名字叫阿玛尔，我有一个幸福的9口之家：3个兄弟阿里、穆罕默德和马哈茂德，5个姐妹法蒂玛、塞娜布、双胞胎杜哈和希巴，还有我，当然还有我的妈妈。我为我的妈妈感到非常自豪，因为她是一个伟大的人，她总是不停地工作工作再工作，为的是给我们兄弟姐妹带来食物，因为我的爸爸很早就死了，他死于1996年的一场车祸。

我们不希望文明先知的伊拉克发生战争，战争是残酷的，我的妈妈这几天老是哭泣，她为我们的安全感到担忧，要知道战争总是夺去许多人的生命。我们忙着把水桶装满水，因为我们担心战争到来时会断水断电。杜哈和希巴

战火让伊拉克满目疮痍

正在向全能的上帝祈祷，请他阻止战争。8 点半，我妈妈就开始做面包了，面包店已经关门。

（3 月 18 日，星期二）早上 7 点钟，我和塞娜布一起上学，可是到学校一看，还不到 10 个学生，许多家庭都害怕战争马上就要开始，他们不知道能到哪里去。希巴和杜哈也上学了，可是 12 点半时她们就回来了，说是她们的学校里没有一个人。我们儿童是没有罪过死于战争的，可是人们都说今晚就开始战争，时间是凌晨 1 点钟。

（3 月 19 日，星期三）我们早上 7 点钟就醒了，先是打扫房子，然后是吃早餐，吃完早餐就坐在一起谈论战争，杜哈和希巴在祈祷，然后背诵《古兰经》，她们为和平祈祷，我们都热爱和平拒绝战争。

许多人在哭泣，不仅仅因为害怕战争，还因为饥饿，一个鸡蛋要 200 第纳尔，面包也非常昂贵，什么东西都贵得要命。

（3 月 20 日，星期四）凌晨 4 点钟，布什开始轰炸了。我的妈妈尖声叫道："法蒂玛！法蒂玛！快醒醒！战争开始了！"马哈茂德醒了，他非常害怕。杜哈和希巴……希望早上快点到来。布什为什么轰炸我们，难道你心中没有对孩子的任何怜悯之情吗？

现在是早上 6 点钟，邻居乌姆·赛义夫和乌姆·诺尔来到我们家，她们非常害怕，眼里还有泪水。12 点半，一切似乎又平静下来，我们到市场上买东西，结果发现只有几家杂货店开门，但里面也没有什么可买的，我们只好回家，把干酪切成片，喝一些茶，然后就是谈论战争。妈妈问："布什今天还轰炸我们吗？"电已经停了，所以我们就到了我们妈妈的朋友乌姆·贾拉尔的家里，回家的路上警报声又响起来，我们非常害怕，飞快地向家奔跑，一边喊着："上帝救救我们！"晚上9点15分，轰炸更加激烈了，就离我们家不远。

现在我就坐在房间前的走廊里，我的姐妹们和妈妈就在我身边。轰炸声越来越强烈……然后又平静下来，可是我们不知道布什的下一次袭击什么时候再开始。法蒂玛认为我们随时可能死去，可是还有多长时间呢？

（3月21日，星期五）今天又轮到巴格达了。晚上8点10分，又听到警报声响起。我们的朋友奥马尔正与我们谈论战争时突然有一枚导弹从楼顶飞过。9点钟，轰炸声更响了。爆炸声是那么大，楼都摇动起来，我们吓得哭了，只好走到楼前面。塞义德一家站在街上痛哭，我们走进去，发现海达尔昏倒在那里。

现在是晚上9点35分，我正在写日记，整个楼里的所有家庭都十分恐惧，哭着求上帝让黎明早点到来。

我们爬到楼顶，发现宫殿那里在冒烟，我们楼不远处也在冒烟。晚上10点半，又一轮轰炸开始了。

我从来没有经历过这样的事，我怕得要命，眼泪从眼中流了下来，我只能喃喃地说："噢真主，亲爱的真主。"

（3月22日，星期六）现在是下午3点16分，一整天都有爆炸。凌晨2点15分时就有一声巨大的爆炸声，我妈妈吓醒了。凌晨4点时，又响起了巨大的爆炸声。上帝，为什么我们要遭受这样的痛苦和折磨？

（3月23日，星期天）我们来到法纳饭店，那里有好多和平人士（西方社会活动家），真是可笑，我的家人要为我庆祝生日。与我们坐在一起的还有记者贾马尔，大家在一起谈论和平问题，突然巨大的爆炸声把所有的人都吓住了。

下午5点半，我们看见一架飞机对这个城市进行了三次轰炸，爆炸声音非常大也非常猛烈。我们从电视上看到了美国士兵的死亡以及美国的战俘，那些战俘是来自美国的得克萨斯州。这些死去的士兵有什么错？为他们的死去而伤心痛哭的家人和妈妈们有什么错？为什么要有战争？

晚上 7 点零 8 分又响起了警报声，美国飞机又开始轰炸我们了。我们非常非常希望能有和平。我热爱希望，因为这是世界上最美好的东西，我希望每一个伊拉克家庭和美国家庭都有希望，我希望上帝给我们和平。

（3 月 25 日，星期二）下午 3 点 50 分，我们听到导弹在袭击。风中都是尘土，风刮得也很快，而水的颜色都是红的，这真像是天空在发怒，因为战争违背了上帝的意愿，他用美好的意愿创造了人类，希望用爱带来和平，而不是选择战争和相互残杀。晚上 7 点 50 分，风刮得十分猛烈，刮得我们的房门乒乓乱响，警报又响了。

战争给伊拉克人留下了永远的伤痛

（3 月 26 日，星期三）下午 1 点 35 分，天空变成了红色，就像无辜的人的血一样，天空向街道上倾倒着污垢，天也愤怒了。对于没有理由就死去的无辜的伊拉克人民和美国人来说这真是莫大的悲哀。

（3 月 27 日，星期四）现在是下午 5 点 56 分，孩子们都在走廊上玩耍，他们高兴地大笑着，不知道布什会什么时候再次向巴格达扔炸弹。

平静之中突然一声巨响……我们不敢睡觉，一直坐到天亮。

轶事

伊拉克战争中的五大风云人物

布什：

2003 年 3 月 20 日，布什以伊拉克隐藏大规模杀伤性武器并暗中支持恐怖主义为借口，宣布对伊拉克实施大规模军事打击。但美国政府一直未能出示萨达姆政权支持恐怖主义的证据。尽管布什曾承认他的对伊政策存在"一系列问题"，但他对伊战的坚持却从未松动过。

奥巴马：

驻伊美军作战部队完成撤离并非意味着伊拉克战争取得了最后胜利，但是奥巴马却把这个事件视作兑现竞选承诺的机遇，同时也借此向全世界宣布，他为国际和平做出了巨大贡献。

拉姆斯菲尔德：

2003 年爆发的伊拉克战争将美国前国防部长拉姆斯菲尔德的声望推向了巅峰，但是美军随后在伊拉克陷入泥潭，使得他的声望从云端开始坠落。

布莱尔：

英国前首相布莱尔是首位以工党党魁的身份连任 3 届的首相。他在内政上颇有建树，创造了英国二战后最长经济繁荣期的傲人佳绩。由于他在伊拉克战争问题上一错再错，最终不得不以辞职的形式提前 2 年卸任，从而也终结了他一手创造的"不败传奇"。

萨达姆：

2003 年 12 月 13 日，萨达姆被美军抓获。2006 年 12 月 30 日，萨达姆被执行绞刑。

无论是在伊拉克国内还是在国外，对"一代枭雄"萨达姆的评价似乎永无定论。